„Leben und Wohnen im Alter“

Bertelsmann Stiftung

Ursula Kremer-Preiß/Holger Stolarz

Neue Wohnkonzepte für das Alter und praktische Erfahrungen bei der Umsetzung – eine Bestandsanalyse –

Projektträger: Bertelsmann Stiftung

Wissenschaftliche Leitung:
Kuratorium Deutsche Altershilfe

Zwischenbericht im Rahmen des Projektes „Leben und Wohnen im Alter“
der Bertelsmann Stiftung und des Kuratoriums Deutsche Altershilfe

Kuratorium Deutsche Altershilfe
Köln 2003

Impressum

Herausgeber: Bertelsmann Stiftung, Gütersloh
und Kuratorium Deutsche Altershilfe (KDA), Köln

Projektmanagement „Leben und Wohnen im Alter“:
Birgit Ottensmeier, Bertelsmann Stiftung

Autoren:
Ursula Kremer-Preiß und *Holger Stolarz,* KDA

Textbearbeitung: *Ursula Briele,* KDA
Textkorrektur: *Karin Bergmann,* Umbruch, Köln
Satz: *Sabine Brand,* typeXpress, Köln
Umschlag: *Heidi Bitzer, Graphik,* Köln
Druck: farbo print+media, Köln

ISBN 3-935299-46-X

Inhaltsübersicht

1 Einführung

1.1 Ausgangssituation

Angesichts der demographischen Entwicklung und der zu erwartenden Entwicklungen im Bereich der Versorgungssysteme für pflegebedürftige alte Menschen in Deutschland wird das Wohnen im Alter in Zukunft mit einer ganzen Reihe von neuen Herausforderungen verbunden sein. Entsprechende Angebote müssen nicht nur den sich wandelnden Wohnbedürfnissen älterer Menschen entsprechen, sondern auch den zukünftigen gesellschaftlichen und volkswirtschaftlichen Veränderungen Rechnung tragen. Einige der Faktoren, die das Wohnen und Leben im Alter in Zukunft beeinflussen, werden im Folgenden aufgeführt.

Demographische Alterung der Bevölkerung

Die Zahl der Hochaltrigen wird in Zukunft weiter deutlich zunehmen. So wird die Zahl der über 80-Jährigen (heute ca. 3 Mio.) bereits in den nächsten fünf Jahren um 500.000 anwachsen. Im Jahr 2020 wird mit über 5 Mio. und im Jahr 2050 mit fast 8 Mio. Hochaltrigen zu rechnen sein.

Aber auch in Zukunft wird die Gruppe der „jungen Alten" zwischen 65 und 80 Jahren die Mehrheit älterer Menschen bilden und (von heute ca. 10 Mio.) auf ca. 12 Mio. im Jahr 2020 und auf ca. 15 Mio. im Jahr 2030 zahlenmäßig anwachsen (danach wird diese Zahl bis auf ca. 12 Mio. im Jahr 2050 wieder zurückgehen). In diesem Zeitraum zwischen 2030 und 2050 wird damit der Anteil Hochaltriger an der Altenbevölkerung dramatisch von 26 % auf 40 % zunehmen. Das Thema Hochaltrigkeit und Pflege wird also in dieser ferneren Zukunft noch einmal an Brisanz gewinnen (im Anhang sind die Auswirkungen der demographischen Entwicklung ausführlicher dargestellt).

Der gravierendste Faktor der demographischen Alterung der Bevölkerung ist allerdings die kontinuierliche zahlenmäßige Abnahme der *jüngeren Bevölkerungsgruppen* unter 40 Jahren. Diese Zahlen sinken (von heute ca. 41 Mio.) bis zum Jahr 2020 auf ca. 33 Mio. und bis zum Jahr 2050 auf knapp 27 Mio. Auch die Gruppe der „älteren Berufsfähigen" (40 bis 65 Jahre) nimmt in diesem gesamten Zeitraum (nach einem zwischenzeitlichen Ansteigen) zahlenmäßig um ca. 4,6 Mio. Menschen gegenüber heute ab. Das heißt, bis zum Jahr 2050 beträgt der zahlenmäßige Rückgang (um ca. 18,7 Mio.) der „nicht alten" Bevölkerungsgruppen (0 bis 65 Jahre) das Dreifache der Zunahme der älteren Bevölkerungsgruppen (65 +) um ca. 6,4 Mio. Menschen (vgl. Grafik 4, Anhang).

Der mit zunehmender Lebenserwartung steigende Bedarf an Pflege

Die Zunahme der Zahl Hochaltriger stellt erhebliche Anforderungen an die Altenhilfe, da das Risiko der Pflegebedürftigkeit bei den über 80-Jährigen besonders hoch ist. Während dieses Risiko der 60- bis 80-Jährigen bei 3 % liegt, steigt es bei den über 80-Jährigen auf 25 % an. Nach einer Modellrechnung des KDA wird sich die Zahl der älteren Leistungsempfänger der Pflegeversicherung im Alter von 65 und mehr Jahren, die stationär versorgt werden, von heute ca. 470.000 um ca. 220.000 bis 250.000 im Jahr 2020 erhöhen. Es würden also bis dahin etwa um die Hälfte des heutigen Bestands der Pflegeplätze hinzukommen. Bis zum Jahr 2050 müsste der heutige Bestand mehr als verdoppelt werden. Allein für die Leistungsempfänger der Pflegeversicherung würden bis zum Jahr 2050 mindestens 600.000 zusätzliche Pflegeplätze benötigt, wenn nicht andere Möglichkeiten der Versorgung Pflegebedürftiger ausgebaut und keine weiteren präventiven Maßnahmen ergriffen werden. Pro Jahr müssten sonst mehr als 10.000 neue Pflegeplätze bereitgestellt werden (vgl. Tabelle 4, Anhang).

Zukünftig zu erwartende demographische Entwicklung

	Ältere Menschen		*Leistungsempfänger der Pflegeversicherung 65 +*		
Jahr	*65 +*	*davon 80 +*	*insgesamt*	*davon stationär*	*davon ambulant*
2000	13,65 Mio.	3,07 Mio.	1,46 Mio.	473.000	990.000
2020	17,39 Mio.	5,27 Mio.	2,12 Mio.	699.000	1,42 Mio.
2050	20,08 Mio.	7,92 Mio.	3,11 Mio.	1,08 Mio.	2,03 Mio.
Zuwachs von 2000 bis 2050	**+ 6,43 Mio.**	**+ 4,85 Mio.**	**+ 1,65 Mio.**	**+ 608.000**	**+ 1,04 Mio.**

Quelle: 9. Koordinierte Bevölkerungsvorausberechnung (Variante 2) StBA, eigene Berechnung KDA – jeweils Jahresende (auch 2000 = Prognosedaten, Basis 1997)

Dabei ist die Zahl von Pflegeheimbewohnern noch gar nicht berücksichtigt, die keinen Leistungsanspruch an die Pflegeversicherung geltend machen können. Schon heute gibt es ca. 557.000 Altenpflegeheimplätze und ca. 160.000 Plätze in Altenheimen, Altenwohnheimen und Mehrgliedrigen Einrichtungen *(Bundesministerium für Familie, Senioren, Frauen und Jugend: Heimstatistik, in: GeroStat 1999 bis 2001)*. Wenn man hier von den gleichen Zuwachsraten ausgeht, würde der zukünftige Platzbedarf noch erheblich höher ausfallen. Ebenso ist zu berücksichtigen, dass unter den gleichen Annahmen dieser Modellrechnung die Anzahl der ambulant versorgten älteren Leistungsempfänger der Pflegeversicherung fast im gleichen Maße ansteigt, wobei sich der heutige Ausgangswert von ca. 1 Mio. Pflegebedürftiger auf rund 2 Mio. im Jahr 2050 verdoppeln wird. Um allein diesen Anteil ambulant versorgter Menschen auf dem Status quo zu halten, bedürfte es erheblicher Anstrengungen (die einzelnen Werte dieser Modellrechnung sind ebenfalls im Anhang wiedergegeben).

Zunahme alleinstehender älterer Menschen und Verringerung des Potenzials helfender Angehöriger

Durch die Zunahme von Ein-Personen-Haushalten, den zahlenmäßigen Rückgan der jüngeren Altersgruppen und die zunehmende Berufstätigkeit von Frauen wird die Pflege alter Menschen innerhalb der Familie in Zukunft immer weniger zu leisten sein. Bereits heute liegt der Anteil Hochaltriger, die alleine leben, bei fast 60 %, gegenüber 33 % bei den jungen Alten. Darüber hinaus wird der Anteil Alleinstehender gerade bei den Hochaltrigen deutlich wachsen. Während heute etwa jede zehnte 60-Jährige kinderlos ist, trifft dies in 20 Jahren auf ein Viertel und in 30 Jahren auf ein Drittel der Frauen zu, die ins Rentenalter eintreten. Diese Entwicklungen in Verbindung mit der heutigen Individualisierung von Lebensformen und der steigenden Lebenserwartung haben erhebliche Konsequenzen für die Versorgung von hilfe- und pflegebedürftigen Menschen. Gegenwärtig werden über 80 % der regelmäßig Hilfe- und Pflegebedürftigen zumeist durch Familienmitglieder unterstützt. Dieses unterstützende Netzwerk wird in Zukunft so nicht mehr verfügbar sein und müsste durch professionelle Hilfe ersetzt werden, es sei denn, es gelingt, nichtfamiliale Hilfenetze auszubauen, die den Unterstützungsbedarf zumindest teilweise auffangen können.

Dabei muss ein weiterer Veränderungsfaktor berücksichtigt werden: die zunehmende Schwierigkeit der Finanzierung eines Versorgungssystems, an das immer mehr Anforderungen gestellt werden und für das gleichzeitig die Basis der Solidargemeinschaft immer kleiner wird. Nicht minder problematisch ist die Personalgewinnung, wenn auf überwiegend professionelle Versorgungsformen gesetzt würde.

Veränderte Erwartungshaltungen an das Wohnen im Alter

Gleichzeitig stehen wir schon jetzt vor einer veränderten Erwartungshaltung der älteren Generation. Die Ansprüche an das Wohnen im Alter haben sich gewandelt:

- *So lange wie möglich selbstständig wohnen*
  Alle Untersuchungen zu den Wohnwünschen im Alter bestätigen immer wieder, dass die Mehrheit älterer Menschen so lange wie möglich selbstständig in ihrer vertrauten Umgebung wohnen möchte.

- *Wachsende Zahl umzugsbereiter älterer Menschen*
  Obwohl Untersuchungen belegen, dass ältere Menschen so lange wie möglich in ihrer normalen Wohnumgebung bleiben möchten, gibt es eine wachsende Gruppe von älteren Menschen, die durchaus bereit ist, im Alter umzuziehen und noch einmal etwas Neues auszuprobieren. Sie suchen im Alter nach Wohnalternativen. Das sozio-ökonomische Panel macht deutlich, dass nach dem 55. Lebensjahr rund 20 % der Eigentümerhaushalte und 50 % der Mieterhaushalte noch einmal umziehen. Nach Untersuchungen der Schader-Stiftung sind 65 % der Altershaushalte umzugsbereit. Diese Bereitschaft nimmt allerdings mit steigendem Alter ab.

- *Wachsender Bedarf an selbstbestimmten Wohnformen*
  Ältere Menschen wollen nicht fremdbestimmt in Heimeinrichtungen leben, sondern auch bei Hilfe- und Pflegebedürftigkeit möglichst ein selbstbestimmtes Leben führen. Das Heim als institutionalisierte Wohnform, die primär auf eine funktionelle Pflege ausgerichtet ist, stößt heute auf eine erheblich geringere Akzeptanz, als noch vor einigen Jahrzehnten. 80 % der Pflegebedürftigen können sich heute ein Leben im Heim nicht mehr vorstellen und die meisten Heimbewohner sind nach Ansicht von Experten faktisch unfreiwillig im Pflegeheim.

- *Alter wird sich zunehmend differenzieren*
  Durch das frühere Ausscheiden aus dem Berufsleben und die gestiegene Lebenserwartung hat sich der Zeitraum zwischen Beginn des Erwerbs-Ruhestandes und dem eigentlichen „Altsein" der Hochaltrigkeit für viele Menschen erheblich ausgeweitet. Das Rentenalter wird deshalb auch nicht mehr als eine einheitliche Lebensphase angesehenen, sondern man spricht von „drittem" und „viertem" Alter.
  Ebenso wird es mehr ausländische ältere Mitbürger geben. Die Gruppe der älteren Ausländer ist die relativ am stärksten wachsende Bevölkerungsgruppe in Deutschland. Während 1994 in Deutschland rund 400.000 Migranten im Alter von 60 Jahren und mehr lebten, werden nach einer Modellrechnung des Statistischen Bundesamtes im Jahr 2010 rund 1,3 Mio. und bis 2030 sogar 2,8 Mio. ältere ausländische Mitbürger in Deutschland wohnen. Auf deren besondere Lebensgewohnheiten müssen sich die Altenhilfe und auch die Wohnangebote im Alter in Zukunft verstärkt einstellen.

Auf diese unterschiedlichen und veränderten Wünsche an ein Wohnen und Leben im Alter, verbunden mit der demographischen Entwicklung, müssen sich sowohl die Wohnungspolitik und die Kommunalplanung als auch das Gesundheitswesen und die Pflege- und Betreuungseinrichtungen einstellen. Wenn die Zahl älterer hilfe- und pflegebedürftiger Menschen deutlich steigt, gleichzeitig aber immer weniger Pflegebedürftige eine Heimunterbringung akzeptieren und die Tragfähigkeit familiärer Netzwerke immer mehr abnimmt, werden alternative Wohn- und Betreuungsangebote zum Heim zu erproben und auszubauen sein.

1.2 Projekt „Leben und Wohnen im Alter“

Hier setzt das Projekt *„Leben und Wohnen im Alter“* an. Es will mit dazu beitragen, das Spektrum an Wohnmöglichkeiten für ältere Menschen zu erweitern; vor allem sollen neue Wohnmodelle, die den o. g. Anforderungen gerecht werden, ermittelt und verbreitet werden. Dabei geht es um folgende Stoßrichtung: Wenn die ältere Generation einen immer größeren Anteil der Gesellschaft ausmacht, müssen sich immer weiter ausdifferenzierende Wohn- und Versorgungsformen nicht weiter an den Rand der Gesellschaft, sondern in deren Mitte bewegen. Wenn Altsein immer „normaler“ wird, müssen auch Wohn- und Versorgungsformen möglichst „normal“ sein. Darüber hinaus wird es darum gehen, Zwischenbereiche der bisherigen Wohn- und Versorgungsformen auszubauen wie z. B. zwischen ambulant und stationär, zwischen professionellen und informellen Hilfen oder zwischen Normal- und Sonderwohnformen:

- So kann der zunehmende Pflege- und Betreuungsbedarf nicht durch immer mehr institutionalisierte Wohn- und Versorgungsformen gedeckt werden. Alternativen müssen einerseits ein höheres Maß an Selbstbestimmung der Bewohner erlauben und andererseits eine bessere Integration in die normale Wohnumgebung und deren soziale Bezüge ermöglichen. Auch bei bereits vorhandenem Pflegebedarf müssen zudem alle Präventionspotenziale ausgeschöpft werden.

- Auch die zunehmende Zahl älterer Menschen, die nicht pflegebedürftig sind, kann nicht mehrheitlich in Sonderformen selbstständigen Wohnens untergebracht werden. Vielmehr müssen die „normalen“ Wohnungen, Wohnquartiere und deren Versorgungsstrukturen an die Bedürfnisse der älteren Menschen angepasst werden, damit man hier alt – und auch hochaltrig – werden kann. Hier lassen sich Potenziale der Mitwirkung sowie der Selbst- und Nachbarschaftshilfe am ehesten aktivieren.

- Sowohl die „normalen“ Wohnungen und Wohnquartiere als auch ein sich weiter ausdifferenzierendes Angebot spezieller selbstständiger Wohnformen müssen neben ihrem präventiven Charakter in zunehmendem Maße Angebote entwickeln, die den Verbleib auch bei Pflegebedürftigkeit ermöglichen.

In den vergangenen Jahren sind bereits eine Reihe von alternativen Wohn- und Betreuungsformen entstanden. Ob die bisher erprobten und diskutierten Lösungsansätze den o. g. Anforderungen gerecht werden, dazu fehlt jedoch eine systematische Prüfung. Es fehlt an einer

- Gesamtschau und Bewertung, ob neue Wohnkonzepte den zukünftigen Anforderungen gewachsen sind,
- Weiterentwicklung zukunftsfähiger Lösungsansätze,
- Sensibilisierung und Information der breiten Öffentlichkeit und der Fachöffentlichkeit über zukunftsfähige Wohnkonzepte und deren Möglichkeiten und Grenzen.

Projektziele

Mit dem Projekt „*Leben und Wohnen im Alter*"

- soll ein systematischer Überblick über das Gesamtangebot neuer Wohnformen im Alter gegeben werden,
- sollen Interessierte über die Möglichkeiten und Grenzen dieser Wohnformen informiert und aufgeklärt werden,
- sollen besonders tragfähige und bedarfsgerechte Wohnformen für die Zukunft herausgefunden werden,
- sollen ausgewählte Wohnmodelle modifiziert und weiterentwickelt werden,
- sollen Best-Practice-Modelle in der Öffentlichkeit bekannt gemacht werden.

Projektablauf

Das Projekt läuft über drei Jahre, es wurde im Mai 2002 begonnen und soll Ende Mai 2005 abgeschlossen sein.

Zur Erreichung der Ziele und zur Durchführung des Projektvorhabens wurden folgende Arbeitsschritte in drei Projektphasen geplant:

1. Phase: Bestandserhebung

In einem ersten Schritt sollte untersucht werden, welche Wohnformen älteren Menschen neben den traditionellen Wohnangeboten zurzeit zur Verfügung stehen.

Das Spektrum an neuen Wohnmöglichkeiten sollte erfasst und über deren Leistungsstandards definiert werden. Darüber hinaus sollte ein Überblick über die aktuellen praktischen Erfahrungen der Wohnprojekte und die unterschiedlichen konzeptionellen Ausrichtungen gegeben werden. Die Bestandserhebung dient auch dem Ziel, Informationslücken aufzudecken, um die Wohnkonzepte im Hinblick auf die zukünftigen Herausforderungen bewerten zu können.

2. Phase: Bewertung und Auswahl zukunftsfähiger Wohnmodelle

Aus dem Gesamtangebot sollen in einem zweiten Schritt Wohnmodelle ausgewählt werden, die als besonders bedarfsgerechte und tragfähige Wohnformen für die Zukunft einzustufen sind. Ausländische Erfahrungen sind in dieser Projektphase besonders zu berücksichtigen, um die dort entwickelten Module für Deutschland nutzbar zu machen. Insgesamt sollen in dieser Projektphase, entsprechend der unterschiedlichen individuellen Lebenssituation und der gesellschaftlichen Anforderungen sowie vor dem Hintergrund ausländischer Erfahrungen, Best-Practice-Lösungen gefunden werden, die sich als tragfähige Wohnmodelle für die Zukunft erweisen.

3. Phase: Information, Verbreitung und Weiterentwicklung

Eine dritte Projektphase wird sich mit der Verbreitung von bedarfsgerechten Wohnmodellen beschäftigen. Hier geht es darum, Orientierungshilfen für Betroffene zu geben, Planer und Anbieter zu sensibilisieren und Politik und Verwaltung zu informieren.

Akteure des Projektes

Träger des Projektes ist die *Bertelsmann Stiftung,* die die Finanzierung und Projektsteuerung übernimmt. Die wissenschaftliche Leitung des Projektes obliegt dem *Kuratorium Deutsche Altershilfe.* Begleitet wird das Projekt von einem *Projektbeirat,* dem Experten aus Politik, Wissenschaft, Trägerpraxis und Selbsthilfe aus dem In- und Ausland angehören. Die Projektevaluation wird vom *Institut für Sozialforschung und Gesellschaftspolitik,* Köln, durchgeführt.

Projektstand

Im Rahmen der Projektarbeiten ist die Bestandserhebung abgeschlossen und im vorliegenden Zwischenbericht dokumentiert. Der Bericht gibt einen aktuellen Überblick über alternative Wohnmodelle und beschreibt praktische Erfahrungen bei deren Umsetzung und Verbreitung.

Im Rahmen der Bestandsanalyse wurde deutlich, dass zu einzelnen Wohnformen, die von der Konzeption in besonderer Weise geeignet erscheinen, zukünftige Anforderungen an ein bedarfsgerechtes Wohnen im Alter zu erfüllen, wenig Erfahrungswissen vorliegt. Im Projektverlauf wurden daher verschiedene Projektschritte eingeplant, um diese Informationslücken zu schließen:

- So wurden im März und Juni 2003 zwei Fachtagungen durchgeführt zu den Themen *„Betreute Wohngruppen – Ein Wohnkonzept für die Zukunft“* und *„Anforderungen an die Gestaltung quartiersbezogener Wohnkonzepte“*, deren Ergebnisse bis Ende 2003 dokumentiert werden.

- Im August 2003 wurde mit der Durchführung einer explorativen Studie zur Erfassung der Strukturen und der Arbeitsweise von betreuten Wohngemeinschaften begonnen. Auch diese Ergebnisse werden voraussichtlich Ende 2003 vorliegen.

- Darüber hinaus ist eine weitere Fachveranstaltung als bilateraler Erfahrungsaustausch mit den Akteuren der Wohnungsanpassung in Deutschland und England für das Frühjahr 2004 geplant.

2 Neue Wohnmöglichkeiten im Alter: ein Überblick

2.1 Spektrum an neuen Wohnmöglichkeiten

Das Wohnangebot für ältere Menschen hat sich in den vergangen zehn Jahren verändert. Die Wahlmöglichkeiten, im Alter „zu Hause“ zu bleiben oder in eine der traditionellen Sonderwohnformen wie z. B. das Heim oder eine Altenwohnung umzuziehen, haben sich durch ein breites Spektrum an zusätzlichen Wohnangeboten für Senioren erheblich erweitert. Auch die Möglichkeiten, das eigene Zuhause altersgerecht zu gestalten, sind in den vergangenen Jahren verbessert worden.

Neue Wohnmöglichkeiten im Alter

Die Wohnalternativen, die in den vergangenen Jahren entstanden sind und deren Vielfalt für viele eher verwirrend ist, lassen sich wie folgt grob definieren:

Barrierefreie Wohnung

Hier werden i. d. R. neu gebaute Wohnungen so gestaltet, dass ihrer Nutzung keine Hindernisse oder Barrieren für ältere oder behinderte Menschen entgegenstehen. Die Standards des barrierefreien Bauens sind in der DIN-Norm 18025 Teil 1 und Teil 2 festgeschrieben und umfassen im Wesentlichen Empfehlungen zu den notwendigen Bewegungsflächen, zur Vermeidung von Stufen und Schwellen beim Zugang zur und innerhalb der Wohnung sowie notwendige Türbreiten und Höhen von Bedienungselementen. Barrierefreie Wohnungen lösen nach und nach die speziell für ältere Menschen gestalteten *Altenwohnungen* ab. Für solche Wohnungen wird auch der Begriff *altersgerechtes Wohnen* verwandt.

Angepasste Wohnung

Hier geht es um die Anpassung der bestehenden Wohnungen an die Bedürfnisse älterer oder behinderter Menschen, wobei die Standards der Barrierefreiheit als Orientierung dienen. Die vertraute Wohnung des älteren Menschen soll so umgebaut oder umgestaltet werden, dass möglichst keine Barrieren oder sonstigen Gefahrenquellen deren Nutzung einschränken. Durch eine angepasste Wohnung kann häufig eine selbstständige Lebensführung im Alter erhalten bleiben. Für eine derartige *individuelle Wohnungsanpassung* ist häufig eine *Wohnberatung* erforderlich, die dabei hilft, eine geeignete Lösung zu finden und durchzuführen. Im Unterschied dazu werden bei einer *sog. strukturellen Anpassung* die Wohnungen einer oder mehrerer Wohngebäude im Zusammenhang angepasst.

Betreutes Wohnen

Hier werden in sehr unterschiedlicher Form altersgerechte Wohnangebote und Betreuungsleistungen miteinander gekoppelt. Im Idealfall mietet der Bewohner eine zentral gelegene barrierefreie und altengerechte Wohnung, meist in einer speziellen Wohnanlage. Darüber hinaus muss er ein Paket von Grundleistungen des Betreuungsservices abnehmen, für die monatlich eine sog. Betreuungspauschale zu entrichten ist. Diese Grundbetreuung umfasst i. d. R. Beratungs- und Informationsleistungen sowie die Notrufsicherung. Zusätzlich werden Wahlleistungen – wie Mahlzeiten, Reinigungs- und Pflegeleistungen – angeboten, die bei Bedarf in Anspruch genommen werden können und zusätzlich bezahlt werden müssen. Die Bewohner schließen einen Miet- und Betreuungsvertrag. Für diese Wohnform, die i. d. R. nicht den heimrechtlichen Bestimmungen unterliegt, werden auch Begriffe wie *Service-Wohnen* oder *unterstütztes Wohnen* verwendet.

Betreutes Wohnen zu Hause

Hier kann man in seiner angestammten Wohnung verbleiben und schließt mit einem Dienstleister – meist einem ambulanten Dienst, einer Sozialstation oder einem Betreuungsverein – einen Betreuungsvertrag. Der Betreuungsvertrag umfasst neben allgemeinen Informations- und Beratungsleistungen vor allem einen regelmäßigen Hausbesuch, um weitere Hilfebedarfe besser einschätzen und rechtzeitig entsprechende Hilfemaßnahmen einleiten zu können. Für dieses Wohnkonzept werden auch Begriffe wie *Wohnen plus* oder *Betreutes Wohnen im Bestand* verwendet.

Wohnstift

Auch bei diesem Wohnkonzept geht es um die Kopplung von Wohn- und Betreuungsangeboten. Die Bewohner haben auch hier eine eigene abgeschlossene Wohnung in einer Wohnanlage. Im Unterschied zum Betreuten Wohnen sind die Bewohner jedoch verpflichtet, nicht nur Betreuungsleistungen, sondern weitere Dienstleistungen – wie z. B. die Versorgung mit Mahlzeiten oder Reinigung der Wohnung – abzunehmen. Die vertraglichen Vereinbarungen sowie die Betreuung und Pflege sind so geregelt wie in einem Alten- und Pflegeheim und unterliegen dem Heimgesetz. Es werden jedoch eine Vielzahl von zusätzlichen Leistungen angeboten. Insgesamt ist dies ein Alterswohnsitz für gehobene Ansprüche. Auch *Seniorenresidenzen* arbeiten nach diesem Konzept.

Selbstorganisierte Wohn- oder Hausgemeinschaften

Hier handelt es sich um eine Wohnform, wo entweder nur ältere oder ältere und junge Menschen gemeinsam in einer Wohnung oder in einem Haus wohnen. Hierfür werden auch Begriffe wie *gemeinschaftliches Wohnen* oder *gemeinschaftliche Wohnprojekte* verwendet. Jeder Bewohner hat einen eigenen Wohnbereich, entweder ein Zimmer oder – meistens – eine abgeschlossene Wohnung, und es gibt einige Räume, die von den Bewohnern gemeinschaftlich genutzt werden. Häufig werden diese Wohnprojekte von privaten Personen/Gruppen in eigener Regie gegründet und geführt. Die Bewohner organisieren das Gemeinschaftsleben selbst oder sind zumindest an der Organisation beteiligt. Bei Bedarf werden i. d. R. ambulante Dienste wie im „normalen" Wohnen in Anspruch genommen.

Integriertes Wohnen

Hier leben verschiedene Bewohnergruppen meist in größeren Wohnkomplexen zusammen, die von speziellen Trägern initiiert und nicht von den Bewohnern selbst ins Leben gerufen werden. Sie haben zum Ziel, nachbarschaftliche Hilfen zwischen verschiedenen Generationen *(Mehrgenerationenwohnen)* und Bewohnergruppen mit unterschiedlichen Bedarfslagen zu verbessern. Der Austausch gegenseitiger Unterstützungsmaßnahmen soll die jeweiligen gruppenspezifischen Handicaps erleichtern und Vereinsamungstendenzen entgegenwirken. Um das gemeinschaftliche Zusammenleben zu fördern, gibt es Begegnungsräume und teilweise eine Unterstützung durch Fachpersonal.

Siedlungsgemeinschaften

Hier werden Gemeinschafts- und Hilfeangebote für die Bewohner einer bestehenden Siedlung organisiert. Ausgehend von der Erfahrung, dass ganze Siedlungen altern und zunehmend mit Problemen älterer Menschen konfrontiert sind, werden in bestehenden Siedlungen z. T. von Wohnungsbaugesellschaften oder Selbsthilfe-Initiativgruppen Unterstützungsleistungen für ältere Menschen angeboten und ein Netz von Gemeinschaftsaktivitäten unter allen Bewohnern organisiert. Im Mittelpunkt steht die Förderung des generationsübergreifenden Zusammenlebens und der Nachbarschaftshilfe.

Altendorf

Hier werden auf einem separaten Areal altersgerechte Wohnmöglichkeiten nur für ältere Menschen geschaffen. Auch das Wohnumfeld ist primär auf die Bedürfnisse älterer Menschen ausgerichtet. Ein auf die Bedarfslagen der Senioren abgestimmtes Betreuungs- und Freizeitangebot ist im Wohnbereich verfügbar, so dass kein weiterer Ortswechsel, auch bei Hilfe- und Pflegebedürftigkeit, mehr erforderlich ist. Nach diesem Prinzip arbeiten auch die amerikanischen *„sun cities"* bzw. *„sunbelts"*. Hier leben ältere Mensch ganz unter sich und gehen ihren Freizeitbeschäftigungen und ehrenamtlichen Tätigkeiten nach. Diese Rentnerstädte in Amerika werden eher von rüstigen und aktiven Älteren dominiert, während das gebrechliche Alter weitgehend verdrängt und ausgegrenzt wird.

Betreute Wohngemeinschaften

Hier lebt eine kleine Gruppe pflegebedürftiger bzw. hilfebedürftiger älterer Menschen in einer Wohnung oder in einem Haus zusammen, überwiegend in bestehenden Wohngebäuden. Jeder Bewohner hat einen eigenen Wohn-/Schlafbereich. Das Alltagsleben findet weitgehend in einem oder mehreren Gemeinschaftsräumen und einer dazugehörigen Küche statt. Die Betreuung wird stundenweise oder rund um die Uhr durch Betreuungspersonal sichergestellt, das die Haushaltsführung und die Organisation des Gruppenlebens je nach Bedarf unterstützt oder übernimmt. Weitere individuelle Hilfe- und Pflegeleistungen werden durch ambulante Dienste erbracht. Diese wohngruppenorientierte Betreuungsform wird i. d. R. im Rahmen der ambulanten Versorgung praktiziert und unterliegt nicht dem Heimrecht. Für diese Wohnform werden auch Begriffe wie *Pflegewohngruppen, Pflegewohnungen* oder *begleitete Wohngruppen* verwendet.

KDA-Hausgemeinschaften

Auch hierbei handelt es sich um eine wohngruppenorientierte Betreuungsform. Sie wurde vom KDA vor allem als Alternative zum traditionellen Pflegeheim entwickelt und wird mehrheitlich im Rahmen der stationären Versorgung praktiziert. In diesem Fall unterliegt sie dem Heimrecht. Zur Sicherstellung der Nachtbetreuung werden häufig mehrere solcher kleinen Hausgemeinschaften auf einem Grundstück angeordnet. Meistens handelt es sich um Neubauten. Wie bei den betreuten Wohngemeinschaften steht der Wohnalltag in einem Gemeinschaftsraum mit Küche im Mittelpunkt, unterstützt von einer hauswirtschaftlichen Präsenzkraft. Pflegekräfte werden nach Bedarf zusätzlich eingesetzt. Eine Variante ist die *Hausgemeinschaft mit Mieterstatus* (Typ M), die wie die betreuten Wohngemeinschaften im Rahmen der ambulanten Versorgung betrieben wird.

2.2 Typologisierung nach Entscheidungssituationen

Versucht man, das Spektrum an Wohnformen, die älteren Menschen zurzeit zur Verfügung stehen, zu systematisieren, so erscheint es sinnvoller, dies anhand von Entscheidungssituationen der Betroffenen zu tun, anstatt – wie bisher üblich – anhand des Versorgungsangebotes.

Spektrum an Wohnmöglichkeiten für ältere Menschen, gegliedert nach Entscheidungssituationen

- **So lange wie möglich zu Hause bleiben**
  Barrierefreie Wohnungen
  Angepasste Wohnungen
  Siedlungsgemeinschaften
  Betreutes Wohnen zu Hause
  Quartiersbezogene Wohn- und Betreuungskonzepte

- **Wohnsituation selbst verändern**
  Altenwohnungen
  Selbstorganisierte Wohn- oder Hausgemeinschaften
  Mehrgenerationenwohnen/Integrierte Wohnprojekte
  Betreutes Wohnen
  Wohnstifte/Seniorenresidenzen

- **Wohnsituation verändern, weil es nicht mehr anders geht**
  Alten- und Pflegeheime
  KDA-Hausgemeinschaften
  Betreute Wohngemeinschaften

Dabei geht es hier nicht um eine umfassende Analyse von Lebensstilen *(Infratest, Sinus & Becker, H., 1991: Die Älteren – zur Lebenssituation der 55- bis 70jährigen, Bonn)* und deren Auswirkung auf die Gestaltung der altersspezifischen Wohnsituation *(Kruse, A., 2001: Lebensstile und Umwelt älterer Menschen, in: Bundesministerium für Familie, Senioren, Frauen und Jugend [Hrsg.]: Lebensstile – Wohnbedürfnisse – Wohnformen, Workshop in Hamburg am 20./21.4.1999, Bonn/Berlin).* Im Vordergrund einer solchen Typisierung steht vielmehr die „*Passung*“ der Merkmale und Wohnwünsche älterer Menschen in einer bestimmten Entscheidungssituation einerseits mit dem Unterstützungsprofil der räumlichen und sozialen Wohn- und Betreuungsrealität bei unterschiedlichen Wohnformen anderseits *(Saup, W., 2003: Betreutes Seniorenwohnen im Urteil der Bewohner, Ergebnisse der Augsburger Längsschnittstudie – Bd. 2, Augsburg).*

Die Typisierung der Wohnformen nach Entscheidungssituationen hat den Orientierungsbedarf der Betroffenen im Blick, die sich für solche Wohnformen interessieren, die ihrer jeweiligen Entscheidungssituation entsprechen. Bei einer derartigen Typisierung geht es nicht nur um die Unterscheidung bezüglich des Bedarfs an Betreuungs- und Pflegeleistungen innerhalb eines Wohnangebotes. In allen drei Grundtypen ist Betreuung und Pflege möglich. Die Typen unterscheiden sich im Hinblick auf:

- Selbstständigkeitsfördernde räumliche Gestaltung von Wohnung und Wohnumfeld
- Sicherstellung von Normalität
- Erhaltung von sozialen Kontakten und Mitwirkung der Betroffenen
- Versorgungssicherheit und Prävention von (erhöhtem) Pflegebedarf
- Integration in die soziale und räumliche Umwelt

Die drei Grundtypen lassen sich wie folgt beschreiben:

So lange wie möglich zu Hause bleiben

Der ältere Mensch will in seinem vertrauten Wohnumfeld verbleiben und seine angestammte Wohnung so lange wie möglich erhalten. Im Rahmen dieser Entscheidungssituation ist Normalität und räumliche Integration weitgehend gegeben. Die Hauptprobleme in der Gestaltung einer bedarfsgerechten Wohnsituation im Alter bestehen hier vor allem darin, Versorgungssicherheit, soziale Kontakte und Integration in die soziale Umwelt sowie eine selbstständigkeitsfördernde räumliche Gestaltung von Wohnung und Wohnumfeld sicherzustellen. Ansatzpunkte für eine bedarfsgerechte Gestaltung der Wohnsituation im Rahmen dieses Entscheidungssettings werden in Maßnahmen zur Anpassung der Wohnungen und der räumlichen Umwelt in Verbindung mit Betreuungs- und Gemeinschaftsangeboten gesehen.

Wohnsituation selbst verändern

Hier steht der Wunsch im Vordergrund, Mängel der „normalen" Wohnsituation bezüglich der räumlichen Wohnverhältnisse, der sozialen Kontakte und der Versorgungssicherheit durch einen Wohnungswechsel auszugleichen. Der Wohnungswechsel wird bewusst geplant, in einer Phase, in der eine selbstständige Haushaltsführung weitgehend möglich ist. Wesentliche Motive für einen Umzug sind: Vorsorge zu treffen für Hilfe- und Pflegebedürftigkeit, aber auch bewusst und aktiv eine neue Lebensform zu gestalten und auszuprobieren oder gezielt den Standort zu wechseln, z. B. in eine Gegend mit hoher Freizeitqualität. Entsprechend sind Merkmale wie Selbstständigkeit, Individualität, Gemeinschaft und häufig die Vorhaltung von Dienstleistungsangeboten typisch für Wohnformen, die in einer solchen Entscheidungssituation favorisiert werden. Insbesondere ist bei solchen Angeboten eine selbstständigkeitsfördernde räumliche Gestaltung der Wohnung weitgehend gegeben. Hauptprobleme und Unterschiede bestehen dagegen in der Gewährleistung der gewünschten Versorgungssicherheit bei Eintreten von Pflegebedürftigkeit, der Transparenz von Betreuungsleistungen und der Mitwirkung der Bewohner bei der Projektentwicklung.

Wohnsituation verändern, weil es nicht mehr anders geht

Hier steht die Notwendigkeit im Vordergrund, die bisherige Wohnform zu verlassen, weil der selbstständige Haushalt nicht mehr bewältigt werden kann: wegen Pflegebedürftigkeit, Mangel an informellen Hilfestrukturen, sozialer Isolation, Wohnungsmängeln oder wegen unzureichender formeller Hilfeangebote. Im Rahmen dieser Entscheidungssituation ist das Auswahlspektrum für Wohnalternativen deutlich eingeschränkt. Die zur Verfügung stehenden Wohnformen dieses Grundtyps sind darauf ausgerichtet, das fehlende Hilfeangebot zu sichern: Pflege, hauswirtschaftliche Versorgung und – in unterschiedlichem Umfang – soziale Kontakte. Zudem wird eine barrierefreie Wohnumwelt bereitgestellt. Im Unterschied zu den anderen beiden Typen ist bei Wohnformen, die in dieser Entscheidungssituation angeboten werden, gerade die Versorgungssicherheit weitgehend gewährleistet. Hauptproblem ist hier die Berücksichtigung der individuellen Fähigkeiten und Bedürfnisse der Bewohner, die Erhaltung des möglichen Maßes von Selbstständigkeit und sozialer Integration. Neue Wohnformen für dieses Entscheidungssetting versuchen deshalb gezielt, Institutionalisierungseffekte zu vermeiden: durch „Normalisierung" des Alltags (kleine Gruppen, nicht die Pflege, sondern das Wohnen steht im Mittelpunkt), Einbeziehen der normalen sozialen Umwelt (z. B. Angehörige, Nachbarn), Integration in das vertraute Wohnquartier und Mitwirkung der Bewohner bei der Alltagsgestaltung.

Die Zuordnung der vielfältigen Wohnformen zu nur drei Idealtypen ist dabei nicht immer eindeutig. So gibt es gerade bei gemeinschaftlichen Wohnformen Beispiele, welche zwar (auch) für ältere Menschen gedacht sind, die keinen eigenständigen Haushalt führen können. Dennoch erfolgt der Einzug freiwillig nach eigenen Vorstellungen. In Hinblick auf die angestrebte Vielfalt von unterschiedlichen Wohnformen werden solche Zwischenformen nicht als Problem gesehen, sondern eher für wünschenswert gehalten. Die bislang übliche scharfe Trennung zwischen Wohnformen, die entweder im Rahmen der ambulanten oder der stationären Versorgung angeboten werden, ist in dieser Typisierung gar nicht mehr angelegt. So können z. B. betreute Wohngemeinschaften und KDA-Hausgemeinschaften innerhalb des gleichen Typs einmal als Ergänzung der ambulanten und zum anderen als Weiterentwicklung der stationären Versorgung verstanden werden.

2.3 Gemeinsame Strukturen und Probleme bei der Umsetzung

Die alternativen Wohnmöglichkeiten bieten eine Reihe von neuen Chancen, bergen aber auch neue Risiken. So unterschiedlich sie in ihrer Ausprägung und praktischen Ausgestaltung auch sind, haben sie doch gemeinsame Ziele und Strukturen und viele ähnliche Probleme bei der Umsetzung.

Gemeinsame Ziele

Die meisten dieser alternativen Wohnformen werden als neue Wohnangebote bezeichnet. Jedoch können viele schon auf eine längere Tradition zurückgreifen. Sie sind neu, weil sie sich als kritische Antwort auf die Defizite der traditionellen Wohnangebote für Senioren verstehen. Dementsprechend haben sie gemeinsame Grundziele. Sie wollen

- ein selbstständiges, selbstbestimmtes normales Wohnen
- mit Aspekten der Sicherheit und Verfügbarkeit von Hilfe bei Bedarf
- und mit gemeinschaftlichen Lebensformen verbinden.

Wachsendes Interesse, aber immer noch geringe quantitative Bedeutung

Ein weiteres gemeinsames Merkmal der neuen Wohnangebote ist, dass das Interesse an solchen alternativen Wohnformen in den vergangenen Jahren deutlich gewachsen ist, jedoch haben sie insgesamt immer noch eine relativ geringe quantitative Bedeutung. Zwar gibt es keine verlässlichen amtlichen Statistiken für dieses Wohnangebot, aber Schätzungen gehen davon aus, dass ca. 200.000 bis 250.000 ältere Menschen in diesen neuen Wohnformen leben. Dies entspricht einer Versorgungsquote von 1,8 bis 2 % der 65-Jährigen und älteren.

Experten gehen davon aus, dass die noch geringe quantitative Bedeutung weniger auf ein mangelndes Interesse der Senioren zurückzuführen sei, sondern vor allem an den Rahmenbedingungen liege, innerhalb derer diese Wohnangebote agieren müssen.

Quantitativer Entwicklungsstand

Geschätzte Anzahl der Bewohner	
ca. 150.000–230.000	Betreutes Wohnen
ca. 8.000	Gemeinschaftliches Wohnen
ca. 1.000	Betreute Wohngemeinschaften

Unterschiedliche Konzepte und differenzierte Projektlandschaften

Typisch für die neuen Wohnangebote ist ihre konzeptionelle Vielfalt und die sehr ausdifferenzierte Projektlandschaft. Beim Betreuten Wohnen findet man von der Hausmeisterbetreuung bis zur Vollversorgung eine breite Palette unterschiedlicher Betreuungsangebote, was auch schon an der vielfältigen Begriffswahl für diese Wohnform deutlich wird. Gemeinschaftliche Wohnprojekte variieren von der selbstinitiierten Wohn- und Hausgemeinschaft bis zum trägerinitiierten Mehrgenerationenwohnprojekt, mal begrenzt auf die hausinterne Nachbarschaft, mal ausgeweitet auf eine ganze Siedlung oder ein eigenes Dorf. Wohngruppenorientierte Betreuungskonzepte unterscheiden sich von den Zielgruppen, den Betreuungsleistungen, der Personalorganisation oder der Intensität des Zusammenlebens.

Probleme mit bestehenden Rahmenbedingungen

Die alternativen Wohnangebote bewegen sich und agieren in vielen Bereichen außerhalb der rechtlich normierten Rahmenbedingungen. Sie entwickeln sich teilweise am System vorbei und müssen Ausnahmeregelungen oder in langwierigen Auseinandersetzungen Anpassungen bei den bestehenden sozial- und ordnungsrechtlichen Rahmenbedingungen erwirken. So gab und gibt es eine breite Diskussion, ob das Betreute Wohnen ordnungsrechtlich als Heimeinrichtung oder als normale Wohnung einzustufen ist bzw. inwieweit Verbraucherschutz-Bestimmungen auf das Betreute Wohnen anzuwenden sind. Bei betreuten Wohngemeinschaften wird immer wieder die eigene Häuslichkeit der Bewohner in Frage gestellt, mit den entsprechenden Problemen der Finanzierung behandlungs-pflegerischer Leistungen durch die Krankenkassen oder der drohenden Einstufung als Heim. Gemeinschaftliche Wohnprojekte stoßen bei der Suche nach geeignetem Wohnraum auf Schwierigkeiten mit den Bedingungen der Wohnungsbauförderung oder finden keine kooperationsbereiten Bauträger.

Fehlende definierte Qualitätsstandards / Qualitätssicherungsprobleme

Gemeinsam ist den neuen Wohnformen auch, dass sie i. d. R. ohne definierte Qualitätsstandards arbeiten. Anders als bei der stationären Versorgung, wo das Heimgesetz zumindest einen Mindeststandard festlegt und die Heimaufsichtsbehörden Kontrollfunktionen übernehmen, gibt es z. B. keinen geschützten Begriff „Betreutes Wohnen“ oder es gibt keine gesetzlichen Vorschriften, welche Leistungen betreute Wohngemeinschaften erbringen müssen. Das Fehlen solcher definierten Standards hat mit dazu geführt, dass die Projekte z. T. sehr unterschiedlich in ihrer Qualität sind und auch sog. „Mogelpackungen“ auf den Markt getreten sind, die zu überteuerten Preisen am Bedarf der älteren Menschen vorbeigeplant wurden. Kontrovers wird diskutiert, ob und wie Qualitätsstandards für neue Wohnmodelle verbindlich gemacht werden sollen. Ein Teil geht davon aus, dass man mit einer Festschreibung von Standards die Vielfalt dieser alternativen Wohnmodelle beschneide und setzt auf den zunehmenden Wettbewerb, der die schwarzen Schafe schon vom Markt verdränge. Andere verweisen darauf, dass die Älteren, die sich für diese Wohnformen interessieren, nur bedingt als souveräne Kunden angesehen werden können. Sie brauchen einen geschützten Rahmen, innerhalb dessen solche Wohnangebote praktiziert werden können.

Wenig erforscht und wenig bekannt

Gemeinsam ist den neuen Wohnformen auch, dass sie als Alternativen zu den traditionellen Wohnangeboten immer noch wenig bekannt sind und dies nicht nur bei den Senioren, sondern auch bei den Planern und möglichen Investoren sowie bei den Finanzierungsträgern und zuständigen Behörden. Selbst bei schon etwas bekannteren neuen Wohnformen – wie das Betreute Wohnen – wissen Senioren häufig nicht, was sie von diesem Wohnangebot erwarten können. In vielen Bereichen fehlen Informationen und Erfahrungswissen, wer diese Wohnangebote nutzt, von wem diese Wohnangebote initiiert werden, welche Leistungen sie in welcher Qualität anbieten und mit welchen Problemen sie konfrontiert sind. Ebenso fehlt es an Übersichten über die jeweilige quantitative Entwicklung vor Ort.

3 Neue Wohnkonzepte und ihre praktische Umsetzung

Entsprechend der unterschiedlichen Entscheidungssituationen werden im Folgenden Wohnformen dargestellt, die älteren Menschen angesichts ihrer besonderen Bedarfslage zur Verfügung stehen. Dabei werden nur Wohnformen vorgestellt, die sich in den vergangenen Jahren als Alternativen zu traditionellen Wohnformen im Alter entwickelt haben.

Die neuen Wohnformen werden jeweils in folgenden Themenblöcken beschrieben:

A **Wesentliche Merkmale**
B **Quantitative Entwicklung**
C **Wohn- und Leistungsstrukturen**
Hier werden die praktischen Erfahrungen bei der Umsetzung dargelegt. Dabei geht es zum einen um die Wohn- und Dienstleistungsangebote, zum anderen aber auch darum, welche Erfahrungen mit Mitbestimmungs- und Mitwirkungsmöglichkeiten gemacht wurden, welche präventiven Leistungen mit diesem Wohnangebot verbunden sind und mit welchem Personal gearbeitet wird.
D **Nutzer-/Bewohnerstrukturen**
E **Finanzielle Aspekte**
F **Probleme der Umsetzung**

Eingeleitet wird die Darstellung der unterschiedlichen Wohnformen jeweils mit der Beschreibung eines Beispiels. Dabei handelt es sich nicht um Best-Practice-Lösungen, sondern um ein für dieses Wohnkonzept typisches Beispiel aus der Praxis.

Für die Bewertung zukunftsfähiger Wohnmodelle können insbesondere aus dem Vergleich *deutscher* und *ausländischer* Konzepte wertvolle Hinweise erwartet werden. Daher wird am Ende gezielt der Blick auf Lösungsstrategien und Wohnmodelle im Ausland zu den jeweiligen Entscheidungssituationen gerichtet. Hiervon werden nicht nur wichtige Anregungen bezüglich der Weiterentwicklung und Ergänzung der hierzulande existierenden Wohnformen oder Dienstleistungen für ältere Menschen erwartet, sondern insbesondere auch Hinweise auf mögliche und notwendige Veränderungen von Rahmenbedingungen. So werden neue Wohn- und Betreuungsmodelle häufig dadurch in der Umsetzung bzw. Verbreitung behindert, da sie sich in einer Grauzone von vorhandenen gesetzlichen Regelungen, Ressortabgrenzungen, Finanzierungsbestimmungen oder auch Trägerinteressen und

Aufgabenverteilungen, etwa zwischen Bund, Land und Kommunen u. v. m., bewegen. Solche Rahmenbedingungen werden nicht selten als unumstößlich angesehen. Wohnmodelle in anderen Ländern unterliegen aber meistens auch anderen Rahmenbedingungen und häufig ist dies die Ursache dafür, dass sich solche Modelle anders entwickeln oder eine größere Verbreitung finden.

3.1 So lange wie möglich zu Hause bleiben

Die meisten älteren Menschen leben zu Hause in „normalen" Wohnungen und sie wollen auch so lange wie möglich in ihrer vertrauten Umgebung bleiben. Diesem Wunsch Rechnung zu tragen ist auch eine gesellschaftliche Notwendigkeit, da die wachsende Zahl älterer Menschen in ihrer großen Mehrheit nur in ihrer „normalen" Häuslichkeit versorgt werden kann.

Häufig sind ihre Wohnungen aber nicht seniorengerecht. Der Zweite Altenbericht der Bundesregierung (1998) konstatiert, dass bei rund einem Viertel aller Wohnungen von älteren Menschen die vollständige Ausstattung mit Sammelheizung, Bad/Dusche oder WC ganz oder teilweise fehlt. Wenn auch in Zukunft die fehlende Sanitärausstattung immer mehr zu einem Minderheitenproblem wird, gilt auch weiterhin, dass viele Wohnungen älterer Menschen schlecht erreichbar sind und vielfältige innere Barrieren aufweisen, so dass sie die Sicherheit und Selbstständigkeit älterer und in besonderem Maße hochaltriger Menschen gefährden *(Bundesministerium für Familie, Senioren, Frauen und Jugend [Hrsg.], 2002: Wohnen im Alter. Vierter Bericht zur Lage der älteren Generation in Deutschland, Bonn).* Um in der vertrauten Häuslichkeit verbleiben zu können, reicht eine entsprechende räumliche Gestaltung der Wohnungen und des Wohnumfeldes aber nicht aus. Genauso wichtig ist die Verfügbarkeit von Hilfe- und Betreuungsleistungen.

Ansatzpunkte für eine bedarfsgerechte Gestaltung der Wohnsituation im Rahmen dieses Entscheidungssettings werden in Maßnahmen zur altersgerechten Gestaltung oder Anpassung der Wohnungen und der räumlichen Umwelt in Verbindung mit Betreuungs- und Gemeinschaftsangeboten gesehen. Die Anwendung von *barrierefreien Standards* im Wohnungsbau und die *Wohnungsanpassung* sowie die Entwicklung von Angeboten des *„Betreuten Wohnens zu Hause"* können als Antworten auf diese Bedarfssituation gesehen werden.

3.1.1 Barrierefreies Wohnen, Wohnungsanpassung und Wohnberatung

Beispiel	
Projektname:	Wohnungsanpassung
Adresse:	Privatwohnung
Ansprechpartner:	Beratungsstelle Wohnen Korbinianplatz 15 a 80807 München
Projektstart:	1994

Zusammenfassung von Bad und WC, Grundriss

Grafik: Heidi Bitzer, Köln

■ *Grundriß (vorher): getrenntes Bad und WC*

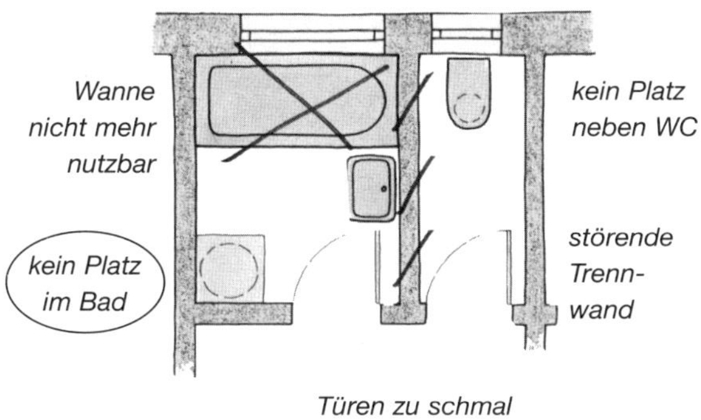

■ *Grundriß (nachher): barrierefreies Bad*

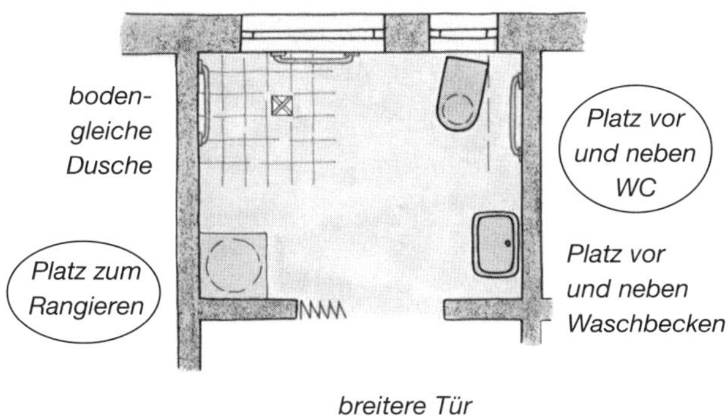

Projektziel:	Schaffung eines barrierefreien Bades für Rollstuhlnutzung nach Schlaganfall des Bewohners
Projektstruktur:	Die Maßnahme wurde in einer Wohnung – selbst genutztes Eigentum – aus den 60er Jahren mit kleinem, getrenntem Bad und WC durchgeführt. Als bauliche Maßnahmen sind erfolgt: Entfernung der Trennwand, Ersetzen der Wanne durch eine bodengleiche Dusche, Versetzen des Waschbeckens, Schrägstellung des WC, Türverbreiterung. Diese individuelle Anpassung würde sich auch für eine strukturelle Anpassung vieler Mietwohnungen oder Eigenheime der 50er und 60er Jahre mit ähnlichen Grundrissen eignen. Organisatorisch wurde die Maßnahme in Zusammenarbeit von Therapeuten der Reha-Klinik und Wohnberatern durchgeführt. Die Anpassung ist während des Klinkaufenthaltes erfolgt und der Bewohner konnte sich von hier aus mit der neuen Wohnsituation vertraut machen.
Projekt-finanzierung:	Der Badumbau kostete umgerechnet ca. 10.000 Euro, die der Bewohner als Eigentümer selbst finanzieren musste. Heute hätte vermutlich die Pflegekasse einen Zuschuss von etwa 2.500 Euro geleistet.

A Wesentliche Merkmale

Maßnahmen zur Verbesserung der räumlichen Wohnverhältnisse setzten auf mehreren Ebenen an:

Bedarfsgerechte Planung des Wohnungsbaus

Hier geht es im Wesentlichen darum, nicht für einzelne Zielgruppen und Altersphasen spezielle Wohnangebote zu erstellen, sondern bei der Neubauplanung oder Modernisierung von Gebäuden diese direkt so zu gestalten, dass sie für verschiedene Lebens- und Haushaltsformen sowie in verschiedenen Lebensphasen gleich gut gebrauchsfähig sind. Dies soll gewährleistet werden durch

- die Berücksichtigung geeigneter Wohnformen und Wohnungszuschnitte entsprechend unterschiedlicher Wohnbedürfnisse,
- die Anwendung barrierefreier Standards bei Wohnungen, Gebäuden und Wohnumfeld.

Anpassung des Wohnungsbestandes

Ziel der Wohnungsanpassung ist es, bestehende „normale" Wohnungen an die Bedürfnisse älterer und behinderter Menschen anzupassen, damit sie ihren selbstständigen Haushalt aufrechterhalten können. Die Beseitigung von Barrieren aller Art sowie kleinere Alltagserleichterungen und auch technische Hilfen bilden den Schwerpunkt der Anpassungsmaßnahmen. Zu unterscheiden ist zwischen der

- strukturellen Wohnungsanpassung, d.h. eine bestehende Wohnsiedlung oder zumindest ein ganzer Wohnblock wird von Barrieren befreit oder es werden Wohnungen in Gebäudekomplexen komplett barrierefrei hergerichtet. Dies kann älteren Menschen zugute kommen, die da bereits wohnen, vor allem aber denen, die später einziehen. Hierbei werden auch Aspekte der infrastrukturellen Versorgung und der barrierefreien Gestaltung des Wohnumfeldes berücksichtigt;

- individuellen Wohnungsanpassung, d.h. eine einzelne Wohnung wird durch kleine baulich-technische Veränderungen für den Bewohner an seine besonderen Bedürfnisse angepasst. Bei der individuellen Wohnungsanpassung geht es um kleinere bis mittlere baulich-technische Maßnahmen. Diese Maßnahmen liegen i. d. R. unterhalb der Schwelle einer Modernisierung. Für die Durchführung individueller Anpassungsmaßnahmen ist das Angebot von Wohnberatung eine wichtige Voraussetzung.

Wohnberatung

Hier geht es darum, Beratungsstrukturen aufzubauen, die entsprechende Hilfe zur Verbesserung der räumlichen Wohnverhältnisse leisten. Die zentrale Aufgabe der Wohnberatung beschränkt sich dabei nicht nur auf Beratungsleistungen. Sie beinhaltet vielmehr auch die praktische Hilfe, Begleitung und organisatorische Unterstützung bei der Planung und Durchführung von Anpassungsmaßnahmen sowie das Aufzeigen von Wohnalternativen.

B Quantitative Entwicklung

Die Altenhilfe hat zwar inzwischen erkannt, dass auch das normale Wohnen zu ihren Aufgaben zählt. In der Praxis ist die Verbesserung der Wohnverhältnisse allerdings nach wie vor ein sehr wenig beachteter Arbeitsbereich. Aber auch die „natürlichen" Akteure in diesem Feld, die Wohnungseigentümer und Wohnungsunternehmen, sind nach wie vor eher zögerlich bei der altersgerechten Gestaltung ihrer Wohnungen bzw. Wohngebiete.

Bedarfsgerechte Planung des Wohnungsneubaus und Anpassung des Wohnungsbestandes

Es liegen zurzeit keine Angaben vor, wie viele Wohngebäude direkt beim Neubau barrierefrei gestaltet wurden. Ebenso fehlen Informationen. inwiefern barrierefreie Standards bei Modernisierungsmaßnahmen umgesetzt wurden.

Auch darüber, in wie vielen Wohngebieten und in welchem Umfang Maßnahmen zur strukturellen barrierefreien Anpassung des Wohnungsbestands oder individuelle Wohnungsanpassungsmaßnahmen durchgeführt wurden, liegt kein statistisches Datenmaterial vor. Untersuchungen zur individuellen Wohnungsanpassung in NRW zeigen, dass eine durchschnittliche Wohnberatungsstelle mit 1,8 Personalstellen im Jahr 490 Erstkontakte zu Senioren haben, die ihre Wohnsituation verändern wollen, und 207 Anpassungsmaßnahmen durchführen *(Niepel, Th., 1998: Wohnberatung: wirksam und wirtschaftlich, Universität Bielefeld, Bielefeld).* Allein in NRW wurden seit 1993 von rund 50 Wohnberatungsstellen zwischen 35.000 und 40.000 Wohnungsanpassungsmaßnahmen durchgeführt.

In Deutschland wurde in den vergangenen Jahren insbesondere auf die individuelle Wohnungsanpassung gesetzt. Das Prinzip der strukturellen oder generellen Wohnungsanpassung wird in Deutschland nur vereinzelt angewandt. Es gibt aber zunehmend Wohnungsunternehmen, die im Zuge von Leerständen zumindest ausgewählte Gebäude ihrer Wohnsiedlungen Maßnahmen zur strukturellen Anpassung bzw. barrierefreien Modernisierung vornehmen oder dies planen, wie z. B. Spar- und Bauverein Hannover e. G. *(BAG Wohnungsanpassung [Hrsg.], 2003: Dokumentation der Tagung „Wohnberatung und Wohnungswirtschaft", 17. bis 19. Juni in Berlin, Bielefeld [(Druck in Vorbereitung]).* Auch die barrierefreie Gestaltung des Wohnumfeldes wird in der Praxis eher zögerlich umgesetzt.

Dies hat verschiedene Ursachen. So ist z. B der Mietwohnungsmarkt in Deutschland in hohem Maße privat. Über ein Drittel aller Wohnungen sind Mietwohnungen, die einzelnen Eigentümern oder kleinen Eigentümergemeinschaften gehören. Hier kommt vor allem die individuelle Wohnungsanpassung in Frage. Für eine übergreifende Planung der Bestandsverbesserung steht demgegenüber nur etwa ein Viertel der Wohnungen im Besitz von Wohnungsunternehmen oder öffentlichen Trägern zur Verfügung. In den neuen Bundesländern ist dieser Anteil vermutlich auch heute noch größer *(Bundesministerium für Familie, Senioren, Frauen und Jugend, [Hrsg.], 1998: Wohnen im Alter. Zweiter Bericht zur Lage der älteren Generation in Deutschland, Bonn).*

Eigentümerstruktur in Deutschland
Wohnungsbestand 1993: 32,2 Mio.

	Zahl der Wohnungen	*Anteil gesamt*
Selbst genutztes Eigentum	12,5 Mio.	39 %
Private Mietwohnungen	11,2 Mio.	35 %
Wohnungsunternehmen	8,5 Mio.	26 %

Quelle: 1 % Gebäude- und Wohnungsstichprobe 1993, StBA, eigene Berechnung KDA

Obwohl einzelne Wohnungsunternehmen hier bereits Aktivitäten entfalten, ist die strukturelle Anpassung des Wohnungsbestandes in anderen Ländern mit hohen Anteilen von Wohnungen im Besitz von Wohnungsunternehmen – wie z. B. in den Niederlanden oder in Schweden – weiterentwickelt. Auch das Angebot der Beratung zur Wohnungsanpassung wird von Bewohnern selbst genutzten Eigentums bisher weniger nachgefragt. Wegen der großen Zahl solcher Haushalte und der auftretenden Problematik zu großer Wohnungen erscheinen gezielte Angebote für diese Klientel erforderlich, so z. B. zur Teilung eines Einfamilienhauses, zur Übernahme der Hausverwaltung oder auch Hilfen beim Verkauf.

Wohnberatung

Zurzeit gibt es in Deutschland etwa 200 bis 250 Wohnberatungsstellen. Da es keine bundesweiten Erhebungen über die Arbeit der Wohnberatungsstellen gibt, können nur Schätzwerte angegeben werden.

Die Verteilung der Beratungsstellen ist regional sehr unterschiedlich. Etwa die Hälfte befindet sich in Nordrhein-Westfalen und Baden-Württemberg. Insgesamt verteilt sich das Angebot nach einer Aufstellung aus dem Jahr 2003 *(BAG Wohnungsanpassung, [Hrsg.], 2003: Adressenlisten der Wohnberatungsstellen, Bielefeld)* wie folgt:

Verteilung der Wohnberatungsstellen auf die Bundesländer

Bundesland	*Anzahl*	*Anteil von allen Beratungsstellen*
Baden-Württemberg	39	20,5 %
Bayern	7	3,7 %
Berlin	16	8,4 %
Brandenburg	1	0,5 %
Bremen	5	2,6 %
Hamburg	1	0,5 %
Hessen	5	2,6 %
Mecklenburg-Vorpommern	4	2,1 %
Niedersachsen	6	3,2 %
NRW	60	31,6 %
Rheinland-Pfalz	3	1,6 %
Saarland	6	3,2 %
Sachsen	8	4,2 %
Sachsen-Anhalt	10	5,2 %
Schleswig-Holstein	10	5,2 %
Thüringen	9	4,7 %
Insgesamt	**190**	**100,0 %**

C Wohn- und Leistungsstrukturen

Umsetzung barrierefreier Standards bei baulichen Maßnahmen

Eine Voraussetzung für die Aufrechterhaltung eines selbstständigen Haushaltes ist, dass die Bewegung innerhalb der Wohnung und im Umfeld der Wohnung nicht durch Barrieren eingeschränkt ist. Die Frage, was eine für ältere Menschen geeignete Wohnung ist, wird heute weitgehend mit dem Begriff „Barrierefreiheit“ gleichgesetzt. Die Wohnung und das Wohnumfeld sollen grundsätzlich so gestaltet sein, dass keine baulichen Barrieren der Nutzung durch ältere Menschen entgegenstehen.

Die folgende Übersicht stellt die wichtigsten Anforderungen und Maße der Norm für barrierefreies Bauen, DIN 18025, Teil 2, zusammenfassend dar:

Hauptanforderungen an „Barrierefreie Wohnungen" nach DIN 18025, Teil 2

A	**Vermeidung von Stufen und Schwellen**	
I.	Keine Türschwellen: minimale Höhe der Balkonschwelle	 max. 2 cm
II.	Bodengleiche Dusche	
III.	Stufenloser Hauseingang und stufenloser Zugang zu mindestens einer Wohnebene sowie Nachrüstbarkeit eines Aufzuges	
B	**Ausreichende Bewegungsflächen**	
IV.	Standard-Bewegungsflächen in der Wohnung (z. B. vor Einrichtungen in Küche und Bad sowie vor dem Bett und zwischen Wänden)	mind. 1,20 x 1,20 m
V.	Mindest-Bewegungsflächen in der Wohnung (z. B. vor Möbeln oder neben dem WC)	mind. 90 cm
VI.	Standard-Bewegungsflächen außerhalb der Wohnung (z. B. vor Aufzügen und Treppen auf Balkonen und zwischen Wänden)	mind. 1,50 x 1,50 m
VII.	Ausreichende Türbreiten – innerhalb der Wohnung – außerhalb der Wohnung (z. B. Wohnungs-/Hauseingangs-/Aufzugstüren)	 mind. 80 cm mind. 90 cm
VIII.	Aufzugsmaße	mind. 1,10 x 1,40 m
C	**Höhenbegrenzung von Elementen**	
IX.	Bedienungselemente (z. B. Lichtschalter und Türgriffe)	85 cm
X.	Balkonbrüstungen (nichttransparenter Teil)	max. 60 cm

Stuurgroep Experimenten Volkshuisvesting/Kuratorium Deutsche Altershilfe (Hrsg.), 1997: Wohnen ohne Barrieren – Hintergrundinformationen und Fakten, Köln/Rotterdam 1997, S. 13

Ein wichtiger Schritt zur Verbreitung barrierefreier Standards war die Einführung der neu gefassten DIN-Norm 18025, Teil 2, Barrierefreie Wohnungen, 1992. Das wesentlich Neue an dieser Norm ist, dass grundsätzlich alle Wohnungen so gebaut werden sollten, dass nicht wegen jeder auftretenden körperlichen Einschränkung ein Umzug erforderlich wird. Während man früher spezielle Wohnungen für ältere und behinderte Menschen baute, strebt die DIN-Norm an, allgemeine Wohnbaunormen geltend zu machen, die für alle Lebensalter und Lebensphasen geeignet sind. Mit der Planungsnorm DIN 18025 wurde der Begriff „behinderten- oder altengerecht" durch „barrierefrei" ersetzt. Barrierefrei bedeutet, dass Bauten von jedem Menschen genutzt werden können, nicht nur von Rollstuhlfahrern, auch von Blinden, klein- und großwüchsigen Menschen sowie Gehbehinderten. Das barrierefreie Bauen kommt auch Kindern, Eltern mit Kinderwagen und Menschen mit vorübergehenden Behinderungen zugute.

Diesem Prinzip ist der Teil 2 der DIN 18025 „Barrierefreie Wohnungen – Planungsgrundlage" in besonderem Maße verpflichtet. Die räumlichen Anforderungen wurden hier auf das notwendige Mindestmaß reduziert, um den baulichen Aufwand in einem tragbaren Rahmen zu halten und so eine breitenwirksame Anwendung zu erleichtern. Im Wesentlichen sind hier Anforderungen an die Vermeidung von Stufen und Schwellen, ausreichende Bewegungsflächen und die Höhenbegrenzung von Bedienungselementen genannt. Im Unterschied dazu enthält der Teil 1 der DIN 18025 „Wohnungen für Rollstuhlbenutzer" höhere räumliche Anforderungen – im Wesentlichen das Maß für Bewegungsflächen von 1,50 x 1,50 m (dieses Maß für Bewegungsflächen ist im Teil 2 auf 1,20 x 1,20 m reduziert).

Sukzessive wurden die Grundsätze des barrierefreien Bauens auch auf das Wohnumfeld und die öffentlichen Gebäude ausgedehnt: So wurde 1996 die DIN 18024, „Barrierefreies Bauen öffentlich zugängiger Gebäude und Arbeitsstätten" und „Barrierefreies Bauen: Straßen, Plätze, Wege, öffentliche Verkehrs- und Grünanlagen sowie Spielplätze" eingeführt. Prinzip ist, auch den öffentlichen Raum für alle Menschen nutzbar zu machen. Aktuell werden diese DIN-Normen überarbeitet. Es ist geplant, die DIN 18024, Teil 1 und 2 sowie die DIN 18025, Teil 1 und 2 zur DIN 18030 „Barrierefreies Bauen" zusammenzufassen. Ein entsprechender Norm-Entwurf liegt bereits vor und wurde Ende 2002 der Öffentlichkeit zur Prüfung und Stellungnahme vorgelegt. In Zukunft kommen neben diesen Barrierefrei-Standards, die sich im Wesentlichen auf Bewegungseinschränkungen und sonstige körperliche Behinderungen beziehen, Anforderungen hinsichtlich einer Erleichterung der Orientierung hinzu. Im Zusammenhang mit Demenz ist auch ein Abbau kognitiver Barrieren erforderlich.

In den vergangenen Jahren gab es eine Reihe von Bemühungen, um der DIN als Norm für den normalen Wohnungsbau zur Durchsetzung zu verhelfen. Von politischer Seite wurde die Empfehlung ausgesprochen, dem Prinzip des „Barrierefreien Wohnens“ bei der Wohnversorgung älterer Menschen zu folgen und es auch bei der Planung allgemeiner Wohnanlagen zu beachten *(Bundesministerium für Familie, Senioren, Frauen und Jugend [Hrsg.], 1998: Wohnen im Alter. Zweiter Bericht zur Lage der älteren Generation in Deutschland, Bonn)*. Die Bundesländer bemühten sich um eine Umsetzung der DIN in ihre Wohnungsbauförderungsrichtlinien und Landesbauordnungen. 1997 verabschiedete die Bauministerkonferenz eine Musterbauordnung, die auch einige zentrale Elemente des barrierefreien Bauens enthielt. Einige Bundesländern haben ihre Bauordnungen entsprechend reformiert, so z. B. Schleswig-Holstein, Niedersachsen, Bremen NRW *(Konferenz der für Städtebau, Bau- und Wohnungswesen zuständigen Minister und Senatoren der Länder, 2000: Barrierefreies Bauen nach den Bauordnungen der Länder, Bericht September 2000)*. Damit haben einige Anforderungen an das barrierefreien Bauen in diesen Ländern auch für den nicht geförderten Wohnungsbau Gültigkeit.

Bisher ist es aber nicht gelungen, der DIN für den normalen Wohnungsbau zum Durchbruch zu verhelfen. Durchgesetzt hat sich die Anwendung der Norm bisher nur beim Bau besonderer Einrichtungen für alte oder behinderte Menschen. So konnte das KDA 1999 im Rahmen einer bundesweiten Erhebung zur Verankerung der DIN 18025, Teil 2 in den Förderrichtlinien der Bundesländer und den Landesbauordnungen ermitteln, dass fast alle Bundesländer sowohl in ihren Förderrichtlinien als auch in ihren Landesbauordnungen die Einhaltung der DIN generell oder in Auszügen beim Bau spezieller Wohnanlagen für alte oder behinderte Menschen fordern. Für den allgemeinen Wohnungsbau fanden sich aber nur bei einzelnen Bundesländern entsprechende Forderungen, die sich i. d. R. auf die barrierefreie Zugänglichkeit eines bestimmten Teils der Wohnungen bei Mehrfamilienhäusern beschränkten *(Kremer-Preiß, U./Stolarz, H., 1999: Barrierefreies Bauen in Deutschland. Vergleichende Darstellung der rechtlichen Rahmenbedingungen und Förderbestimmungen des altersgerechten Wohnens in den Bundesländern, Köln)*.

Auch die meisten Modernisierungsmaßnahmen wurden in der Vergangenheit ohne Berücksichtigung der DIN durchgeführt *(Narten, R., 2003: Soziale Dienste für ältere Menschen, in: vdw-magazin1/2003 , Verband der Wohnungswirtschaft Niedersachsen)*. Es werden erhebliche Summen in die Modernisierung und Instandsetzung des Gebäudebestandes investiert. In den wenigsten Fällen werden aber Anpassungen an die Bedürfnisse älterer Menschen gleichzeitig mit vorgenommen. Da der finanzielle Mehraufwand – außer dem Einbau von Aufzügen – relativ gering ist, könnten durch die Verwirklichung von Barrierefrei-Standards im Zuge ohnehin anstehender Modernisierungsmaßnahmen erhebliche Synergie-Effekte erzielt werden. Diesbezügliche Auflagen oder finanzielle Anreize – sei es in Form von Förderbestimmungen oder rechtlichen Regelungen – sind bei Modernisierungsmaßnahmen noch in weit geringerem Umfang vorhanden, als das bei Neubauten der Fall ist *(vgl. Kremer-Preiß/Stolarz, H., 2002: Rechtliche Rahmenbedingungen und Förderbestimmungen zum altengerechten Bauen und Wohnen, Köln).* Es gibt aber in jüngster Zeit eine Reihe von Untersuchungen, die sich gezielt mit der Frage beschäftigen, welche Maßnahmen des barrierefreien Bauens sich bei den besonders häufig zur Modernisierung anstehenden Wohnungsbauten der 50er Jahre sinnvoll verwirklichen lassen *(u.a. Edinger, S./Lerch, H., 2002: Barrierearme Wohnkonzepte für Geschosswohnbauten der 50er Jahre, Leinfelden-Echterdingen).*

Erfahrungen bei der individuellen Anpassung des Wohnungsbestandes

Die Wohnungsanpassung ist erst Ende der 80er Jahre in den Blick der Altenhilfe gerückt. Nach der Veröffentlichung einer KDA-Studie über die Notwendigkeit und die Möglichkeiten der Wohnungsanpassung *(Stolarz, H., 1986: Wohnungsanpassung. Maßnahmen zur Erhaltung der Selbständigkeit älterer Menschen, Köln)* wurde 1987 das erste Anpassungsprogramm durch die Stadt München etabliert, das sowohl die Finanzierung von Maßnahmen als auch der Beratung beinhaltete. 1991/1992 haben Baden-Württemberg und NRW mit der landesweiten Koordination der Wohnungsanpassung begonnen. 1992 wurde die Wohnungsanpassung in die Nomenklatur der Altenhilfe und damit in den Aufgabenkatalog der Altenhilfe aufgenommen *(Deutscher Verein für öffentliche und private Fürsorge, 1992: Nomenklatur der Altenhilfe, Frankfurt/Main).* 1994 erfolgte die Gründung der Bundesarbeitsgemeinschaft Wohnungsanpassung als Dachorganisation der Wohnberatungsstellen. Vor allem die Finanzierungen von Anpassungsmaßnahmen als Leistung der Pflegeversicherung haben seit 1995 der Wohnungsanpassung einen Entwicklungsschub gegeben. Seit 1996 gewährt das KDA aus DHW-Mitteln Zuschüsse zu den Sachkosten von Beratungsstellen *(Stolarz, H., 1998: Wohnungsanpassung. Kleine Maßnahmen mit großer Wirkung, Köln).*

Trotz der o.g. Entwicklungsschritte greift die Wohnungsanpassung noch nicht flächendeckend und auch die Chancen eines alten Menschen, seine Wohnung individuell anpassen zu lassen, sind in Deutschland sehr unterschiedlich.

Praktische Erfahrungen zeigen, dass die Anpassungsmaßnahmen vor allem im Sanitärbereich und im Zugangsbereich des Hauses, der Wohnung, der Zimmer erfolgen *(Niepel, Th., 1999: Wohnberatung – Erfolg, Wirkungsvoraussetzungen und Qualitätssicherung, Universität Bielefeld, Bielefeld)*. Nur rund jede dritte Anpassungsmaßnahme bezieht sich dabei auf bauliche Eingriffe in der Wohnung, der Rest bezieht sich auf Ausstattungsveränderungen oder den Einsatz von Hilfsmitteln *(Niepel, Th., 1995: Effektivität und Effizienz von Beratung zur Wohnungsanpassung, Universität Bielefeld, Bielefeld)*.

Verteilung der Anpassungsmaßnahmen		
35 % bauliche Maßnahmen, davon	31 %	Erreichbarkeit der Wohnung verbessern
	30 %	Umbau/Einbau Dusche/ Badewanne
	11 %	Türverbereiterung
	9 %	Zimmer umbauen
	6 %	rollstuhlgerechter Umbau der Wohnung
36 % Ausstattungsveränderungen, davon	32 %	im Bad
	23 %	im Wohn- und Schlafbereich
	15 %	in der Küche
	11 %	Fußbodenbeläge
	6 %	Einbruchsicherheit
	2 %	bessere Beleuchtung
29 % Hilfsmitteleinsatz, davon	69 %	im Bad
	13 %	Geh- und Stehhilfen
	10 %	Balkonschwellen überbrücken
	4 %	Treppenlifter
	4 %	in Küche und Haushalt

Quelle: Niepel, Th., 1995: Effektivität und Effizienz von Beratung zur Wohnungsanpassung, Universität Bielefeld, Bielefeld, S. 83

Dienstleistungsangebote der Wohnberatung

Ein Grund, warum Wohnungsanpassung in Deutschland noch nicht umfassend durchgeführt wird, ist, dass es bisher nicht gelungen ist, ein flächendeckendes Angebot an Wohnberatungsstellen aufzubauen. Wie bereits dargestellt ist das Angebot an Wohnberatungsstellen in Deutschland sehr ungleich verteilt. Während Bundesländer wie Baden-Württemberg und NRW schon in den 90er Jahren einen annährend flächendeckenden Ausbau von Beratungsstellen zur Wohnungsanpassung landesweit organisieren, haben nun auch Bayern, Hessen und Niedersachsen Anfang 2002 mit dem Aufbau einer landesweiten Infrastruktur zur Förderung der Wohnberatung begonnen *(Stolarz, H., 2002: Meilensteine in der Entwicklung der Wohnberatung, in: ProAlter 2/2002).* Sachsen und Schleswig-Holstein haben minimale Budgets zur Verfügung gestellt, dass ambulante Pflegedienste und Sozialstationen die Wohnberatung leisten. Vor allem in den neuen Bundesländern gibt es nur wenige Angebote zur Wohnungsanpassungsberatung.

Unverzichtbarer Bestandteil der individuellen Wohnungsanpassung ist eine qualifizierte Beratung und eine praktische Unterstützung bei der Durchführung. Häufig sind ältere Menschen selbst nicht in der Lage, die Notwendigkeit von räumlichen Veränderungen wahrzunehmen und Anpassungsmaßnahmen in eigener Regie vorzunehmen. Zu den *zentralen Aufgaben von Wohnberatungsstellen* in der Praxis gehören:

- Erkennen von Wohnungsproblemen und Finden von individuell angemessenen Lösungsmöglichkeiten in der Wohnung, gegebenenfalls auch von Wohnalternativen,
- Gewährleistung von praktischen Hilfen, Begleitung und organisatorische Unterstützung bei der Planung und Durchführung von Anpassungsmaßnahmen (dies schließt die Regelung der Finanzierung und die Kontrolle der handwerklichen Ausführung mit ein),
- Zusammenarbeit mit einer Vielzahl von Personen und Institutionen sowie Aufbau eines solchen Netzes der Wohnungsanpassung und Koordination dieser „Beteiligten der Wohnungsanpassung",
- Öffentlichkeitsarbeit, um alle Beteiligten zu erreichen und auch eine breitere Öffentlichkeit für selbstständiges Wohnen im Alter oder bei Behinderungen zu sensibilisieren.

Die Haupttätigkeit ist die Beratung vor Ort in den Wohnungen der Betroffenen. Dabei handelt es sich weniger um eine Komm-Situation, wo abgewartet wird, dass die Klienten um Rat fragen, sondern häufig um eine aufsuchende Beratung. Das zweite Prinzip ist die individuelle Beratung. Denn die Anpassungsmaßnahmen sind nur dann erfolgreich und effektiv, wenn sie wirklich auf die Situation der einzelnen Wohnung und auf die individuellen Bedürfnisse der Bewohner abgestimmt sind. Zumindest vom Ansatz her ist die Arbeit in den Wohnberatungsstellen interdisziplinär. Die Aufgabenbereiche von Sozialarbeitern, Architekten oder auch anderen Bauberufen sowie von Ergotherapeuten sind für die Beratungstätigkeit besonders wichtig.

Auf den *integrativen Ansatz* der Wohnberatung soll hier besonders hingewiesen werden, weil dieser in engem Zusammenhang mit Quartierskonzepten steht, bei dem unterschiedliche Beteiligte aus den Arbeitsbereichen Wohnen und soziale Dienste koordiniert zusammenarbeiten. Dies muss bei der Wohnberatung quasi im Kleinen praktiziert werden, um eine Maßnahme in der Wohnung erfolgreich durchführen zu können. Die fünf aufgelisteten Gruppen sind besonders häufig bei einer Anpassungsnahme beteiligt.

„Netz der Wohnungsanpassung“

- Verwandte und Bekannte des Bewohners
- Soziale Hilfsdienste und Ärzte
- Krankenkassen, Pflegekassen und Sozialämter
- Hauseigentümer
- Handwerker und Sanitätshäuser

Die in der Praxis zu findenden Beratungsstellen unterscheiden sich in

- ihrer Trägerschaft,
- ihrer Mitarbeiterstruktur (Zahl, Beruf, Beschäftigungsverhältnis),
- ihrer organisatorischen Einbindung in andere soziale Dienste,
- der Größe ihres Einzugsgebiets,
- ihren Aufgabenschwerpunkten und auch in ihrer Beratungsqualität.

Personelle Strukturen

Von zentraler Bedeutung für die Arbeit in der Wohnberatung sind die fachlichen Ressourcen. Die Anzahl der Mitarbeiter und die Qualifikationen der bundesweit tätigen Wohnberater sind sehr unterschiedlich. In der Mehrheit der Beratungsstellen sind zwei oder mehr Wohnberater beschäftigt. Das Spektrum der in der Wohnberatung tätigen Berufsgruppen reicht von Sozialarbeitern und Sozialpädagogen über Architekten und Verwaltungsfachleute bis hin zu Sekretärinnen und Hausfrauen, Soziologen und Handwerkern. Sozialarbeiter o. a. Ausbildungsgänge und Architekten/Techniker stellen die Basisqualifikationen für die Wohnberatung dar. Nach einer Untersuchung der Universität Bielefeld gehören diesen beiden Berufsgruppen mehr als die Hälfte aller Mitarbeiter in Wohnberatungsstellen an.

Die Mehrheit der Wohnberatungsstellen ist mit hauptamtlichen Mitarbeitern besetzt (56 %). Nur 10 % aller Beratungsstellen werden ausschließlich durch Ehrenamtliche und Honorarkräfte betrieben. Ein Viertel arbeitet mit hauptamtlichen und ehrenamtlichen Beratern *(Niepel, Th., 1999: Wohnberatung – Erfolg, Wirkungsvoraussetzungen und Qualitätssicherung, Universität Bielefeld, Bielefeld).* Vor allem in Baden-Württemberg hat man gezielt auf den Einsatz von ehrenamtlichen Wohnberatern gesetzt. Hier arbeitet durchschnittlich ein hauptamtlicher Wohnberater mit vier ehrenamtlichen Wohnberatern in einer Beratungsstelle. Diese werden gezielt für ihren Einsatz fortgebildet *(Fischer, R., 2000: Qualitätsanforderungen für Wohnberatungsstellen in Baden-Württemberg, in: Bundesministerium für Familie, Senioren, Frauen und Jugend [Hrsg.]: Wohnungsanpassung und Wohnberatung, Workshop in Kassel am 23./24.2.1999, Berlin).*

Präventive Leistung

Wohnberatung ist immer auch präventiv. Über Beratung zur Wohnungsanpassung, zu barrierefreien Wohnungen, Wohnformen und Wohnhilfen soll das selbstständige Wohnen wieder hergestellt, verbessert oder erhalten werden. Damit trägt Wohnberatung dazu bei, den Verlust der Selbstständigkeit zu verhindern oder eine weitere Zunahme der Selbstständigkeitseinschränkung zu vermeiden.

Prävention erfolgt im Rahmen der Wohnberatung auf verschiedenen Wegen: durch Information und Beratung der Betroffenen oder Sensibilisierung der Öffentlichkeit, aber vor allem durch Maßnahmen der Wohnungsanpassung. Nach Ergebnissen aus NRW hatten die 1997 dort abgeschlossenen Anpassungsmaßnahmen folgende Auswirkungen auf den Selbstständigkeitsstatus:

- In 21 % der Fälle wurde einem Selbstständigkeitsverlust vorgebeugt.
- Bei 9 % der Beratenen konnte eine eingeschränkte Selbstständigkeit wieder hergestellt werden.
- Bei 50 % der Ratsuchenden konnte eine eingeschränkte Selbstständigkeit verbessert werden.
- Bei 20 % der Fälle wurde ein weiterer Selbstständigkeitsverlust vermieden.

Die verbesserte, wiederhergestellte oder erhaltene Selbstständigkeit durch Anpassungsmaßnahmen hat auch zur Folge, dass

- in 60 % der Fälle ein akutes Unfallrisiko beseitigt,
- bei 17 % der Beratenen ein Pflegeheimeinzug vermieden und
- in 11 % der Fälle einem Umzug in eine andere Wohnung vorgebeugt werden konnte.

(Niepel, Th. 1998: Wohnberatung: wirksam und wirtschaftlich, Universität Bielefeld, Bielefeld)

Die Vermeidung von Sturzunfällen durch Wohnungsanpassung ist anschaulich dargestellt in: *Aktion DAS SICHERE HAUS (Hrsg.), o. J.: Sicher leben im Alter. Sturzunfälle sind vermeidbar, Hamburg.*

D Nutzer-/Bewohnerstrukturen

Daten über Nutzer der Angebote von Wohnberatungsstellen liegen nicht bundesweit vor. Aber Studien aus NRW geben wichtige Hinweise zur Nutzerstruktur. Hiernach sind die Nutzer von Wohnberatungsstellen zu zwei Drittel Frauen, zu rund drei Viertel 65 Jahre oder älter und zu fast der Hälfte Alleinlebende. Etwa 40 % der Ratsuchenden in NRW sind 80 Jahre und älter. Erreicht werden vor allem die unteren Einkommensgruppen. Das durchschnittliche Haushaltsnettoeinkommen liegt bei den ab 65-Jährigen bei 1.150 Euro. Ein Fünftel der Ratsuchenden erhält Hilfe zum Lebensunterhalt nach dem BSHG *(Niepel, Th., 1998: Wohnberatung: wirksam und wirtschaftlich, Universität Bielefeld, Bielefeld).*

Insgesamt sind bei fast 95 % der Ratsuchenden Einschränkungen in der Selbstständigkeit festzustellen und rund 85 % benötigen Hilfe oder Pflege. Ein Fünftel erhält Leistungen nach dem § 68 BSHG. Fast zwei Drittel der Ratsuchenden haben eine Pflegestufe nach dem SGB XI. Die Mehrheit davon – über drei Viertel – ist in Pflegestufe 1 oder 2 eingestuft. Die Wohnberatungsstellen erreichen also die Menschen, bei denen Aktivitätseinschränkungen drohen oder bereits vorhanden sind *(Niepel, Th., 1998: Wohnberatung: wirksam und wirtschaftlich, Universität Bielefeld, Bielefeld)*. Gerade der Anteil Pflegebedürftiger unter den Ratsuchenden dürfte in NRW besonders hoch sein, weil hier die Pflegekassen an der Finanzierung der Beratungskosten beteiligt sind.

E Finanzielle Aspekte

Finanzierung von Anpassungsmaßnahmen

Zur Finanzierung von Maßnahmen zur Wohnungsanpassung sind in den vergangenen Jahren eine Reihe von finanziellen Hilfen erschlossen worden. Es gibt jedoch in Deutschland kein bundesweit einheitliches Finanzierungsprogramm, das speziell auf die Wohnungsanpassung für ältere Menschen ausgerichtet ist. Die finanziellen Hilfen werden je nach Erfüllung unterschiedlicher individueller Zugangsvoraussetzungen gewährt. Die in der Praxis am häufigsten vorkommenden Finanzierungsmöglichkeiten für Anpassungsmaßnahmen sind:

- Finanzierungsmöglichkeiten nach dem Bundessozialhilfegesetz (§§ 39/40, 68/69, 75 sowie in Einzelfällen nach § 11 BSHG)
- Leistungen nach dem Pflegeversicherungsgesetz (§ 40 SGB XI)
- Leistungen der gesetzlichen Krankenversicherung
- Hilfen zur beruflichen Eingliederung bzw. beruflichen Rehabilitation
- Leistungen der gesetzlichen Unfallversicherung
- Landesprogramme zur Modernisierungsförderung
- Kommunale Sonderprogramme

(Zu den einzelnen inhaltlichen Anforderungen siehe u. a. *Bundesministerium für Familie, Senioren, Frauen und Jugend [Hrsg.], 2000: Wohnungsanpassung und Wohnberatung, Workshop in Kassel am 23./24.2.1999, Berlin; Ministerium für Arbeit, Soziales und Stadtentwicklung, Kultur und Sport des Landes NRW [Hrsg.], 2000: Sicher und bequem zu Hause wohnen. Wohnberatung für ältere und behinderte Menschen, Düsseldorf)*.

Diese Hilfen zur Finanzierung der einzelnen Anpassungsmaßnahmen sind allerdings entweder auf Klienten in Notlagen (Pflegebedürftigkeit, Krankheit, Behinderung, Armut) oder aber auf bestimmte Maßnahmen (größere Umbauten oder nur technische Hilfen) beschränkt. Eine Aufgabe der Wohnberatung ist es, herauszufinden, welche Kostenträger jeweils zuständig sind. In der Praxis kommt es sehr häufig zu Mischfinanzierungen verschiedener Kostenträger.

Finanzierung der Wohnberatung

Das Hauptproblem der Wohnungsanpassung ist die Finanzierung der Wohnberatungsstellen. Bei der Einrichtung einer Wohnberatungsstelle fallen neben Miet- und Sachkosten vor allem Personalkosten an. Die Wohnberatungsstelle sollte idealerweise mit mindestens ein bis zwei Wohnberatern ausgestattet sein. Je nach Umfang der Personalstellen und nach Qualifikation entstehen für eine Wohnberatungsstelle Gesamtkosten zwischen 40.000 Euro und 100.000 Euro im Jahr *(Bundesministerium für Familie, Senioren, Frauen und Jugend [Hrsg.], 2000: Wohnungsanpassung und Wohnberatung, Workshop in Kassel am 23./ 24.2.1999, Berlin)*. Hinsichtlich der Finanzierungsträger von Wohnberatungsstellen gibt es eine große Vielfalt. Die Personal- und Sachkosten der Wohnberatungsstellen werden vor allem mit öffentlichen Mitteln der Kommunen aus Landesmitteln finanziert. Vielfach werden diese Mittel aber nicht langfristig, sondern z. B. im Rahmen von Modellprogrammen oder auch von Arbeitsbeschaffungsmaßnahmen nur befristet zur Verfügung stehen. Es fehlt an einer Regelfinanzierung.

In einer Untersuchung der BAG Wohnungsanpassung *(BAG Wohnungsanpassung [Hrsg.], 2002: Finanzierung von Wohnberatungsstellen, St. Wendel)* wurde ermittelt, dass die Wohlfahrtsverbände und Vereine einen erheblichen Eigenanteil leisten, wenn sie Träger einer Wohnberatungsstelle sind. Allerdings sind auch diese Träger auf öffentliche Mittel angewiesen. Wohnberatungsstellen in kommunaler Trägerschaft werden dagegen im Allgemeinen ausschließlich aus öffentlichen Mitteln finanziert. In der o. g. Broschüre wird zwischen einer Basisfinanzierung, einer Anschubfinanzierung und einer ergänzenden Finanzierung unterschieden. Bezüglich einer verlässlichen Finanzierung ist eine ausreichende Basisfinanzierung entscheidend. Hierzu können neben den o. g. öffentlichen Mitteln und Eigenmitteln auch Mittel der Pflegekassen sowie von Stiftungen zählen. Einen Finanzierung durch Honorare, Gebühren etc. kann dagegen nur als Ergänzungsfinanzierung dienen.

In der Vergangenheit sind verschiedene Wege zur (Mit-)Finanzierung der Wohnberatungsstellen erprobt worden. So versuchen Wohnberatungsstellen über Vortragshonorare oder den Verkauf von selbst erstellten Materialien eigene Mittel zu erwirtschaften. Fast ein Drittel der Wohnberatungsstellen finanziert sich derzeit über diese Eigenmittel mit. Ein anderer Weg sind Beratungsentgelte. Damit sind Gebühren für verschiedene Beratungsleistungen bzw. Beratungskomplexe gemeint, d. h. nur gegen Zahlung der entsprechenden Gebühr erfolgt die Beratung. So wird z. B. in Baden-Württemberg von mehreren Wohnberatungsstellen eine Gebühr erhoben, die vom Auftraggeber der Wohnberatung gezahlt werden muss. Auftraggeber kann der Ratsuchende selbst sein oder z. B. die Pflegekasse oder der Sozialhilfeträger. Pflegebedürftige können die Gebühr von ihrer Pflegekasse erstattet bekommen. Für eine Erst- und Konzeptberatung wurden zwischen 30 und 200 Euro je nach Aufwand erhoben. Weitere Beratungen im Rahmen der Maßnahmedurchführung kosten je Stunde ca. 20 Euro *(Zentrale Beratungsstelle für Wohnanpassung Baden-Württemberg [Hrsg.], 1996: Handbuch für Wohnberatungsstellen, Stuttgart, sowie ProAlter 3/2001)*. Zurzeit finanzieren sich ca. 10 % aller Wohnberatungsstellen auch über Beratungsgebühren. Erhebliche Akzeptanzprobleme hinsichtlich der so angebotenen Beratungsleistungen machen es jedoch fraglich, ob sich über Beratungsentgelte auch tatsächlich in nennenswertem Umfang die Kosten der Wohnberatungsstellen refinanzieren lassen *(Bundesministerium für Familie, Senioren, Frauen und Jugend [Hrsg.], 2000: Wohnungsanpassung und Wohnberatung, Workshop in Kassel am 23./24.2.1999, Berlin)*.

In letzter Zeit gibt es Überlegungen, diejenigen Kostenträger zu beteiligen, für die Einsparungen durch die Wohnungsanpassung entstehen. So profitieren Kommunen und Pflegekassen von den Leistungen der Wohnberatungsstellen, indem diese in deren Interessen Beratungsleistungen wahrnehmen und zu Einsparungen bei den Ausgaben für Pflegeleistungen im Rahmen des § 68 BSHG und der Leistungsregelungen nach dem SGB XI beitragen. Eine Modellrechnung zur Effektivität und Effizienz von Wohnberatung in NRW kommt zu dem Ergebnis, dass bei jährlich 215 individuellen Wohnberatungen und 80 durchgeführten Anpassungsmaßnahmen jährliche Einsparungen pro Beratungsstelle in Höhe von 89.987 Euro bei Kommunen und 161.057 Euro bei Pflegekassen möglich sind. Aufgrund der Verbesserung der Rahmenbedingungen für die Wohnberatung sind nach Auffassung der Studie ein Anstieg der Einsparpotenziale bei den Kommunen und Pflegekassen auf insgesamt 357.904 Euro zu erwarten. Diesen stehen Ausgaben von durchschnittlich 102.258 Euro bis 127.823 Euro pro Jahr und Beratungsstelle gegenüber *(Niepel, Th., 1999: Wohnberatung – Erfolge, Wirkungsvoraussetzungen und Qualitätssicherung, Universität Bielefeld, Bielefeld)*. Damit die Wohnberatung jedoch so erfolgreich tätig sein kann, muss gewährleistet sein, dass sie nicht nur quantitativ gut in Anspruch genommen wird, sondern auch die avisierten Zielgruppen erreicht. So muss sie auch bei den Aktivitätseinschränkungen und Wohnproblemen tätig werden, wo die größten Wirkungen zu erzielen sind. Dies setzt entsprechende personelle Ressourcen voraus. Nach der o. g. Studie zum NRW-Modellprogramm ist für eine erfolgreiche Arbeit eine Personalmindestausstattung von 1,5 bis zwei Personalstellen pro Wohnberatungsstelle gefordert *(Niepel Th., 1999: Wohnberatung – Erfolge, Wirkungsvoraussetzungen und Qualitätssicherung, Universität Bielefeld, Bielefeld).*

Zwei Modelle für die Beteiligung der Pflegekassen wurden bisher entwickelt:

- in Baden-Württemberg Einzelabrechnung der Beratungskosten und
- in Nordrhein-Westfalen gemeinsame Finanzierung der Beratungsstellen durch Land, Kommunen und Pflegekassen.

In NRW wurde 2002 ebenfalls eine Fallpauschalenregelung eingeführt. Im Rahmen von Maßnahmeleistungen der Pflegekasse für „wohnumfeldverbessernde Maßnahmen“ von maximal 2.557 Euro erfolgt hiernach eine Kostenbeteiligung der Pflegekassen mit einer Pauschale von 306,78 Euro je Beratung. Die Fallpauschalenregelung bei der Mitfinanzierung durch die Pflegekassen in NRW ist jedoch nicht unproblematisch. So erhalten z. B. diese Fallpauschale nur ca. 40 Beratungsstellen, die auch an dem Landesmodellprogramm teilnehmen.

Aber auch diese Beratungsstellen haben vielfach das Problem, dass sie mit den Fallpauschalen der Pflegeversicherung nicht das vorgesehene Drittel ihrer Kosten erwirtschaften können (die übrigen zwei Drittel zahlen nach wie vor jeweils das Land und die Kommunen). Die Höhe der Fallpauschale zwingt zu hohen Fallzahlen von (eingestuften) Pflegebedürftigen, die häufig nicht erreicht werden. Diese Regelung stößt auch hier auf Akzeptanzprobleme bei einigen Ratsuchenden, da die Pauschalen nur im Rahmen der Leistungen für bauliche Maßnahmen erstattet werden. Immerhin wurde inzwischen erreicht, dass sich alle Pflegekassen an dieser Fallpauschalenregelung beteiligen können. Eine gesetzliche Regelung für die Erstattung von Beratungskosten zusätzlich zu den Leistungen für bauliche Maßnahmen wäre zwar sehr zu wünschen, erscheint aber gegenwärtig kaum durchsetzbar *(ProAlter 3/2001 sowie 3/2002).*

F Probleme der Umsetzung

Neben der Finanzierung der Beratungsleistungen ergibt sich bei der Umsetzung der Wohnungsanpassung und der Wohnberatung vor allem das Problem der *Qualitätssicherung der Beratungsleistungen* und deren *Koordination.*

Wohnberatung stellt aufgrund der Aufgaben und Tätigkeiten sowie der erforderlichen Kenntnisse ein komplexes Beratungs- und Serviceangebot dar und erfordert ein hohes Maß an Professionalität, Fachkompetenz und Verantwortung von den Mitarbeitern. Zudem haben sich in den letzten Jahren die Aufgaben und Anforderungen an Wohnungsberatungsstellen erweitert. Es sind Beratungsleistungen zu neuen Wohnformen, bei der Unterstützung eines Umzug und Beratung zum barrierefreien Bauen, so z. B. von Wohnungsunternehmen hinzugekommen, die ein umfassendes und stets zu aktualisierendes Wissen erfordern. Ganz zu schweigen von neuen Herausforderungen durch die Zunahme Hochaltriger und von Demenzerkrankungen, was nicht nur eine Intensivierung, sondern auch neue Formen der Beratung erfordert *(Kuratorium Deutsche Altershilfe (Hrsg.), 2002: Demenzbewältigung in den eigenen vier Wänden. Experten-Workshop am 26. und 27. November in Königswinter, Köln).*

Definierte Qualitätsstandards, die die qualitative und quantitative Beschreibung und Beurteilung der Beratungsarbeit erlauben, sind aber nicht einheitlich festgelegt. Ebenso sind spezielle Fortbildungen für Wohnberater zurzeit noch eher die Ausnahme. Dies führt in der Praxis mitunter zu qualitativ unterschiedlichen Beratungsleistungen. Die Entwicklung von verbindlichen Qualitätsstandards für die Arbeit der Wohnberatung steht noch an ihrem Beginn. Im Projekt „*Wohnberatung für Bürgerinnen und Bürger in NRW*“ wurden z. B. Qualitätsstandards in Form eines verbindlichen Katalogs „Ziele und Aufgaben“ erarbeitet. Themenbereiche sind hier u. a.: „Erstkontakt am Telefon“, „Erstberatung vor Ort“, Fallmanagement“, „Bautechnische Wohnungsanpassung“.

Einen wesentlichen Beitrag zur Qualitätssicherung leisten die vorhandenen Koordinationsstellen bzw. Fachstellen auf Landesebene, vor allem aber die *Bundesarbeitsgemeinschaft Wohnungsanpassung e.V.*, insbesondere durch Veröffentlichungen und Fachveranstaltungen. So wurde bereits 1997 die Broschüre „*Qualitätsanforderungen für Wohnberatungsstellen*“ veröffentlicht und im Fachblatt „*Handlauf*“ wird über aktuelle Entwicklungen informiert.

Weiterhin fehlen:

- Erprobte Konzepte zur Versorgung demenziell Erkrankter in der normalen Wohnung
- Ein flächendeckendes Netz an Wohnberatungsstellen und eine ausreichende Regelfinanzierung der Beratungsleistungen
- Die Einrichtung von Koordinations- bzw. Fachstellen in allen Bundesländern
- Eine Professionalisierung der Koordination auf Bundesebene, die bisher durch die BAG Wohnungsanpassung nur ehrenamtlich betrieben wird
- Eine Anpassung großer Teile des bestehenden Wohnungsbestandes an die Bedürfnisse des Alters und eine breitenwirksame Verankerung des barrierefreien Bauens
- Die Sensibilisierung und Qualifizierung der Wohnungsanbieter und Dienstleistungsanbieter für die Wohnbedürfnisse älterer Menschen und Information der Betroffenen über die Möglichkeiten altersgerechten Wohnens

3.1.2 Wohnen mit Betreuung zu Hause

Beispiel	
Projektname:	SIMBA – Sicherheit im Alter – betreut zu Hause
Adresse:	Sozialdienst Unterpfaffenhofen – Germering e.V. Planegger Str. 9 82110 Germering
Ansprechpartner:	Martina Becker
Projektstart:	Herbst 2002
Gemeinschaftstreffen der Teilnehmer am „Betreuten Wohnen zu Hause" in der Gemeinde Germering. *Foto: Sozialdienst Unterpfaffenhofen-Germering e.V.*	

Projektziel:	Ziel des Projektes ist es, Senioren und Behinderten ein höchstmögliches Maß an eigenständiger Lebensführung in ihrer Wohnung zu sichern. Dafür schließen die Senioren mit dem Sozialdienst Unterpfaffenhofen-Germering einen Betreuungsvertrag. Dieser Sozialdienst hat die Rolle der örtlichen Sozialstation und erbringt einen Großteil der in Germering nachgefragten ambulanten Leistungen.
Projektstruktur:	Der Betreuungsvertrag garantiert Leistungen, die in Grund- und Wahlleistungen differenziert sind. Zu den Grundleistungen gehören wöchentliche Besuche durch einen persönlichen Betreuer, Bereitstellung eines Hausnotrufs, Beratungsleistungen, Informationen über Freizeitangebote am Ort, Organisation von Dienstleistungen bei Erkrankung und Bereithaltung von ambulanten Pflegeleistungen und Leistungen zur hauswirtschaftlichen Versorgung, Organisation regelmäßiger Treffen der Vertragsteilnehmer. Die wöchentlichen Hausbesuche erfolgen durch persönliche Betreuer, die ehrenamtlich tätig sind. Die Wahlleistungen werden durch den Sozialdienst erbracht. Sie enthalten ein breites Angebot von dem vor allem pflegerische und hauswirtschaftliche Leistungen sowie Einkaufsservice und Essen auf Rädern in Anspruch genommen werden. Angeboten werden z. B. auch Hilfen bei der Wohnungsanpassung und handwerkliche Hilfen in Haus und Garten.
Projekt-finanzierung:	Für die Grundleistungen muss eine Betreuungspauschale bezahlt werden, die zwischen 95 und 145 Euro liegt.

Die Anpassung des vorhandenen Wohnungsbestandes an die Bedürfnisse älterer Menschen kann den Verbleib in der vertrauten Wohnumwelt nur dann langfristig sichern, wenn gleichzeitig entsprechende Hilfen verfügbar gemacht werden können. Dies umfasst nicht nur hauswirtschaftliche oder pflegerische Hilfen, sondern auch allgemeine Betreuungsleistung, wie: Beratung, Informationsvermittlung, Hilfen bei der Auswahl und Organisation von Dienstleistungen. Viele Senioren wünschen sich, auf Versorgungssicherheit zurückgreifen zu können, ohne ihr vertrautes Wohnumfeld zu verlassen. Sie wünschen sich Unterstützung bei der Auswahl möglicher Dienstleistungen, weil sie nicht ausreichend über das vorhandene Angebot und über die Finanzierungsmöglichkeiten bei der Inanspruchnahme informiert sind. Sie möchten den Service von zu Hause abrufen können und wünschen einen festen Ansprechpartner, den sie im Falle von Hilfe- und Pflegebedürftigkeit ansprechen können. Dabei muss dieser Ansprechpartner für viele nicht rund um die Uhr erreichbar sein oder im Haus verfügbar sein, wie Befragungen von Altershaushalten ergeben haben *(Köster, G., 1999: Betreutes Wohnen, aber wie? Ergebnisse einer Befragung alter Menschen, in: Forum Sozialstation, H. 2, S. 60 ff.).*

A Wesentliche Merkmale

In den vergangenen Jahren sind in verschiedenen Regionen in Deutschland Projekte entstanden, die diese Zielsetzung verfolgen. Es sollte möglichst vielen älteren Menschen die Gelegenheit geboten werden, am Service-Wohnen teilzunehmen und zwar in den eigenen vier Wänden und damit ohne einen Umzug. Ziel war, das Konzept des Betreuten Wohnens, das in Deutschland weitgehend gleichgesetzt wird mit dem Wohnen in einer betreuten Wohnanlage, auf das normale Wohnen zu übertragen.

Bei Projekten des *„Betreuten Wohnens zu Hause"* – auch *„Betreutes Wohnen im Quartier"* *„Betreutes Wohnen im Bestand"*, *„Betreutes Wohnen ohne Umzug"* oder *„Dezentrales Betreutes Wohnen"* genannt – können ältere Menschen in ihrer angestammten Wohnumgebung bleiben. Sie schließen mit ambulanten Diensten, einer Sozialstation, einem Betreuungsverein oder einer Beratungsstelle einen Betreuungsvertrag und erhalten regelmäßig Betreuungsleistungen in ihrer Wohnung.

Die Initiierung solcher Projekte wurde von unterschiedlichen Entwicklungen forciert: zusammenbrechende nachbarschaftliche Hilfsnetze, Überalterungen von Stadtteilen, fehlende Möglichkeiten den Bedarf an – vor allem preiswerten – Angeboten in betreuten Wohnanlagen zu befriedigen. Zum Teil sind solche Projekte auch entstanden, um neue Arbeitsmöglichkeiten zu schaffen und den Arbeitsmarkt zu entlasten, wie z. B. durch die Beschäftigung von ABM-Kräften in Halle oder schwer Vermittelbarer in Neuss.

B Quantitative Entwicklung

Einen genauen quantitativen Überblick über die deutschen Projekte des Betreuten Wohnens zu Hause gibt es zurzeit nicht. Ebenso ist nicht bekannt, wie viele Senioren an solchen Wohn- und Betreuungsangeboten teilnehmen. Im Rahmen einer für das Projekt durchgeführten Recherche konnten ca. zehn Projekte ermittelt werden, bei denen Senioren explizit einen Vertrag mit einem Dienstleister abschließen, um am „Betreuten Wohnen zu Hause“ teilzunehmen. Zu den bekannteren Projekten dieser Art, die auch schon auf längere Erfahrungen zurückschauen können, gehören Projekte in Aachen und in Heidelberg. Einige Projekte sind gescheitert und wurden wieder eingestellt, wie z. B. in Kassel. Aktuell wurden Modellversuche in den Städten Germering und Bamberg gestartet.

Werden zu diesem Wohnkonzept auch

- die Bemühungen der Wohnungswirtschaft, Betreuungsleistungen für ihre älteren Mieter anzubieten,
- oder die Hilfeangebote von Nachbarschaftshilfevereinen hinzugerechnet,

dürfte die Anzahl der Projekte deutlich höher sein. Auch hier können ältere Menschen normalerweise auf ein umfassendes Betreuungs- und Dienstleistungspaket zurückgreifen, wie es sonst nur in betreuten Wohnanlagen zur Verfügung steht, jedoch werden hier i. d. R. keine gesonderten Betreuungsverträge zwischen den Senioren und den Dienstleistern abgeschlossen. Die Finanzierung der Beratungsleistungen werden über Mitgliedsbeiträge oder über die Mietnebenkosten durch alle Mieter mitfinanziert.

Insgesamt kann von einer relativ kleinen Gruppe von älteren Menschen, die in den genannten Regionen an solchen Wohnprojekten teilnehmen, ausgegangen werden. In Aachen, wo seit 1999 das Betreute Wohnen im Bestand angeboten wird, haben bisher nur rund 20 ältere Menschen einen Betreuungsvertrag mit einem ambulanten Dienstleister abgeschlossen. In Heidelberg nahmen 2001 35 Personen an diesem Betreuungsangebot teil. In dem von dem bayerischen Sozialministerium getragenen, gerade angelaufenen Modellversuch in Germering sind mittlerweile ca.

30 ältere Menschen feste Betreuungsvertragspartner und ca. 70 sog. Optionspartner, d. h., diese können bei Bedarf „fester Betreuungsvertragspartner“ werden. In Paderborn verfügt ein gewerblicher Anbieter über einen Kundenstamm von ca. 20 älteren Menschen, die regelmäßig die Leistungen des individuellen Ansprechpartners nutzen. In Neuss besteht mit zehn Bewohnern eines Gebäudekomplexes ein Vertrag zur Sicherung von Betreuungsleistungen. Obwohl viele ältere Menschen solchen Wohnkonzepten durchaus positiv gegenüberstehen, stoßen die praktizierten Projekte in der Mehrzahl auf sehr geringe Akzeptanz. Lediglich in Germering überstieg schon kurz nach dem Projektstart die Zahl der Interessenten die Anzahl der Verträge, die in der ersten Phase abgeschlossen werden konnten.

C Wohn- und Leistungsstrukturen

Betreuungskonzepte

Die in der Praxis realisierten Projekte arbeiten mit sehr unterschiedlichen Betreuungskonzepten. Die Betreuungskonzepte reichen von punktuellen Angeboten für ältere Bewohner einzelner bestehender Gebäudekomplexe (z. B. Halle, Neuss) über Angebote für einzelne hilfebedürftige Menschen in einem Stadtteil (z. B. Berlin-Lichtenberg, Magdeburg) bis hin zu flächendeckenden Angeboten für Menschen in einer Kommune (z. B. Aachen, Heidelberg, Neu-Isenburg, Germering). Die Projekte werden von unterschiedlichen Trägern – wie Wohnungsbauträger, Kommunen, Dienste, spezielle Vereine bzw. gemeinnützige Gesellschaften oder Träger betreuter Wohnanlagen bzw. anderer Altenhilfeeinrichtungen – initiiert. Auch die vertraglichen Vereinbarungen und die Finanzierung sind bei den jeweiligen Projekten unterschiedlich geregelt. Bei vielen wird eine individuell zu bezahlende Grundpauschale erhoben (z. B. Aachen, Heidelberg, Neuss, Halle), bei anderen werden die Betreuungsaufgaben mit öffentlichen Mitteln finanziert (z. B. Neu-Isenburg, Magdeburg) oder über ehrenamtliche Besuchsdienste kostenlos oder gegen geringe Stundensätze zur Verfügung gestellt.

Leistungsangebote

Zu den Leistungsangeboten des Betreuten Wohnens zu Hause gehören wie bei den herkömmlichen betreuten Wohnanlagen Grund- und Wahlleistungen. Für die Grundleistungen wird eine Betreuungspauschale erhoben. Die Wahlleistungen werden gesondert abgerechnet. Zu den Wahlleistungen gehören vor allem hauswirtschaftliche Hilfen aber auch Besuchs- und Begleitdienste. Erfahrungen zeigen, dass vor allem hauswirtschaftliche Dienstleistungen in Anspruch genommen werden.

Zu den Grundleistungen gehören:

- Beratungsangebote: Die Anbieter stehen – meist zu den üblichen Dienstzeiten – für den Bewohner als Ansprechpartner zur Verfügung.
- Organisation von Hilfsdiensten: Die Anbieter gewähren Hilfestellung bei der Vermittlung und Koordination von Hilfsdiensten.
- Informationsdienste: Die Anbieter informieren über die Angebote für ältere Menschen bzw. zum Thema Alter im Quartier.
- Kontaktbesuch: Die Anbieter stellen in regelmäßigen Abständen einen zeitlich begrenzten Hausbesuch durch eine Kontaktperson sicher.

Zu den weiteren *Grundleistungen,* die bei einzelnen Projekten über die Grundpauschale abgedeckt werden, gehören die Bereitstellung eines Hausnotrufs sowie die Organisation regelmäßiger Treffen von Vertragsnehmern mit geselligen und informativen Inhalten (z. B. Germering). Damit sollen Anlässe geschaffen werden, die eigene Wohnung zu verlassen, Kontakte unter Senioren zu stärken und ein Zugehörigkeitsgefühl zu den Teilnehmern dieses Wohnmodells zu fördern. Das Angebot an geselligen Veranstaltungen bleibt aber meist auf die Gruppe der älteren Menschen beschränkt. Andere Projekte bieten Senioren in angestammten Wohnungen als Grundleistung die Möglichkeit, an allen Freizeit- und Dienstleistungsangeboten teilzunehmen, die Senioren einer bestehenden betreuten Wohnanlage zur Verfügung stehen (z. B. Hamburg). Um möglichst viele Vertragspartner im Rahmen eines solchen Modells des Betreuten Wohnens zu Hause zu gewinnen, hat z. B. die Köster-Stiftung eine Senioren-Karte entwickelt, die Senioren im Rahmen der Grundleistungen erhalten und die ihnen ermöglicht, kostengünstige Einkaufsmöglichkeiten und Serviceleistungen auch von anderen Dienstleistern in Anspruch zu nehmen. Dafür wurden eine Reihe von Firmen gewonnen, die ihren Kunden bei Vorlage dieser Karte Rabatte beim Einkauf gewähren. Angesichts des Erfolges dieser Maßnahme wurde der Personenkreis, der diese Karte erwerben kann, auf alle Bewohner eines Quartiers ausgedehnt *(Hagemann, C., 2003: Köster-Karte auf Partnersuche, in: Köster-Zeitung: Gemeinsam leben, Nr. 2.).*

Das Besondere am Wohnangebot „Betreutes Wohnen zu Hause“ sind die regelmäßigen *Kontaktbesuche* in der Wohnung der älteren Menschen im Rahmen der Grundleistungen. Die Kontaktbesuche werden mit unterschiedlicher Regelmäßigkeit angeboten von einmal pro Woche (z. B. Germering) bis einmal pro Monat (z. B. Aachen). Erfahrungsberichte machen deutlich, dass die Kontaktbesuche von den Nutzern gut angenommen werden. Nach einer Studie in Heidelberg wünschen nur rund 6 % der Nutzer des Betreuten Wohnens zu Hause keine monatlichen Kontaktbesuche *(Tews/Bühler/Weiß, 2001: Betreutes Wohnen im Bestand –„Betreutes Wohnen zu Hause“. Ergebnisse einer Untersuchung, Heidelberg).* Über 90 % der Nutzer greifen gerne auf dieses Angebot zurück. Die Kontaktbesuche sind für mehr als die Hälfte der befragten Bewohner des Betreuten Wohnens im Bestand eine besondere Gesprächsmöglichkeit. In Heidelberg dauern die Kontaktbesuche knapp eine Stunde. Vergleiche mit Bewohnern von betreuten Wohnanlagen machen deutlich, dass die Kontaktbesuche bei den Nutzern des Betreuten Wohnens zu Hause durchschnittlich länger dauern. Mit 45 Minuten lag die Besuchsdauer deutlich über den Kontaktbesuchszeiten bei Nutzern in betreuten Wohnanlagen, die durchschnittlich nur 30 Minuten in Anspruch nahmen *(Tews/Bühler/Weiß, 2001: Betreutes Wohnen im Bestand – „Betreutes Wohnen zu Hause“. Ergebnisse einer Untersuchung, Heidelberg).*

Präventive Leistungen

Erfahrungsberichte deuten darauf, dass durch diese Form der zugehenden Beratung und Betreuung z. T. direkt interveniert werden konnte, um Folgeschäden zu verhindern. Auch schaffen die regelmäßigen Kontaktbesuche eine Vertrauensbasis, die die Einleitung von notwendigen aktivierenden und präventiven Maßnahmen erleichtern. So konnten durch eine kontinuierliche Überzeugungsarbeit, auch in Zusammenarbeit mit Angehörigen, passende Maßnahmen zum Erhalt der Selbstständigkeit und zur Vermeidung oder Verzögerung von Pflegebedürftigkeit bzw. des Übergangs in ein Pflegeheim ergriffen werden.

Genaue Daten, inwieweit durch dieses Wohn- und Betreuungsangebot z. B.

- Krankenhausaufenthalte oder Stürze verhindert werden,
- Heimunterbringungen verzögert oder vermieden werden konnten oder
- eine Verbesserungen hinsichtlich der Alltagsbewältigung erreicht werden konnten, liegen aber zurzeit nicht vor.

Personalsituation

Nach bisherigen Recherchen ist die Struktur des eingesetzten Personals zur Erbringung der Leistungen sehr heterogen. Erfahrungen zeigen, dass bei einem Teil der Projekte für die Betreuung im Rahmen der *Grundleistungen* Fachkräfte wie Sozialarbeiter oder auch Pflegefachkräfte zur Verfügung stehen (z. B. Aachen, Heidelberg). Bei anderen erfolgt die aufsuchende soziale Beratung durch ehrenamtliche Besuchsdienste (z. B. Berlin-Lichtenberg) oder koordinierte Nachbarschaftshilfe (z. B. Magdeburg). Das Projekt in Germering kombiniert Fachkräfte mit bürgerschaftlichem Engagement. Fachkräfte einer Koordinationsstelle führen bei den Vertragspartnern einen Erstbesuch durch, um die Wohnsituation und besonderen Bedarfslagen zu erfassen. Eine Projektleiterin wählt einen passenden persönlichen Betreuer aus, der wöchentlich einen Hausbesuch durchführt. Die meisten persönlichen Betreuer leisten diese Aufgabe ehrenamtlich, sie erhalten lediglich eine finanzielle Aufwandsentschädigung. Sie werden für diese Aufgabe entsprechend geschult und professionell begleitet.

Die *Wahlleistungen* werden bei vielen Projekten von professionellen Diensten erbracht. Bei einigen Projekten führen ehrenamtliche Kräfte auch die Wahlleistungen durch, für die sie eine gesonderte Vergütung mit geringen Stundensätzen erhalten. Zusätzlich zur Organisation kostengünstiger sozialer Dienstleistungen werden auch vorhandene Potenziale zu ehrenamtlichem Engagement im Freizeitbereich genutzt.

D Nutzer-/Bewohnerstrukturen

Über die älteren Menschen, die diese Wohnangebote nutzen, gibt es bisher wenig Informationen. Eine Studie aus Heidelberg gibt erste Anhaltspunkte über das Nutzerprofil. Die Nutzer dieses Wohnangebotes sind hier im Durchschnitt über 80 Jahre, mehr als die Hälfte lebt in einem Ein-Personen-Haushalt und es besteht eine signifikante Häufung von allein lebenden Männern. Dreiviertel der Befragen berichteten über dauerhafte, gesundheitliche Beschwerden, Demenzen wurden keine festgestellt.

Die Ergebnisse der Studie zeigen auch, dass die Nutzer dieser Angebote einen erhöhten sozialarbeiterischen Hilfebedarf haben. Rund 50 % der Nutzer Betreuten Wohnens zu Hause in Heidelberg hatten Beratungsbedarf im Bereich der Pflegeversicherung, der Hilfsmittelberatung einschließlich Hausnotrufsicherung, der

Wohnungsanpassung, bei hauswirtschaftlichen Hilfen und bei sozialen Kontaktmöglichkeiten. Der Beratungsbedarf war deutlich höher als bei Bewohnern von betreuten Wohnanlagen, von denen ein Drittel einen Beratungsbedarf angaben. Interessant ist, dass diese Bewohner insgesamt gut in ihr jeweiliges Wohnumfeld integriert zu sein scheinen. Sie haben nach Ergebnissen dieser Studie viele Freunde, Bekannte und Nachbarn und gute Kontakte zu den Angehörigen, die jedoch nur zu einem sehr geringen Teil Hilfe leisten *(Tews/Bühler/Weiß, 2001: Betreutes Wohnen im Bestand – „Betreutes Wohnen zu Hause". Ergebnisse einer Untersuchung, Heidelberg).*

E Finanzielle Aspekte

Für die Inanspruchnahme von Kontaktbesuchen und andere Grundleistungen zahlen die Nutzer des Betreuten Wohnens zu Hause unterschiedliche Beträge. Die erhobenen Grundpauschalen liegen meist unter 50 Euro pro Monat:

Beispiele für Betreuungspauschalen im Betreuten Wohnen zu Hause	
Halle	30 Euro
Heidelberg	20 Euro
Aachen	15 Euro
Neuss	7 Euro
Germering	95 bis 145 Euro

Es gibt aber auch Beispiele mit erheblich höheren Kostensätzen, die nach Anzahl der Personen (Alleinlebende oder Paare) und nach der Pflegebedürftigkeit variieren. Wenn Nachbarschaftshilfevereine die Grundleistung anbieten, sind die Kosten meistens deutlich geringer. Die Interessenten zahlen einen monatlichen Mitgliedsbeitrag von z.B. drei Euro und können dann kostenlos die Beratungs- und Vermittlungsleistungen in Anspruch nehmen und an Freizeitveranstaltungen teilnehmen. Experten gehen davon aus, dass es für Kosten des Betreuten Wohnens zu Hause eine „Schallgrenze" gibt. Betreuungspauschalen von über 25 Euro sind nach diesen Auffassungen nur schwer zu vermarkten *(Tews/Bühler/Weiß, 2001: Betreutes Wohnen im Bestand – „Betreutes Wohnen zu Hause" Ergebnisse einer Untersuchung, Heidelberg).*

Umstritten ist, ob mit geringen Kosten ein monatlicher Hausbesuch einer Fachkraft zu finanzieren ist. Unklarheit besteht auch darüber, ob die erhoben Kosten die Aufwendungen decken bzw. inwiefern und auf welche Art hier mit Subventionierungen gearbeitet wird. Bei einigen Projekten erfolgt eine indirekte Subventionierung über die Beschäftigung von ABM-Kräften *(Engel, H./Engels, D., 2000: Entwicklung des Service-Wohnens in Halle Trotha. Ergebnisse der Leistungsdokumentation und der Bewohnerbefragung, Köln)*. Erfahrungen zeigen auch, dass trotz mangelnder Kostendeckung gewerbliche ambulante Dienste solche Betreuungsangebote anbieten, weil sie u. a. damit ihr neues Klientel zur ambulanten Betreuung rekrutieren konnten und dieses Betreuungsangebot als Akquisitionsleistung kalkulierten.

Eine Finanzierung der Kosten über den Sozialhilfeträger ist teilweise erwirkt worden. In Aachen wird für die Bezieher von Wohngeld die Betreuungspauschale in Absprache mit dem Wohnungsamt bei der Berechnung des Mietzuschusses berücksichtigt. Für Empfänger von Hilfe zum Lebensunterhalt ist von Seiten der Sozialverwaltung eine Finanzierung der Service-Pauschale nach dem Bundessozialhilfegesetz möglich (BSHG § 23 Abs. 1, ggf. mit Aufstockung des Mehrbedarfs über die vorgesehenen 20 % des maßgebenden Regelsatzes). So soll jedem älteren Menschen in Aachen die Möglichkeit gegeben werden, am Betreuten Wohnen im Bestand teilzunehmen.

F Probleme der Umsetzung

Akzeptanzprobleme

Das wesentliche Problem bei der praktischen Umsetzung ergibt sich aus den Akzeptanzproblemen dieses Wohn- und Betreuungsangebotes. Praktische Erfahrungen zeigen, dass die Senioren am Konzept des Betreuten Wohnens zu Hause sehr interessiert sind, aber konkrete Angebote dieser Art dann häufig nur in geringem Umfang in Anspruch nehmen. Gründe werden zum einen in Informationsmängeln, zum anderen aber darin gesehen, dass ältere Menschen offenbar nicht bereit sind, prophylaktisch für Leistungen zu zahlen, von denen sie nicht unmittelbar einen Nutzen haben. Offen bleibt auch, wie die Versorgung von Menschen mit geringem Einkommen bei diesem Modell sichergestellt werden kann. Aber die Akzeptanzprobleme hängen nicht nur mit den Kosten zusammen. Erfahrungen zeigen, dass isolierte Angebote von Beratungs- und Betreuungsleistungen sich insgesamt eher schwer etablieren lassen. So dürfte eine Ursache für den Erfolg dieses Wohnkonzepts in Germering – trotz relativ hoher Kostenpauschale – sein, dass neben Beratungs- und Betreuungsleistungen auch gesellige Angebote gemacht werden. Aus der Forschung zu den Einzugsgründen in betreute Wohnanlagen ist mittlerweile bekannt, dass Senioren einen Wohnungswechsel vor allem auch deshalb vornehmen, weil sie mehr soziale Kontakte wünschen *(Saup, W., 2001: Ältere Menschen im Betreuten Wohnen: Ergebnisse der Augsburger Längsschnittstudie Bd. 1, Augsburg).* Dieses Element wird aber häufig beim Betreuten Wohnen zu Hause nicht berücksichtigt. Projekte, die keine Akzeptanzprobleme haben, nennen außerdem folgende Kriterien, die bei der Entwicklung und Umsetzung solcher Projekte zu berücksichtigen sind:

- Einbindung der Bevölkerung und potenziellen Nutzer in der Konzeptionsphase des Projektes (z. B. schriftliche Befragung zu deren Vorstellung und Wünschen, Informationsveranstaltungen)
- Positive Befürwortung des Projektes durch die Kommune
- Abstimmung des Projekte mit allen sozialen Einrichtungen und Diensten in der Kommune
- Gute Zusammenarbeit mit Kooperationspartnern
- Bekanntheit und Akzeptanz des Dienstleistungsträgers
- Möglichst viele Leistungen aus einer Hand, zentrale Organisation und Koordination der Leistungen
- Persönliche Betreuung und soziale Einbindung der Vertragsnehmer *(Arbeitsgruppe für Sozialplanung und Altersforschung [AfA], 2003: Betreutes Wohnen zu Hause – Angebot und Umsetzung, in: Kuratorium Deutsche Altershilfe [Hrsg.], Anforderungen an die Gestaltung quartiersbezogener Wohnkonzepte, 18. Juni 2003 in Heidelberg, Köln [Druck in Vorbereitung])*

Probleme bei der Qualitätssicherung

Ein weiteres Problem bei der praktischen Umsetzung bezieht sich auf die Qualitätssicherung. Kontrovers diskutiert wird in der Fachöffentlichkeit, ob die Anbieter des Betreuten Wohnens zu Hause den regelmäßigen Hausbesuch nur mit Fachkräften sicherstellen sollten. Einer Betreuung durch Hilfskräfte stehen viele eher skeptisch gegenüber, da sie nicht den entsprechenden Anforderungen eines qualifizierten Hausbesuches gewachsen seien. Bei Projekten mit ehrenamtlichen sozialen Betreuern wird von vielen eine enge Zusammenarbeit mit professionellen Kräften im Sinne einer Qualitätssicherung als notwendig angesehen. Um Ehrenamtliche für diese Arbeit zu gewinnen, hat sich in der Praxis bewährt, sie durch Schulungen fortzubilden, sie in ein Team einzubinden, das von professionellen Kräften betreut wird, und ihnen eine Aufwandsentschädigung zukommen zu lassen.

3.1.3 Ausländische Erfahrungen

Vielfältige Erfahrungen im Ausland liegen vor allem zu der barrierenfreien Wohnraumgestaltung, Wohnungsanpassung und Wohnberatung vor.

Deutschland und Großbritannien sind in Europa die einzigen beiden Länder, von denen die individuelle Wohnungsanpassung und die entsprechende Beratung und Unterstützung in größerem Umfang durchgeführt werden. Von besonderem Interesse ist ein – im Unterschied zu Deutschland – geregeltes staatlich/kommunales Finanzierungssystem der Wohnberatung *(Bundesministerium für Familie, Senioren, Frauen und Jugend [Hrsg.], 2000: Wohnungsanpassung und Wohnberatung, Workshop in Kassel am 23./24.2.1999, Berlin).* Darüber hinaus gibt es auch eine landesweite Organisation, die staatlich finanziert ist und die die Tätigkeit der etwa 250 Beratungsstellen koordiniert. Die individuelle Wohnungsanpassung und Wohnberatung wurde in Großbritannien schon Anfang 1980 entwickelt. Die hier bereits gesammelten Erfahrungen waren ein wichtiger Impuls für die Etablierung des Konzeptes in Deutschland. Ein weiterer Unterschied zu Deutschland besteht darin, dass die Anpassung des selbst genutzten Eigentums im Mittelpunkt steht und die Maßnahmen neben der altersgerechten Anpassung auch die Instandsetzung mitenthalten, da viele ältere Eigentümer hierzu allein nicht mehr in der Lage sind. Entsprechend ist auch das Bauministerium an der Finanzierung mitbeteiligt. Diese Schwerpunktsetzung in Großbritannien ist auch dadurch bedingt, dass hier der Anteil selbst genutzten Eigentums besonders hoch ist (fast 70 %), während private Mietwohnungen (unter 10 %) – ähnlich wie in den Niederlanden – kaum eine Rolle spielen.

Von besonderem Wert dürfte für Deutschland auch die strukturelle Wohnungsanpassung ganzer Wohnkomplexe (Opplussen = Aufwertung) in den Niederlanden sein. Ausgangspunkt hierfür war die Entwicklung des Konzeptes „Anpassbares Bauen“. Gemäß diesem Konzept sollen normale Wohnungen so entworfen werden, dass sie auf einfache und billige Weise angepasst werden können, wenn die Bewohner behindert werden. Außerdem sollen Wohnungen für jedermann „besuchbar“ bleiben, auch für Menschen in einem Rollstuhl. In den Niederlanden hat sich das „Anpassbare Bauen“ bei Neubauten schon weiter durchgesetzt als in Deutschland. 1997 sind die acht wichtigsten Anforderungen in die nationalen Bauvorschriften aufgenommen worden. Der Experimentalbereich wurde dementsprechend auf die bestehenden Wohnungen verlagert. Es sollten vor allem der Wohnungsbestand systematisch für jedermann geeignet gemacht werden. So hat

z. B. die Lenkungsgruppe für Experimente im Wohnungsbau (Stuurgroep Experimenten Volkshuisvesting SEV) zwischen 1989 bis 1993 ein Lifteinbau-Programm ausgeführt, bei dem in verschiedenen Typen von Etagenwohnungen insgesamt 500 Liftanlagen eingebaut wurden. Ebenso wurde ein „Aufwertungs-Paket" von kleineren Maßnahmen erstellt, um die Wohnverhältnisse für Ältere zu verbessern. Es sah z. B. eine Erhöhung des Fußbodens von Laubengängen zur Vermeidung der Schwelle zum Wohnungseingang vor. Von besonderem Interesse ist, dass für diese strukturellen Maßnahmen verschiedene Serienprodukte eingesetzt wurden. Im Rahmen dieses Experimentes wurden zwanzig Projekte gefördert bei denen von rund 2.130 Wohnungen des sozialen Mietsektors der Wohnkomfort für behinderte und ältere Menschen verbessert wurde.

Die Voraussetzung zur Realisierung einer breit angelegten, präventiven Anpassung des Wohnungsbestandes sind in den Niederlanden auch aufgrund des größeren sozialen Mietssektors (ca. 43 %) besser als in Deutschland (ca. 26 %). In Deutschland ist der Wohnungsmarkt von einem hohen Anteil privater Vermieter geprägt, die solchen wohntechnischen Maßnahmen gegenüber eher weniger aufgeschlossen sind. Auch sehen die Wohnungsunternehmen in den Niederlanden ihre Aufgabe stärker in der Verwirklichung sozialer Zielsetzungen. Man verfolgt dort von Seiten der Wohnungsunternehmen eine breit angelegte Strategie, um einen möglichst großen Teil des Wohnungsbestandes anpassbar und für lebenslanges Wohnen geeignet zu machen *(Stuurgroep Experimenten Volkshuisvesting/Kuratorium Deutsche Altershilfe [Hrsg.], 1997: Wohnen ohne Barrieren: Hintergrundinformationen und Fakten, Köln/Rotterdam).*

Auch zu Angeboten von sozialen Diensten und der häuslichen Pflege für ältere Menschen, die zu Hause wohnen bleiben möchten, gibt es eine Vielzahl von ausländischen Ansätzen, insbesondere in Skandinavien und neuerdings auch in den Niederlanden. Wegen deren kleinräumiger Organisation und Integration unterschiedlicher Wohn- und Betreuungsformen werden solche Erfahrungen unter „Kleinräumige Vernetzung verschiedener Wohn- und Betreuungsformen – Quartiersbezogene Wohnkonzepte" (Kapitel 4) zusammengefasst.

3.2 Wohnsituation selbst verändern

Obwohl die Mehrheit der älteren Menschen so lange wie möglich zu Hause leben will, gibt es eine wachsende Gruppe von älteren Menschen, die im Alter bewusst ihre Wohnsituation verändern und nochmal eine neue Lebensform ausprobieren wollen. Nach Beendigung der Familien- und Berufsphase und durch die Verlängerung der Lebenszeit ist eine dritte Lebensphase entstanden, die viele neu gestalten wollen. Das sozio-ökonomische Panel macht deutlich, dass nach dem 55. Lebensjahr rund 20 % der Eigentümerhaushalte und 50 % der Mieterhaushalte noch einmal umziehen. Nach Untersuchungen der Schader-Stiftung sind 65 % der Altershaushalte umzugsbereit (Ministerium für Bauen und Wohnen NRW, 1995: Neue Wohnformen für ältere Menschen, Voraussetzungen zum selbständigen Wohnen, Bericht Nr. 3, Düsseldorf). Es sind zum einen jüngere Senioren, die nach Abschluss der Familien- und Berufphase eine neue Orientierung suchen. Zum anderen sind es ältere Senioren, die Vorsorge treffen wollen für den Fall von Hilfe- und Pflegebedürftigkeit. Neue Wohnformen, die bei dieser Entscheidungssituation als Alternativen zur Verfügung stehen, sind entweder *gemeinschaftliche Wohnprojekte* oder *Betreutes Wohnen.*

3.2.1 Gemeinschaftliche Wohnprojekte

Beispiel	
Projektname:	Haus Mobile e.V.
Adresse:	Hohenfriedbergstr. 11 50737 Köln
Ansprechpartner:	Neues Wohnen im Alter e.V.
Projektstart:	Einzug 1997
Gemeinschaftliches Wohnprojekt „Haus Mobile", Straßenansicht *Foto: Erika Rodekirchen, Neues Wohnen im Alter e.V.*	

Projektziel:	Ziel des Projektes ist es, Kontakte und Geselligkeit unter den Hausbewohnern zu fördern, anspruchsvollen Wohnraum für unterschiedliche Lebenssituationen und unterschiedliche finanzielle Hintergründe bereitzustellen sowie eine Architektur zu schaffen, die den Lebensabend in der eigenen Wohnung ermöglichen soll, ggf. mit Hilfe ambulanter Pflegekräfte. Haus Mobile wurde vom Verein „Neues Wohnen im Alter“ initiiert, der mittlerweile als „Regionalbüro Rheinland“ über Kölns Grenzen hinaus Gemeinschaftswohnprojekte berät.
Projektstruktur:	Insgesamt leben in diesem Haus 54 Personen in 36 Wohnungen. Die Wohnungen haben eine Größe von 36 bis 144 qm und sind bis auf die Maisonette-Wohnungen für Familien mit Kindern alle barrierefrei und auch für die Nutzung mit einem Rollstuhl geeignet. Es handelt sich um 13 Eigentumswohnungen, 15 öffentlich geförderte und acht freifinanzierte Mietwohnungen. Daneben wurde auf eine ökologische Bauweise geachtet: Niedrigenergie-Standard, Solaranlage, Regenwassernutzung. Neben einem internen Gemeinschaftsraum und einer Dachterrasse gibt es ein Nachbarschaftscafé mit Terrasse, das auch von Außenstehenden genutzt werden kann. Darüber hinaus gibt es ein Gästezimmer und ein Pflegebad. Die Organisation des Gemeinschaftslebens erfolgt durch den Verein „Haus Mobile“. Zurzeit wohnen 54 Menschen quer durch alle Generationen in dem Haus. 25 % der Bewohner sind 60 Jahre und älter. Gezielt wird auf eine Mischung der Alters- und Einkommensgruppen gesetzt.
Projekt-finanzierung:	Das Projekt wurde als „Zukunftsweisendes Bauvorhaben“ mit Mitteln des Landes Nordrhein-Westfalen gefördert. Neben der öffentlichen Förderung eines Teils der Baukosten wurden auch die Baukosten für das Nachbarschaftscafé vom Sozialministerium Nordrhein-Westfalen übernommen. Die laufenden Kosten für die Gemeinschaftsflächen werden von der Landesregierung bezuschusst.

A Wesentliche Merkmale

Gemeinschaftliche Wohnprojekte haben sich in den letzten 20 bis 30 Jahren als eine Wohnform für ältere Menschen entwickelt, die das Ziel: „selbstbestimmt Leben und Wohnen“ wörtlich nehmen. Sie bestimmen selbst, wie sie wohnen und leben möchten. Im Unterschied zu „fertigen“ Angeboten auf dem Markt der Seniorenimmobilien und der Altenhilfeorganisationen, wie Anlagen des Betreuten Wohnens, „Wohnparks für Senioren“ oder auch „Seniorenresidenzen“, wollen diese älteren Menschen nicht nur von ihrer Wahlfreiheit als Kunden von Wohn- und Serviceleistungen Gebrauch machen. Vielmehr wollen sie die Art, wie, wo und mit wem sie zusammenleben möchten, auch selbst gestalten. Vielfach werden solche Wohnprojekte deshalb auch *selbstorganisiertes* gemeinschaftliches Wohnen genannt. Diese Selbstorganisation bezieht sich in den meisten Fällen nicht nur auf die Gestaltung eines gemeinsamen Alltags, sondern auch auf die Planung des Wohnprojektes. In der „Nomenklatur der Altenhilfe“ *(Deutscher Verein für öffentliche und private Fürsorge, 1992: Nomenklatur der Altenhilfe, Frankfurt/Main)* wurden die selbstorganisierten gemeinschaftlichen Wohnprojekte folgendermaßen definiert: „(42.) Wohngemeinschaften: Selbstorganisierte Wohngemeinschaften werden von alten Menschen gegründet und organisiert, wobei sie ihre Angelegenheiten überwiegend in eigener Verantwortung selbst regeln.“

Die gemeinschaftlichen Wohnprojekte weisen folgende gemeinsame Strukturmerkmale auf *(vgl. Ministerium für Frauen, Jugend, Familie und Gesundheit des Landes NRW, 1999: Neue Wohnprojekte für ältere Menschen – Gemeinschaftliches Wohnen in Nordrhein-Westfalen, Düsseldorf):*

- Besondere Qualität des Zusammenlebens
- Mitwirkung der Bewohner bei der Projektentwicklung
- Bewohner sind Organisatoren des Gemeinschaftslebens
- Zum Selbstverständnis gehört die gegenseitige Hilfe
- Zusammenleben beschränkt sich nicht nur auf alte Menschen oder eine bestimmte soziale Gruppe
- Gemeinschaftliche Wohnprojekte streben eine Integration in das umgebende Wohnquartier an
- Gemeinschaftliche Wohnprojekte verwirklichen gemeinschaftsfördernde Baukonzepte

Das Hauptziel der Initiatoren und Mitbewohner solcher Wohnprojekte ist das *gemeinschaftliche* Zusammenleben bei gleichzeitiger Wahrung der Selbstständigkeit.

Ein gewisses Maß an Gemeinschaftsleben ist zwar Bestandteil aller Wohnformen für ältere Menschen, angefangen von Anlagen des Betreuten Wohnens bis zum traditionellen Pflegeheim. In beiden Wohnformen ist aber die Gemeinschaft eher ein Nebenprodukt des Zusammenwohnens älterer Menschen in einem Gebäude oder einer Wohnanlage. Auch im Unterschied zu betreuten Wohngemeinschaften und KDA-Hausgemeinschaften, bei denen das gemeinschaftliche Zusammenleben wesentlicher Bestandteil des Betreuungskonzeptes ist, aber eher aus einer Notlage heraus gewählt wird, ist die Gemeinschaft in selbstverwalteten Wohnprojekten bewusst gesucht. Typisch ist deshalb, dass die Kontakte zwischen den (zukünftigen) Bewohnern vor Einzug in das Wohnprojekt geknüpft und gemeinsame Vorstellungen über das Zusammenleben entwickelt werden. In diesem Prozess findet meistens auch eine Auswahl der Bewohner und Bewohnerinnen statt. Im Unterschied zu anderen Wohnformen, in denen alte Menschen (mit oder ohne anderen Altersgruppen) eher zufällig zusammenleben, handelt es sich bei gemeinschaftlichen Wohnprojekten mehr um eine *Wahlgemeinschaft.*

Zumindest die Intentionen solcher Wahlgemeinschaften gehen über Vermeidungsstrategien hinaus, wie z. B. die Vermeidung von Isolation oder die Gewährleistung von Sicherheit, im Notfall nicht hilflos zu sein. Eine wesentliche Motivation für den Aufbau einer Wohn- oder Hausgemeinschaft ist eher das Ziel, gemeinsam mit anderen noch einmal etwas Neues zu versuchen. Hiervon verspricht man sich nicht nur Komfort oder wirtschaftliche Vorteile, sondern auch sinnstiftendes Tun. Lebensform und Wohnform haben hier einen besonders engen Zusammenhang. So erhofft man sich von der gegenseitigen Unterstützung nicht nur mehr Sicherheit, sondern auch mehr Lebensqualität. Im Vordergrund stehen häufig gemeinsame Aktivitäten mit Gleichgesinnten. Beim Konzept von Wohngemeinschaften mit alten Menschen geht es immer auch darum, der Lebensphase des Alters etwas Positives abzugewinnen. Es geht um die Chancen des Älterwerdens, die aktiv ergriffen werden (wollen). Die Wohnform ist hierfür das Mittel. Begriffe wie Selbstständigkeit und Selbstbestimmung werden hier weniger im Sinne von Unabhängigkeit interpretiert als bezüglich der Eröffnung von gewollten Handlungsspielräumen. So wird die Möglichkeit des intensiven Kontaktes und zur Entwicklung von mitmenschlichen Bindungen als ebenso wichtig angesehen, wie die Möglichkeit zur Distanz.

Der wesentliche Impuls zu solchen selbstorganisierten gemeinschaftlichen Wohnformen geht von der „Zwischengeneration“ der *jüngeren Alten* aus. Und zwar nicht nur, weil diese jüngeren Alten noch mehr Energie haben, sich auf die oft mühevollen Prozesse der Entwicklung von und des ungewohnten Zusammenlebens in solchen Wohnformen einzulassen. Vielmehr ist es gerade typisch für diese Zwischengeneration, dass sie vor der Frage steht, wie sie sich auf die letzte Lebensphase der Hochaltrigkeit vorbereitet und was sie mit der relativ langen Zwischenphase zwischen Beruf/Familie und dem „eigentlichen Altsein" anfangen will. Dass diese Frage mit einer neuen, gemeinschaftsorientierten Wohnform verknüpft wird, erscheint durchaus plausibel, weil in dieser Altersgruppe zwei wesentliche Elemente sozialer Kontakte nicht mehr bzw. kaum noch tragfähig sind: das familienorientierte Zusammenleben (Partner, Kinder) und das Berufsleben. Die Suche nach Formen eines gemeinschaftlichen Zusammenlebens ist allerdings keineswegs auf eine Altersgruppe (wie die jüngeren Alten) begrenzt. Das Zurückgehen der familiären Bindungen betrifft auch jüngere Jahrgänge. Hieraus ergeben sich Chancen für ein relativ weit gespanntes Altersspektrum in selbstverwalteten gemeinschaftlichen Wohnprojekten. Trotzdem geht die Initiative für solche Projekte in den meisten Fällen von der älteren Generation aus *(Narten, R./Stolarz, H., 2000: Neue Wohnmodelle für das Alter – Dokumentation des Expertenworkshops am 11./12. Juni 1997 in Bonn-Oberkassel, Bundesministerium für Famielie, Senioren, Frauen und Jugend [Hrsg.], Bonn).*

Ein weiteres wesentliches Merkmal der gemeinschaftlichen Wohnprojekte ist, dass sie – als bewusste Alternative zum Heim und auch zum Betreuten Wohnen – mehrheitlich *keine professionelle Betreuung* einbinden, zumindest nicht in Form einer Betreuungsträgerschaft für das Projekt. Das Konzept besteht vielmehr darin, aus dem gemeinschaftlichen Zusammenleben eine Basis für Nachbarschaftshilfe zu schaffen und im Bedarfsfall ambulante Dienste in Anspruch zu nehmen, wie in „normalen" Wohnungen mit Angehörigen.

B Quantitative Entwicklung

Auf einem deutsch-niederländischen Expertenworkshop „Wohnen in Gemeinschaft" *(Kuratorium Deutsche Altershilfe [Hrsg.] 2000: Wohnen in Gemeinschaft – Dokumentation des deutsch-niederländischen Experten-Workshops 20. und 21. Jan. 2000 in Königswinter, Köln)* wurde versucht, eine quantitative Einschätzung der gemeinschaftlichen Wohnprojekte für das Jahr 2000 vorzunehmen. Hier wurde davon ausgegangen, dass es in Deutschland etwa ebenso viele Projekte wie in den Niederlanden gibt: ca. 200 Projekte mit etwa 4.000 bis 5.000 Wohnungen. Zieht man in Betracht, dass im Jahre 2000 eine Reihe geplanter Projekte in einzelnen Regionen bekannt waren, dürfte die Größenordnung von heute ca. 250 realisierten Projekten realistisch sein. Entschränkend ist aber zu erwähnen, dass es keinen bundesweiten Überblick über solche Projekte gibt. Eine weitere Unsicherheit über die quantitative Entwicklung ist auch darin begründet, dass bei verschiedenen Zahlenangaben die klare Abgrenzung gemeinschaftlicher Wohnprojekte älterer Menschen von anderen Wohnprojekten nicht einheitlich ist.

Es kann davon ausgegangen werden, dass der *Bedarf* und die tatsächliche Nachfrage nach dieser Wohnform größer ist, als das verfügbare Angebot. Interessanterweise ist diese Nachfrage gerade dort besonders groß, wo das Angebot bereits relativ weit entwickelt ist, wie z. B. in Hamburg, NRW oder München. Dies lässt sich u. a. damit erklären, das hier ein funktionierendes Informationsnetz existiert, Kooperationsformen entwickelt wurden und zudem das vorhandene Angebot eine konkrete Anschauung über diese Wohnform liefert. Als wesentlicher Grund für die – gemessen an der Nachfrage – geringe Zahl realisierter Projekte sind die immer noch bestehenden Verfahrenshürden für die Entwicklung solcher selbstorganisierten Wohnformen anzusehen. Diese Schwierigkeiten führen i. d. R. zu extrem langen Planungszeiten von etwa fünf Jahren. Dies ist einer der Hauptgründe, die Interessenten davon abhalten, an einem solchen Projekt mitzuwirken bzw. diesen langen Prozess bis zum Ende durchzuhalten. Die meisten Experten sind sich darin einig, dass die Zahl der Projekte wesentlich größer sein könnte, wenn die Rahmenbedingungen verbessert würden. Hierauf deuten auch die Erfahrungen in den Niederlanden, in Dänemark sowie in Hamburg hin.

Sowohl die Nachfrage als auch das öffentliche Interesse an dieser Wohnform hat in den letzten Jahren deutlich zugenommen. So haben Seminare zu Themen wie: *„Wie will ich wohnen, wenn ich älter bin?“*, eine große Nachfrage. Bei Radio- oder Fernsehsendungen zum Thema sind die Telefonleitungen überlastet, weil viele Menschen nach Alternativen in ihrer direkten Umgebung suchen. Auch die steigende Zahl von registrierten Anfragen beim „Forum für gemeinschaftliches Wohnen im Alter“ belegen dieses wachsende Interesse. So stiegen die Kontakte mit Interessenten von 2.000 im Jahr 1999 auf fast 6.000 im Jahr 2001. Auch die Zahl von aktiven Einzelpersonen und Gruppen stieg zwischen 1997 und 2002 von 70 auf 170 Mitglieder des o. g. Forums *(Forum aktuell, Nr. 14/15, März 2002).*

Für ein weiteres Ansteigen der Nachfrage in Zukunft spricht die demographische Entwicklung mit einem mittelfristigen besonders starken zahlenmäßigen Wachstum der jungen Alten (65 bis 80 Jahre) und den in dieser kommenden Altengeneration stärker ausgeprägten Ansprüchen an Selbstbestimmung und Mitgestaltung ihrer Wohn- und Lebenswelt. Die Möglichkeiten für die Erhöhung der Zahl von Angeboten könnte dadurch verbessert werden, dass ein wichtiger

Kooperationspartner für Projektinitiativen, die Wohnungswirtschaft, ihre bisherige Zurückhaltung aufgibt. Ältere Menschen werden nämlich nicht nur wegen ihrer wachsenden Zahl zunehmend interessanter für den Wohnungsmarkt, sondern auch wegen der sinkenden Zahl der Gesamtbevölkerung und der damit einhergehenden Wohnungsleerstände. Durch entsprechende Verfahrenserleichterungen und auch durch bessere Information der Kooperationspartner könnte dieses Potenzial des Wohnungsmarktes besser ausgeschöpft werden.

C Wohn- und Leistungsstrukturen

Es gibt zurzeit keine systematischen Untersuchungen über das gemeinschaftliche Wohnen in Deutschland. Insbesondere fehlt ein vollständiger bundesweiter Überblick über die Struktur der einzelnen Wohnprojekte. Dagegen gibt es regionale Studien, insbesondere über Projekte in Hamburg und Nordrhein-Westfalen, die einen guten Eindruck über die jeweilige Projektlandschaft und über Realisierungsverfahren vermitteln *(vgl. die o. g. NRW-Studie, 1999)*. Allerdings sind auch diese regionalen Veröffentlichungen keine systematischen Analysen etwa bezüglich der Qualität des Zusammenlebens.

Konzeptvielfalt

Wie bei anderen Wohnformen verbirgt sich hinter dem Begriff „Gemeinschaftliche Wohnprojekte" ein breites Spektrum von unterschiedlichen Wohnkonzepten. Neben den Wohn- und Hausgemeinschaften, die von den Betroffenen eigenständig organisiert und umgesetzt werden, wird auch bei Projekten des „Mehrgenerationen-Wohnens" oder „Integrierten Wohnens" das Ziel des gemeinschaftlichen Zusammenlebens verfolgt. Im Unterschied zu den selbstorganisierten Wohn- oder Hausgemeinschaften geht es beim sog. „Integrierten Wohnen" und auch beim „Mehrgenerationen-Wohnen" häufig um größere Wohnprojekte für Gebäude oder auch Siedlungen, in denen Bauträger oder auch junge Familien die Initiative ergreifen. Beim Projekttyp des „Mehrgenerationen-Wohnens" geht es vor allem um die bauliche Konzeption von anpassungsfähigen Gebäudetypen, die für das Zusammenleben mehrerer Generationen geeignet sind. Der „Mehrgenerationen"-Ansatz ist ein besonderes Merkmal vieler gemeinschaftlicher Projekte in Deutschland – im Unterschied etwa zu den Niederlanden *(Bura, J./Kayer, B., 1992: Miteinander wohnen – Wohnprojekte für jung und alt, Darmstadt)*.

Wohnprojekte, die sich „Integriertes Wohnen“ nennen, haben zum Ziel, das Zusammenleben unterschiedlicher Bewohnergruppen im Rahmen eines Gebäudes (oder einer Gebäudegruppe) zu ermöglichen. Bei Projekten des „Integrierten Wohnens“ werden häufig Bewohnergruppen mit besonderem Bedarf wie z. B. ältere Menschen, Alleinerziehende, ausländische Mitbürger, Behinderte, kinderreiche Familien usw. zusammengebracht. Die Idee ist so einleuchtend wie problematisch. Es soll gerade den Gruppen, die im besonderen Maße auf Nachbarschaftshilfe und Betreuungsleistungen angewiesen sind, ein Angebot gemacht werden, die Isolation zu überwinden und Partner zur gegenseitigen Hilfe zu finden. Dabei soll die Mischung von Gruppen mit unterschiedlichem Hilfebedarf dazu beitragen, dass sich Angebot und Nachfrage ausgleichen können *(Brech, J. et al., 1994: Integriertes Wohnen. Ein Modell für sozialen Wohnungsbau, Darmstadt; Großhans, H., 1996: Integriertes Wohnen im Alter. Herausforderung an Kommunen und Wohnungswirtschaft, in: Bundesbaublatt, Nr. 8, S. 622 ff.).*

Bauliche Merkmale

Obwohl sich die Projekte gemeinschaftlichen Wohnens sehr unterscheiden, gibt es doch eine Reihe typischer baulicher Merkmale:

- Standort mit gut erreichbarer Infrastruktur
- Ausbildung der Gebäude- und Wohnungserschließung für zusätzliche Begegnungsmöglichkeiten, etwa durch kommunikationsfördernde Eingänge und Treppenhäuser
- Anwendung der Standards barrierefreien Bauens (mindestens Aufzug)
- Einladend gestaltete Gemeinschaftsräume innerhalb und außerhalb des Hauses
- Abstufung von privaten, halböffentlichen und öffentlichen Flächen
- Unterschiedliche Aufenthaltsbereiche für lebhafte und ruhige Tätigkeiten, insbesondere bei generationengemischten Wohnprojekten
- Mischung unterschiedlicher Wohnungstypen
- Teilweise Verwendung ökologischer Bauweisen *(Ministerium für Frauen, Jugend, Familie und Gesundheit des Landes NRW, 1999: Neue Wohnprojekte für ältere Menschen – Gemeinschaftliches Wohnen in Nordrhein-Westfalen, Düsseldorf)*

Die genannten Merkmale beschreiben aber keineswegs einen einheitlichen Gebäudetyp. Vielmehr zeichnen sich die Bauformen durch eine große Vielfalt aus. Berichte über einzelne Wohnprojekte zeigen allerdings, dass die Planungsqualität sehr unterschiedlich sein kann und einzelne dieser Merkmale nicht überall zu finden sind. So wurden z. B. in einem Hamburger Projekt erhebliche Mängel bezüglich der barrierefreien Nutzbarkeit der Wohnungen festgestellt *(Narten, R./Stolarz, H., 2000: Neue Wohnmodelle für das Alter – Dokumentation des Expertenworkshops am 11./12. Juni 1997 in Bonn-Oberkassel, Bundesministerium für Famielie, Senioren, Frauen und Jugend [Hrsg.], Bonn).*

Wohnangebot

Bezüglich des Wohnangebotes hat sich beim gemeinschaftlichen Wohnen ein Modell durchgesetzt: die „Hausgemeinschaft". Der Haupttrend für die räumliche Organisation gemeinschaftlicher Wohnprojekte ist ein (oder mehrere) Gebäude mit etwa acht bis 30 abgeschlossenen Wohnungen und zusätzlichen Gemeinschaftsräumen. So ist es z. B. typisch, dass Kochen und Essen sowohl gemeinschaftlich als auch in den individuellen Wohnungen erfolgen kann.

Innerhalb dieses grundlegenden Trends gibt es allerdings ein differenziertes Spektrum bezüglich der Projektgröße, der Größe der Wohnungen und der Mischung der Haushalte. So gibt es auch heute noch Wohngemeinschaften, bei denen die Bewohner jeweils zwar einen eigenen Individualbereich (ein bis zwei Zimmer) zur Verfügung haben, sich aber Küche, Wohnzimmer und auch das Bad bzw. mehrere Bäder teilen. Diese Raumorganisation – in einer größeren Wohnung oder einem (kleinen) Haus für eine kleinere Gruppe – stammt aus dem Anfang der Entwicklung und hatte Wohngemeinschaften Jüngerer zum Vorbild. Bei den meisten neueren Projekten wurde diese familienähnliche Wohnsituation zugunsten abgeschlossener Wohneinheiten (mit Bad und Küche) aufgegeben, um dem gewachsenen Bedarf nach Privatheit und Rückzugsmöglichkeiten gerecht zu werden. Es gibt aber auch weiterhin Beispiele für interessante Zwischenlösungen zwischen diesem Modell der Hausgemeinschaft und einer herkömmlichen Wohngemeinschaft. So wohnt in dem Projekt „*Alt-Werden in Gemeinschaft e.V. (AWIG)*" in Dresden eine kleine Gruppe alter Menschen ineiner (großen) Wohnung mit Gemeinschaftsraum, Gemeinschaftsküche und behindertengerechtem Gemeinschaftsbad. Insofern handelt es sich eher um eine klassische Wohngemeinschaft. Auch die geringe Größe der individuellen Wohnräume entspricht diesem alten Modell. Allerdings sind die individuellen Wohnräume kleine abgeschlossene Appartements mit Kochnische und Bad. Inwieweit dieses Angebot von individuellen „Miniappartements" eine Lösung nur für den gegenwärtigen Wohnbedarf in den neuen Bundesländern darstellt, bleibt abzuwarten.

Ein gegenläufiger Trend geht eindeutig in Richtung größerer individueller Wohnungen mit Zwei- bis Drei-Zimmerwohnungen auch für Einpersonenhaushalte. Diese Entwicklung zu größeren Wohnungen ist bei Wohnprojekten in Deutschland zu beobachten, noch ausgeprägter trifft dies allerdings auf die Niederlande und auch auf Dänemark zu. Erfahrungen zeigen, dass die *Wohnungsgrößen* gerade bei neueren Planungen z. T. weit von den Vorgaben im öffentlich geförderten Wohnungsbau nach oben abweichen, wenn die Projekte freifinanziert sind, und insbesondere, wenn es sich um selbst genutztes Eigentum handelt. Die Größenordnungen bewegen sich hier häufig zwischen 50 und 100 qm. Bei den kleinen Wohnungen gilt als Mindeststandard ein separates Schlafzimmer.

Typisch für die praktizierten Projekte ist auch die Mischung unterschiedlicher *Wohnungstypen* und *-größen* in einem Gebäude. Gerade durch das Angebot unterschiedlicher Wohnungsgrößen und verschiedener Finanzierungsformen in einem Gebäude sind für gemeinschaftliche Wohnprojekte interessante bauliche Lösungen entstanden. Bei einer Reihe von Wohnprojekten werden auch flexible *Grundrisse* angeboten. Dies bezieht sich einerseits auf die interne Wohnungsorganisation: variable Abtrennbarkeit vom Wohnbereich, gleichwertige Räume für unterschiedliche Nutzung. Darüber hinaus werden in einigen Projekten sog. Schalträume eingebaut, die alternativ von benachbarten Wohnungen genutzt werden können. Dadurch können Veränderungen der Haushaltsgrößen bzw. des Raumbedarfs leichter berücksichtigt werden.

Gemeinschaftsräume

Unverzichtbarer Bestandteil jedes gemeinschaftlichen Wohnprojektes ist das Vorhandensein gut nutzbarer und ausreichend großer Gemeinschaftsräume. *Anzahl* und *Größe* dieses Raumangebots ist sehr unterschiedlich und hängt davon ab, welche Gemeinschaftsaktivitäten von der jeweiligen Bewohnergruppe als besonders wichtig für ihr Zusammenleben erachtet werden. Ein durchschnittlicher Flächenstandard lässt sich für die deutsche Projektlandschaft nicht angeben. Eine Untergrenze stellt die förderfähige Größe von Gemeinschaftsräumen dar, falls dies – wie in wenigen Bundesländern – in den Wohnungsbauförderungsbestimmungen vorgesehen ist (in NRW sind dies z. B. 2 qm/Wohnung; die Fläche muss aber von der Wohnfläche abgezogen werden).

Generell ist der Trend zu beachten, das *Raumangebot* von Gemeinschaftsräumen eher bescheiden zu bemessen, einerseits um die schwer finanzierbaren Kosten zu reduzieren, andererseits aber auch, weil sich der Anspruch an Komfort und Größe der individuellen Wohnungen erhöht hat und sich gleichzeitig der Wunsch nach möglichst vielen und häufigen Gemeinschaftsaktivitäten eher reduziert hat *(Kuratorium Deutsche Altershilfe [Hrsg.], 2000: Die niederländische Studie „Vom Idealismus zum Realismus – Über 15 Jahre gemeinschaftliches Wohnen älterer Menschen, Köln).* Kern des gemeinschaftlichen Raumangebotes ist eine Gemeinschaftsküche, die allerdings nur in Ausnahmefällen täglich genutzt wird. Häufige zusätzliche gemeinschaftlich genutzte Raumangebote sind Gästewohnung, Pflegebad, Wirtschaftsräume wie z. B. Fahrradkeller, Hobbyraum, Freiflächen, Dachterrassen etc. Darüber hinaus verfolgen viele gemeinschaftlichen Wohnprojekte das Ziel, soziale Kontakte auf das umgebende Wohnquartier auszudehnen. Hierfür werden meistens zusätzliche Raumangebote bereitgehalten. Die Öffnung zur Nachbarschaft kann sich auf die unmittelbare Umgebung beschränken oder auf eine ganze Wohnsiedlung ausdehnen. Wesentlich für die nachbarschaftliche Einbindung ist ein offenes Veranstaltungsangebot. Für die räumliche Organisation sind zwei unterschiedliche Modelle zu finden:

- Projektinterne Gemeinschaftsräume, teilweise mit offenem Treffpunkt (Nachbarschaftscafé), werden durch Anwohner im Quartier mitgenutzt.
- Gemeinschaftsräume werden einem Kommunikationszentrum oder einer Hilfseinrichtung für einen ganzen Stadtteil zugeordnet. Hier sind die Projektbewohner die Mitnutzer.

Betreuungs- und Hilfeleistungen

Gemeinschaftliche Wohnprojekte unterscheiden sich von anderen Wohnformen, wie etwa dem Betreuten Wohnen oder betreute Wohngemeinschaften, gerade darin, dass sie kein „Betreuungskonzept“ im Sinne von organisierten Hilfe- und Betreuungsleistungen haben. Zumindest vom Prinzip her verfolgen gemeinschaftliche Wohnprojekte kein anderes „Betreuungskonzept“ als das in „normalen“ Wohnungen. Bei Bedarf werden ambulante Dienste in Anspruch genommen.

Erfahrungen zeigen aber, dass durch das gemeinschaftliche Zusammenleben und die Übernahme gegenseitiger Mitverantwortung ein sozialer Rahmen geschaffen wird, der die Hilfeleistungen von ambulanten Diensten ergänzt. Zum Selbstverständnis aller gemeinschaftlichen Wohnprojekte gehört die gegenseitige Hilfe. Dieser soziale Rahmen übernimmt weniger die Aufgaben professioneller Hilfsdienste als vielmehr die Rolle von Angehörigen und Nachbarn in einer „normalen“

Wohnsituation. In einer niederländischen Studie wird in diesem Kontext von einem „Mehrwert" für die Bewohner solcher Wohnprojekte gesprochen *(Kuratorium Deutsche Altershilfe [Hrsg.], 2000: Die niederländische Studie „Vom Idealismus zum Realismus – Über 15 Jahre gemeinschaftliches Wohnen älterer Menschen, Köln).* Als wichtigster Aspekt dieses „Mehrwertes" wird ein „Gefühl erhöhter Sicherheit und Geborgenheit" genannt. Diese Qualität wird im Wesentlichen durch die Art des Zusammenlebens der Bewohner selbst bewirkt.

Die praktizierten Projekte unterscheiden sich im Umfang und der Verbindlichkeit der gegenseitigen Unterstützung und im Grad der organisatorischen und räumlichen Einbindung *professioneller Hilfen.* Dabei lassen sich drei Modelle unterscheiden:

- *Modell: „Normales" Wohnen.*
  Das Konzept basiert vor allem auf gegenseitiger, freiwilliger Hilfe. Nur in einigen Projekten besteht eine Verpflichtung. Andere Konzepte sehen ein Punktekonto für geleistete Hilfen vor oder es wurden gezielt Mitbewohner mit pflegeberuflichen Qualifikationen ausgewählt. Bei den meisten Projekten wird darauf Wert gelegt, dass sich die gegenseitige Hilfe – auf freiwilliger Basis – auf kleinere Alltagshilfen und kurzfristige Unterstützung bei gesundheitlichen Krisen beschränkt. Bei weitergehendem Hilfebedarf werden ambulante Dienste hinzugezogen. Für häusliche Pflege wird teilweise durch spezielle Räumlichkeiten, wie etwa Gästewohnungen und Pflegebäder, Vorsorge getroffen (z. B. Köln).

- *Modell: Selbst organisierte professionelle Hilfe.*
  Die gegenseitige Hilfe wird durch eine Kooperation des Bewohnervereins mit professionellen Diensten bzw. Einrichtungen ergänzt. Diese können in das Wohnprojekt räumlich integriert sein, agieren jedoch unabhängig vom Wohnprojekt und können von der Bewohnerschaft mitgenutzt werden (z. B. Hagen). In letzter Zeit wurden eine Reihe von gemeinschaftlichen Wohnprojekten entwickelt, in die ein solches Dienstleistungszentrum integriert ist. Von neueren, noch in Planung befindlichen Projekten sind Bemühungen bekannt, das Thema Pflege in der Weise anzugehen, in das Wohnprojekt eine betreute Wohngruppe zu integrieren.

- *Modell: Altenhilfe/Betreutes Wohnen.*
  Betreuung und die Vermittlung des Hilfeangebotes liegen in der Hand eines professionellen Projektträgers. Die Hilfsdienste können in die Einrichtung integriert sein (z. B. Bottrop und Düsseldorf) oder extern angeboten werden *(vgl.*

Ministerium für Frauen, Jugend, Familie und Gesundheit des Landes NRW, 1999: Neue Wohnprojekte für ältere Menschen – Gemeinschaftliches Wohnen in Nordrhein-Westfalen, Düsseldorf). Diese Form der Betreuungsorganisation wird nur dann gewählt, wenn das Wohnprojekt von einem Betreuungsträger, i. d. R. einem Wohlfahrtsverband bzw. einer Altenhilfeorganisation betrieben wird und meistens auch entwickelt wurde.

Insgesamt steht die Entwicklung von Lösungen für den Umgang mit erhöhtem Betreuungsbedarf in gemeinschaftlichen Wohnprojekten noch in den Anfängen. Es gibt aber erste Projekte, die ganz gezielt das Thema Pflege in ihrer Konzeption berücksichtigen (wie z. B. Baumodell „Selbst bestimmtes Wohnen im Alter – Aktiv Miteinander Füreinander", eine gemeinsame Initiative der wbg-Wohnungsbaugesellschaft der Stadt Nürnberg und einer Gruppe von elf engagierten Nürnbergerinnen).

Mitwirkungsmöglichkeiten

Wie bereits erwähnt, gehört die aktive Mitgestaltung der Bewohner zum wichtigsten Prinzip gemeinschaftlicher Wohnprojekte. Die Mitwirkungsmöglichkeiten gehen hier weit über das hinaus, was in anderem Wohnformen für ältere Menschen üblich ist. Häufig liegt die Organisation des Wohnprojektes ganz in der Hand der Bewohner. Diese bezieht sich einmal auf Entwicklung des Projektes und zum anderen auf die Organisation und Gestaltung des Zusammenlebens.

Aktive Rolle der Bewohner bei der Projektentwicklung

Das entscheidend andere an gemeinschaftlichen Wohnprojekten ist – etwa im Vergleich zum Betreuten Wohnen – dass die Gemeinschaft vor dem Einzug beginnt. Für die Projektentwicklung gibt es zwei unterschiedliche Modelle:

- *Die Bewohner als Initiatoren (Modell „von unten"):*
  Dieses Modell entspricht der Intention eines neuen „Lebensentwurfs". Am Anfang steht die Idee einer Gruppe, die Vorstellungen über das Zusammenleben entwickelt. In einer zweiten Phase werden Partner für die Realisierung gesucht: Bauträger, Architekt und Finanzier. Und ein Grundstück muss gefunden werden (bei Neubau). Die Bewohnergruppe agiert quasi als Bauherrin. Es fehlen jedoch oft die finanziellen Mittel und das Planungswissen. Die häufigsten

Kooperationspartner sind Wohnungsunternehmen bzw. Investoren. In anderen Fällen ist ein Verein selbst Investor. Der Projektidee besonders nahe liegend ist die Gründung einer Projekt-Genossenschaft, d. h., der Bauträger und die späteren Eigentümer sind identisch mit der Bewohnerschaft. Der Erfolg dieser Projekte hängt wesentlich davon ab, ob die professionellen Partner dem Konzept gegenüber aufgeschlossen sind und ob die Bewohnergruppe ihre Interessen als verlässlicher Kooperationspartner vertreten kann. Eine Unterstützung bei der planerischen Umsetzung der Ideen erfolgt häufig noch auf ehrenamtlicher Basis, so z. B. durch motivierte Architekten, sonstige Experten oder projektübergreifende Vereine. In den letzten Jahren hat sich für die Selbstorganisation der Bewohner und ihrer Interessenwahrnehmung eine Reihe unterschiedlicher Formen herausgebildet, wie z. B. Bauherrengemeinschaften oder die Bildung einer Dachorganisation für kleinere projektbezogene Genossenschaften (z. B. Hamburg-Flottbek).

- *Die Bewohner als Mitwirkende (Modell „von oben):*
  Die Initiative geht von einem Träger bzw. einer Institution aus. Erst bei der Umsetzung werden Bewohnerinnen und Bewohner entsprechend der Konzeptidee ausgewählt. Sie sind nur Mitwirkende – über das Ausmaß ihrer Beteiligung entscheidet der Träger. Es kann von Vorteil sein, dass die Idee und Realisierung in einer „professionellen" Hand liegen. So konnten für die Bewohnermitwirkung bei der Planung z. T. professionelle Verfahren und auch Berater eingesetzt werden.

Es sind auch Zwischenformen beider Modelle anzutreffen. So wurden eine Bewohnerinitiative z. B. bei einem „trägerinitiierten" Projekt auch an der Konzeptentwicklung beteiligt *(Ministerium für Frauen, Jugend, Familie und Gesundheit des Landes NRW, 1999: Neue Wohnprojekte für ältere Menschen – Gemeinschaftliches Wohnen in Nordrhein-Westfalen, Düsseldorf).*

Bewohner als Organisatoren des Gemeinschaftslebens

Alle gemeinschaftlichen Wohnprojekte haben Formen der Selbstorganisation und der aktiven Mitwirkung entwickelt. Die häufigste Form ist die Selbstverwaltung durch einen Bewohnerverein bzw. die Kooperation eines solchen Vereins mit einem Investor. Diese (Träger-)Vereine, denen im Idealfall alle Mitbewohner beitreten, bilden das „Rückgrat" sowohl bei selbst- als auch trägerinitiierten Projekten: Sie regen verschiedene Bewohneraktivitäten an, moderieren bei Schwierigkeiten und Krisen, übernehmen die Organisation des Gemeinschaftsalltags und verwalten die Gemeinschaftsräume. Nur in den „Betreuten" Wohnprojekten liegt die formale Verantwortung beim Betreuungsträger. Dennoch bestehen auch hier Strukturen der Selbstorganisation, wie z. B. ein Mieterrat oder eine Bewohnergruppe als Mieterin eines Gemeinschaftsraumes.

Mitwirkung bei der Belegung

Neben der Projektplanung und der Organisation des Gemeinschaftslebens praktizieren gemeinschaftliche Wohnprojekte weitere Mitwirkungsmöglichkeiten. Dies gilt z. B. auch für die Belegung der Wohnung. Entscheidend für die Bildung einer Gemeinschaft ist, dass die Belegung der Wohnung nach Kriterien erfolgt, die dem Projektziel entsprechen, und zwar sowohl während der Entwicklung (Erstbezug) als auch bei der Nachbelegung. In vielen Projekten hat die Bewohnerschaft zwar kein formelles Belegungsrecht, aber in fast allen zumindest Mitsprache bei der Belegung der Wohnungen. Das Aushandeln von Mitspracheregelungen ist deshalb bereits in der Entwicklungsphase ein wesentlicher Bestandteil von Kooperationsvereinbarungen mit dem Bauträger.

Präventive Leistungen

Das Konzept der gemeinschaftlichen Wohnprojekte ist darauf angelegt, die Selbstständigkeit möglichst lange zu erhalten. In einer Darstellung des *Forums für gemeinschaftliches Wohnen im Alter* wird ausdrücklich die präventive Funktion dieser Wohnform hervorgehoben:

„Bereits bestehende Gemeinschaftliche Wohnprojekte belegen, dass sie u. a.

- der Vereinsamung vorbeugen und so die physische und psychische Gesundheit erhalten,
- Selbst- und Nachbarschaftshilfe leisten,
- soziale Netzwerke bilden,
- durch gegenseitige Unterstützung andere Kostenträger entlasten,
- Heimunterbringung vermeiden oder zumindest hinauszögern." *(Forum für gemeinschaftliches Wohnen im Alter e.V. [Hrsg.], 2000: Ausstellungskatalog, Hannover)*

Aus vielen Einzelberichten ist zu entnehmen, dass diese Wohnform das Ziel in hohem Maße realisieren kann. So sind auch nur wenige Fälle bekannt, wo Bewohner in ein Pflegeheim wechseln mussten. Dabei ist zu berücksichtigen, dass die Bewohner mehrheitlich (noch) nicht zur Altersgruppe der Hochaltrigen zählen (vgl. Bewohnerstruktur). Gleichzeitig gibt es eine Reihe von Beispielen, wo auch gesundheitliche Krisen und Pflegebedürftigkeit bewältigt wurden, ohne dass ein Auszug erfolgen musste. In einigen Wohnprojekten werden sogar zu einem gewissen Anteil gezielt pflegebedürftige Bewohner aufgenommen (z. B. Hamburg, St. Georg, „Wohnpflege-Hausgemeinschaft"). Allerdings gibt es auch zu dieser Frage keine systematischen Untersuchungen. Gerade die aktiven Gestaltungsmöglichkeiten, die Einbindung in verlässliche soziale Kontakte und das damit verbundene Gefühl der Sicherheit sowie der Zufriedenheit mit der gewählten Wohnform lassen es sehr plausibel erscheinen, dass gemeinschaftliche Wohnprojekte einen erheblichen Beitrag zur Prävention leisten.

D Nutzer-/Bewohnerstrukturen

Typisch für gemeinschaftliche Wohnprojekte ist eine *differenzierte* Mischung der Bewohnerschaft. Bei den praktizierten Projekten finden sich unterschiedliche Varianten hinsichtlich der Altersgruppen:

Es gibt

- Projekte mit überwiegend alten Bewohnern,
- Projekte mit einem ausgeglichenen Mischungsverhältnis von Jung und Alt und
- Projekte mit überwiegend jungen Bewohnern.

Nur in relativ wenigen Projekten leben ausschließlich ältere Menschen. Ebenso zeichnen sich die Projekte nicht selten durch eine soziale Mischung aus. Das Zusammenleben unterschiedlicher Einkommensgruppen wird durch Mischfinanzierung der Wohnungsangebote erreicht, und zwar beim sozialen Wohnungsbau im 1. und 2. Förderweg oder im 3. Förderweg sowie freifinanziert oder als Eigentum. Vor allem die selbstinitiierten Projekte streben eine breite Einkommensmischung an. Fast alle Hausgemeinschaften zeichnen sich zudem durch die Mischung unterschiedlicher Haushaltstypen (Alleinlebende, Alleinerziehende, Paare, Familien) und entsprechend differenzierte Wohnungsgrößen aus. So vielfältig die Bewohnerschaft insgesamt auch ist, so können Projekte durchaus auch auf eine bestimmte soziale Gruppe begrenzt sein. Beispiele hierfür sind Projekte für Frauen bzw. für alte Frauen, für Schwule oder aber nur für ältere Menschen.

Über den Anteil an älteren Menschen in gemeinschaftlichen Wohnprojekten gibt es keine repräsentativen Daten, jedoch einzelne Studien, die Tendenzen deutlich machen. Eine Umfrage des *Forums für gemeinschaftliches Wohnen* von 1966 hatte ergeben, dass die meisten Projekte eine Mischung von Alt und Jung aufweisen und in etwa 10 % der Projekte „nur" alte Bewohner lebten. Diese gemeinschaftlichen Wohnprojekte mit überwiegend alten Bewohnern waren vor allem „trägerorganisierte" Projekte *(Forum für gemeinschaftliches Wohnen im Alter, Bundesvereinigung e.V. [Hrsg.], 1998: Zusammen wohnen – zusammen leben. Gemeinschaftliche Wohnprojekte von Alt und Jung. Wanderausstellung [Prototyp], Hannover).* Diese Tendenz wurde auch bei der o. g. vom KDA geleiteten Untersuchung zu einzelnen gemeinschaftlichen Wohnprojekten in NRW (1999) beobachtet. Bei den „selbst organisierten" Wohnprojekten lagen die Anteile der älteren Menschen (60 +) bei 30 % (Köln), 50 % (Mettmann), 65 % (Hagen) und 80 % (Arnsberg). Nur in einem selbst organisierten Projekt lebten ausschließlich ältere Menschen (Essen). Demgegenüber waren die trägerinitiierten Projekte entweder fast nur für jüngere Menschen oder fast nur für ältere.

E Finanzielle Aspekte

Die Kosten des gemeinschaftlichen Wohnens unterscheiden sich zunächst nicht vom „normalen" Wohnen. Für die Bewohner entstehen im Wesentlichen Mietkosten. Diese liegen bei öffentlich geförderten Wohnungen im hier üblichen Rahmen. Bei den frei-finanzierten Wohnungen und bei Eigentumswohnungen werden sich die Kosten im unteren bis mittleren Segment bewegen, weil solche Projekte üblicherweise weniger auf „luxuriösen" Standard ausgerichtet sind. Entsprechende Informationen, die einen Preisvergleich zulassen, liegen aber nicht vor.

Dennoch fallen einige besondere Kosten an. So kommen zusätzliche Kosten für Gemeinschaftsflächen zu den üblichen Mietkosten hinzu, wenn diese nicht öffentlich gefördert sind oder anderweitig subventioniert wurden. Kosten können sowohl für die Miete als auch für den Betrieb der Gemeinschaftsräume entstehen. Im eingangs beschriebenen Beispiel aus Köln entstanden so zusätzliche Mietkosten von ca. 25 Euro pro Mietpartei und Monat, obwohl der Gemeinschaftsraum teilweise gefördert worden war.

Weitere Kosten können entstehen für

- zusätzlichen Planungsaufwand,
- Moderation des Gruppenprozesses,
- Begleitung und Beratung nach Einzug sowie durch
- sonstige Inanspruchnahme von Hilfsdiensten.

Insbesondere für die zusätzlichen Planungskosten und für die Kosten einer Moderation werden teilweise Fördermittel gewährt. Bei einer Reihe von Projekten wurden Finanzierungswege gefunden, die nicht zu einer Umlage solcher Kosten auf die Miete geführt haben.

Einige Bewohner entscheiden sich gezielt aus Kostengründen für diese Wohnform, da sie hoffen, durch gegenseitige Hilfen und durch die Teilung von gemeinschaftlichen Kosten insbesondere in kleineren Gemeinschaftsprojekten eine kostengünstigere Wohnalternative zu finden. Empirisches Datenmaterial für solche Kosteneffekte liegt jedoch nicht vor.

F Probleme der Umsetzung

Von politischer Seite wird die besondere Bedeutung dieser Gruppen hervorgehoben: „Aber selbst wenn es bei einer sehr kleinen Minderheit bliebe, die auf den eigenen Bedarf zugeschnittene Wohnformen schaffen und erproben will, haben solche Wohnexperimente nach Auffassung der Kommission einen unschätzbaren Wert für die Entwicklung von zukunftsweisenden Wohnformen. Im Unterschied zu allen anderen durch soziale oder private Träger angebotenen Wohnformen materialisieren sich hier Wohnwünsche ganz direkt. Hier ist quasi ein Experimentierfeld entstanden, in dem – ohne Forschungsprogramme – Ideen entwickelt und erprobt werden. Sie sind nicht durch den Umweg von Angebot und Nachfrage gefiltert. Aus den so gewonnenen Erfahrungen können wichtige Schlussfolgerungen gezogen werden für die Weiterentwicklung von besonderen Wohnformen der Altenhilfe und auch im normalen Wohnungsbau. Im Unterschied zu Projekten mit einem professionellen Bauträger fungiert die selbstorganisierte (zukünftige) Bewohnerschaft quasi als Bauherr, ohne die hierfür notwendigen Voraussetzungen zu erfüllen, nämlich Finanzierungsmittel und planerisch/verfahrensmäßiges Knowhow. Da der moderne Sozialstaat darauf angewiesen ist, dass sich mehr – auch hilfsbedürftige, alte – Menschen weitgehend selbst helfen, wäre es im ureigenen Interesse des Staates, dieses Potenzial zum Tragen kommen zu lassen und entsprechend zu fördern.“ *(Bundesministerium für Familie, Senioren, Frauen und Jugend [Hrsg.], 1998: Wohnen im Alter. Zweiter Bericht zur Lage der älteren Generation in Deutschland, Bonn)*

Dennoch gibt es eine Vielzahl von Hürden, die die Entwicklung und Verbreitung dieser Wohnmodelle erschweren. Im Ergebnis ist die Realisierungszeit für solche Wohnprojekte noch viel zu lang, ist es zu schwierig, geeignete und finanzierbare Wohnungen, Häuser oder Grundstücke zu bekommen und überhaupt Kooperationspartner zu finden, die sich auf solche Projekte einlassen wollen. Folgende Probleme bei der praktischen Umsetzung bestehen:

Schwierigkeiten bei der Inanspruchnahme von Mitteln aus dem öffentlich geförderten Wohnungsbau

Es gibt zwar eine Reihe von Regelungen auf Länderebene, die etwa die Finanzierung der Baukosten im Rahmen der öffentlichen Wohnungsbauförderung oder auch der zusätzlichen Planungskosten erleichtern. Insgesamt sind aber solche Erleichterungen noch rudimentär und eher die Ausnahme als die Regel.

Die gezielte Förderung gemeinschaftlicher Wohnprojekte ist nicht nur eine Ausnahme, sondern die Bestimmungen der üblichen Wohnungsbauförderung behindern z. T. sogar die Entwicklung gemeinschaftlicher Wohnprojekte. Das gesamte Regelwerk der öffentlichen Wohnungsbauförderung ist eher auf die individuelle Zuordnung von Einzelwohnungen zu Einzelnutzerparteien zugeschnitten, wobei als Normgröße Ein-Personen-Haushalte oder Familien gelten *(Kremer-Preiß U./ Stolarz, H., 2000: Wohnen in Gemeinschaft – Datenlage und Entwicklungsstand – Sonderanalyse aus der KDA-Daten- und Informationsbank „Wohnen im Alter“, Köln)*. An dieser Problematik setzt ein neues Förderprogramm des Bauministeriums in Nordrhein-Westfalen an, das seit Februar 2003 gezielt Wohngemeinschaften mit jeweils drei bis sechs abgeschlossenen Individualbereichen und einem Gemeinschaftsraum im Rahmen einer Wohnung fördert. Dieses Programm erscheint allerdings eher für betreute Wohngemeinschaften geeignet, weil die Regelung einen sehr knapp bemessenen Wohnraum vorsieht (vgl. Kapitel 3.3.1).

Die Einschränkungen der üblichen Wohnungsbauförderung werden an folgenden Regelungen deutlich:

- *Einkommensbegrenzungen:* Bei der Förderung von gemeinschaftlichen Wohnprojekten im Rahmen der Landeswohnungsbauprogramme gelten i. d. R. weitgehend einheitliche Einkommensgrenzen. Unterschiedliche finanzielle Hintergründe der Beteiligten in gemeinschaftlichen Wohnprojekten erfordern jedoch oft Mischformen in der Finanzierung und im Wohnstatus.

- *Wohnflächenbegrenzung:* Die Wohnflächenobergrenzen, die bei der sozialen Wohnungsbauförderung gelten, verhindern den Aufbau von Wohngemeinschaften als gemeinsamer Haushalt im Nichtfamilienverbund. Nur in einzelnen Bundesländern wurden die Wohnflächenobergrenzen für Einzelpersonen und Familienmitgliedern egalisiert (z. B. in Hamburg).

- *Altersbegrenzung:* Der in einigen Bundesländern noch speziell geförderte Altenwohnungsbau richtet sich an ältere Menschen ab 60 Jahre. Diese Altersbegrenzung verhindert eine altersmäßige Mischung in Wohnprojekten. In mehreren Bundesländern ist dieses Problem gelöst, indem der gesamte geförderte Wohnungsbau barrierefrei sein muss (z. B. NRW).

- *Belegungsbindung:* Wohnprojekte, die im Rahmen der Wohnungsbauförderung finanziell unterstützt werden, unterliegen prinzipiell der Belegungsbindung. Nur Hamburg sieht hier Ausnahmen vor. In der Mehrheit der Fälle konnten zwar – meist informelle – individuelle Vereinbarungen getroffen werden, die zumindest eine Mitsprache der Bewohner bei der Belegung ermöglichen. Es fehlen aber verbindliche Regelungen, die der Mietergemeinschaft bei der Erst- und vor allem bei Folgebelegung ein Mitspracherecht sichern und eine stärkere Mischung der Bewohner bezüglich der Höhe ihres Einkommens erlauben, indem etwa „Fehlbelegungen“ zugelassen werden.

- *Eigenanteile:* Um öffentliche Fördermittel zu erhalten, müssen vom Bauträger bestimmte Eigengeldanteile eingebracht werden. Sie schwanken in den Bundesländern zwischen 5 % und 25 % der Baukosten. Dies bedeutet für gemeinschaftliche Wohnprojekte eine sehr hohe Anfangsbelastung. Besonders problematisch ist dies für genossenschaftliche Wohnprojekte. Nur in einzelnen Bundesländern gibt es hierzu Sonderregelungen. So wird z. B. in Hamburg das notwendige Eigenkapital pro Quadratmeter Wohnfläche unabhängig vom Grundstückspreis festgeschrieben und der Rest über ein verzinsliches Darlehen finanziert. Hier wird zudem durch die Einführung gestaffelter Einkommensgruppen und Miethöhen die soziale Mischung erleichtert.

Schwierigkeiten bei der Finanzierung der Gemeinschaftseinrichtungen

Neben den Problemen, die Ziele gemeinschaftlicher Wohnprojekte im Rahmen des öffentlich geförderten sozialen Wohnungsbaus zu verwirklichen, bereitet die Finanzierung von Gemeinschaftsräumen Probleme. Nicht immer werden Gemeinschaftsflächen öffentlich gefördert. Zwar fördern einzelne Bundesländer im Rahmen der Regelförderung (z. B sind ab 20 geförderter Wohnungen auch Gemeinschaftsräume zuwendungsfähig) oder im Rahmen einer speziellen Förderung die *investiven* Kosten für Gemeinschaftseinrichtungen. Diese werden aber z. T. an Bedingungen geknüpft, die nicht unproblematisch für die Wohngruppen sind. So muss z. B. bei den geförderten Wohnungen die zulässige Fläche um mindestens 2 qm unterschritten werden, wenn auch Gemeinschaftsflächen gefördert werden sollen. Darüber hinaus fehlt es häufig an Unterstützung für die Betriebkosten von Gemeinschaftseinrichtungen. Oder es gibt Regelungen, dass die Betriebskosten nur den tatsächlichen Nutzern in Rechnung gestellt werden dürfen.

Fehlende Unterstützung bei der Beratung, Planung und Begleitung

Neben der finanziellen Förderung müssten zur Verbesserung der Realisierungschancen und des Angebots von gemeinschaftlichen Wohnprojekten auch weitere Rahmenbedingungen den besonderen Anforderungen dieser nutzergesteuerten Wohnform angepasst werden. Ein entsprechender Handlungsbedarf besteht insbesondere bezüglich der Stärkung und Unterstützung der Bewohnergruppen in ihrer aktiven Planungsrolle. Dies umfasst die Moderation der Gruppen- und Zielfindungsprozesse, die Beratung zu Rechts- und Finanzierungsfragen, die Beratung und spezielle Planungsschritte zur Entwicklung und fachgerechten baulichen Umsetzung der Wohnideen der Nutzer. Vielfach scheitern Projekte, weil sie den langen Prozess der Planung und Umsetzung nicht bewältigen können oder keine ausreichende Unterstützung und Begleitung für diese Phase finden.

Zwar fördern einzelne Bundesländer Kosten, die für die Planung gemeinschaftlicher Wohnprojekte entstehen. Die Moderation des Gruppenbildungsprozesses sowie Maßnahmen zur Gruppenselbsthilfe fördert z. B das Land Schleswig-Holstein. Darüber hinaus sehen wenige Bundesländer Fördermittel für die Beratung und Planung sowie Unterstützung in der Anlaufphase vor, wie dies z. B. in Nordrhein-Westfalen noch bis vor kurzem der Fall war (beibehalten wurde die Finanzierung von zwei regionalen Beratungsstellen). Aber auf diese Hilfen kann nicht systematisch, sondern nur in einzelnen Regionen zurückgegriffen werden. Andere bereits bestehende Beratungsstellen arbeiten zum großen Teil ehrenamtlich, wie z. B. das *Forum für gemeinschaftliches Wohnen im Alter* auf Bundesebene und seine regionalen Kontaktstellen.

Es fehlt an flächendeckenden Beratungsorganisationen, die solche Projekte professionell bei der Umsetzung unterstützen, und es fehlt an Fortbildungsangeboten für ältere Menschen zur Vorbereitung auf Aufgaben der aktiven Mitwirkung an Wohnprojekten. Nicht nur seitens der Bewohnergruppen, sondern auch bei den kooperierenden Projektträgern besteht ein erheblicher Informationsbedarf. Es fehlt an Kommunikationsnetzen zum Erfahrungsaustausch zwischen Wohnprojekten, Interessenten und Projektentwicklern und an einer Öffentlichkeitsarbeit zur Verbreitung von Projektideen und Planungswissen.

Fehlende geeignete Kooperationspartner

Eine Verbreitung dieses Wohnkonzeptes in der Praxis scheitert auch daran, dass den Gruppen geeignete Kooperationspartner fehlen, die bereit sind, sich auf die besonderen Bedürfnisse der Bewohner und deren Mitwirkungsformen bei der Planung einzulassen, und die ihre Verbreitung aktiv unterstützen. Wohnungsunternehmen müssten sich in stärkerem Maße als Kooperationspartner und Bauträger bzw. Finanzierungsträger zur Verfügung stellen und dabei die Mitwirkung der Bewohner nicht nur zulassen, sondern auch fördern. Kommunen unterstützen solche Wohnprojekte eher selten. Nur vereinzelt gibt es Beispiele, wo Kommunen für solche Gruppen eine bevorzugte Vergabe von geeigneten Grundstücken vorsehen (z. B. Hamburg). Aber auch die Nutzer selber müssen besser auf ihre neue Rolle als aktive Kooperationspartner vorbereitet und in der Wahrnehmung dieser Rolle unterstützt werden.

Fehlende Thematisierung von Pflege

Das Thema Pflege wurde bisher von vielen Gruppen bei der Planung nicht bedacht. Es fehlt an Erfahrungen und Konzepten, wie die Gruppen mit diesem Problem in Zukunft umgehen können. Für die Anpassung an die Alterung der Bewohner bestehender Projekte und an den zukünftigen Pflegebedarf besteht ein besonders großer Handlungsbedarf, der bei bestehenden Projekten inzwischen erkannt und bei Neuplanungen teilweise bereits berücksichtigt wird.

3.2.2 Betreutes Wohnen/Service-Wohnen

Beispiel	
Projektname:	Betreute Wohnanlage An der Wolfsburg
Adresse:	An der Wolfsburg 35 53225 Bonn-Beuel
Ansprechpartner:	Frau Löffler/Herr Stenk
Projektstart:	1993
Wohnhäuser der Betreuten Wohnanlage „An der Wolfsburg" *Foto: Gisela Crusius/ Peter Haß, KDA*	

Projektstruktur: *Wohnangebot*	Vier zweigeschossige Wohnhäuser mit 80 betreuten Mietwohnungen für Senioren verbunden mit einem Begegnungszentrum. Alle Wohnungen sind zwischen 44 und 60 qm groß und sind ausgestattet mit Dusche/WC, Küche, Flur Abstellraum, Notrufschalter.
Leistungs-angebot:	Die Mieter erhalten vor Ort regelmäßige Betreuungsleistungen. Dies umfasst Beratungsleistungen, Hilfen bei der Erledigung behördlicher Angelegenheiten, technische kleine Hilfen und die Vermittlung von Dienstleistungen. Darüber hinaus sind sie an die Notrufanlage angeschlossen und können an den Angeboten im Begegnungshaus teilnehmen. Das Begegnungszentrum steht sowohl den Mietern als auch außerhalb Wohnenden offen. Es ist ausgestattet mit einer Cafeteria, einem offenen Mittagstisch und hier werden Freizeit- und Bildungsangebote gemacht. In dem Begegnungszentrum arbeiten zwei vollzeitbeschäftigte Sozialarbeiterinnen, sie sind wochentags die Ansprechpartner für die Mieter der Wohnanlage. Wer über den Grundservice hinaus zusätzlich Dienst- oder Hilfeleistungen in Anspruch nehmen will, kann diese wahlweise zukaufen. Bei schwerer Pflegebedürftigkeit oder demenzieller Erkrankung müssen die Bewohner unter Umständen die Wohnanlage verlassen.
Projekt-finanzierung:	Wer in die Wohnanlage einziehen möchte, braucht einen Wohnberechtigungsschein. Die Warmmiete für die Einraumwohnungen liegt je nach Größe zwischen 310 Euro und 338 Euro, für die Zweiraumwohnungen müssen zwischen 415 Euro und 422 Euro bezahlt werden. Neben der Miete zahlen die Senioren eine sog. Betreuungspauschale. Diese beträgt bei Einpersonenhaushalten monatlich 141 Euro und bei Zweipersonenhaushalten 212 Euro.

A Wesentliche Merkmale

Neben gemeinschaftlichen Wohnangeboten hat sich in den vergangenen Jahren ein weiteres alternatives Wohnangebot etabliert, dass Senioren offen steht, wenn sie im Alter bewusst ihre Wohnsituation verändern wollen. Eine Wohnung in betreuten Wohneinrichtungen wird vor allem von Senioren als Wohnalternative ins Auge gefasst, die Versorgungssicherheit bei gleichzeitiger selbstständiger Lebens- und Haushaltsführung suchen. Mit Euphorie ist das Betreute oder Service-Wohnen lange als die Wohnform der Zukunft für ältere Menschen propagiert worden, da es von seiner Grundidee die Vorteile des privaten selbstständigen Wohnens mit den Vorteilen der Versorgungssicherheit einer institutionellen Wohnform verbindet. Zu den konstitutiven Merkmalen des Betreuten Wohnens gehört das Angebot eines altersgerechten Wohnangebotes, das ältere Menschen als Mieter oder Eigentümer selbstständig bewohnen, und gleichzeitig die Verfügbarkeit von Betreuungsangeboten sowie von Pflege- und Serviceleistungen bei Bedarf.

Nach der Nomenklatur des *Deutschen Vereins für öffentliche und private Fürsorge* wird dieses Wohnmodell wie folgt definiert: „Betreutes Wohnen bedeutet die Sicherstellung, beziehungsweise verlässliche Organisation von Betreuungsleistungen in Kombination mit dem Wohnen. Die Spannweite der Betreuungsleistungen reicht von einfachen handwerklich-technischen oder pflegerisch-hauswirtschaftlichen Hilfen bis zu einer Pflege, die mit der Betreuung in einer stationären Einrichtung vergleichbar sein kann: „Betreutes Wohnen“ muss nicht an eine besondere Wohnform (z. B. eine Altenwohnung) gebunden sein. (...) Der alte Mensch soll auch bei beginnender Abhängigkeit von Hilfe und Pflege möglichst lange in seinem bisherigen Lebensbereich bleiben können. (...) Die Betreuung sollte nach Art und Umfang der jeweiligen Hilfsbedürftigkeit des alten Menschen flexibel angepasst werden können.“ *(Deutscher Verein für öffentliche und private Fürsorge 1992: Nomenklatur der Altenhilfe, Frankfurt/Main)*

B Quantitative Entwicklung

Betreutes Wohnen hat in den 90er Jahren eine enorme Konjunktur erlebt und sich zur quantitativ bedeutendsten neuen Wohnform im Alter in Deutschland entwickelt. Seine Hochkonjunktur hatte es in den 90er Jahren des vergangenen Jahrhunderts, vor allem angetrieben durch die Bauwirtschaft, die hier einen ihrer wenigen wachstumsträchtigen Märkte entdeckte, aber auch durch die explizite Förderung dieses Wohnangebotes in einzelnen Bundesländern, wie z. B. Baden-Württemberg. Allein von Mitte bis Ende der 90er Jahre hat sich das Angebot an betreuten Wohneinrichtungen mehr als verdoppelt *(LBS, 1999: Wohnen mit Service: Altersgerechte Wohnangebote, nützliche Adressen, praktische Hinweise. Bundesgeschäftsstelle Landesbausparkassen im Deutschen Sparkassen- und Giroverband e.V. [Hrsg.], Bonn).*

Quantitative Entwicklung – Zuwachs an Betreuten Wohnanlagen

Angebotsentwicklung Betreutes Wohnen/Service-Wohnen
Neue Projekte pro Jahr

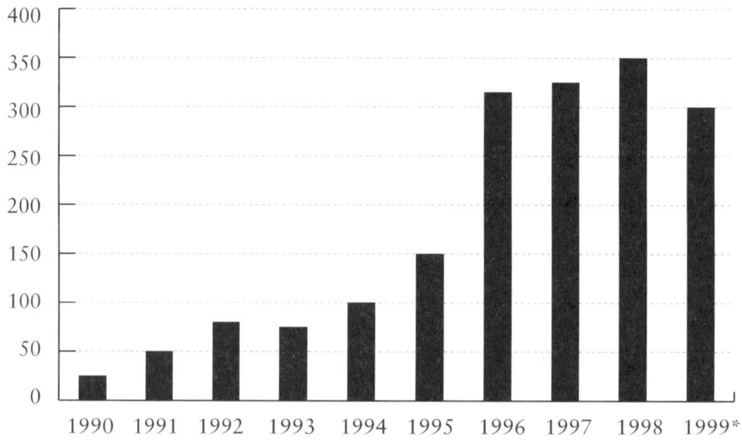

* Fertiggestellte Anlagen und bekannte Planungen bis August
Vor 1990: ca. 500 Projekte

Quelle: empirica-Datenbank, Stand: Oktober 1999

Anfang 2000 ist im Rahmen der Diskussionen, inwieweit das Heimgesetz auch auf betreute Wohneinrichtungen anzuwenden ist, eine erste Konsolidierungsphase eingetreten. In diesem Jahr blieben Steigerungen in Bezug auf die Wachstumsraten erstmals hinter denen des Vorjahres zurück. Dennoch steigt auch aktuell das Angebot kontinuierlich weiter.

Genaues statistisches Datenmaterial, wie viele ältere Menschen in betreuten Wohnanlagen leben, gibt es zurzeit nicht, da es für diese Wohnangebote keine Meldepflicht, wie z. B. für Heimeinrichtungen gibt. Schätzungen in Bezug auf Versorgungsquoten sind sehr unterschiedlich, da jeweils von unterschiedlichen Definitionen ausgegangen wird, was denn unter dieses Versorgungsangebot zu fassen ist. Die Schätzungen variieren zwischen 150.000 *(ProAlter 3/2000: Betreutes Seniorenwohnen, Kuratorium Deutsche Altershilfe [Hrsg.])* und 230.000 älteren Menschen *(LBS, 1999: Wohnen mit Service: Altersgerechte Wohnangebote, nützliche Adressen, praktische Hinweise. Bundesgeschäftsstelle Landesbausparkassen im Deutschen Sparkassen- und Giroverband e.V. [Hrsg.], Bonn)*, die in diesen betreuten Wohneinrichtungen leben. Das Forschungsinstitut empirica geht von rund 4.000 betreuten Wohnanlagen und einer bundesweiten Versorgungsquote von 1,6 % der 65-Jährigen und älteren aus *(LBS, 1999: Wohnen mit Service: Altersgerechte Wohnangebote, nützliche Adressen, praktische Hinweise. Bundesgeschäftsstelle Landesbausparkassen im Deutschen Sparkassen- und Giroverband e.V. [Hrsg.], Bonn)*. Diese Schätzungen beziehen sich jedoch auf den Stand von 1998, das Angebot dürfte mittlerweile deutlich größer sein.

Ebenso ist die Entwicklung in Deutschland nicht einheitlich verlaufen. In den Großstädten hat sich das Wohnkonzept eher etabliert als in ländlichen Regionen. Die Versorgungsquoten sind im Süden und Westen höher als im Norden und Osten Deutschlands, obwohl ostdeutsche Bundesländer in der jüngsten Vergangenheit verstärkt aufgeholt haben. So betreibt z.B. die Volkssolidarität in den neuen Bundesländern mittlerweile über 100 betreute Seniorenwohnanlagen *(Volkssolidarität Bundesverband e.V., 2002: Richtlinien und Leitbild – Bau und Betreibung von Wohnanlagen für das „Wohnen in Geborgenheit“, Berlin)*.

Versorgungsgrad mit Service-Wohnungen nach Bundesländern

Anteil an den Anlagen in Deutschland		*Versorgungsgrad*
Hamburg	3 %	3,55 %
Schleswig-Holstein	4 %	2,84 %
Baden-Württemberg	22 %	2,57 %
Berlin	2 %	1,83 %
Bremen	1 %	1,55 %
Brandenburg	3 %	1,50 %
Niedersachsen	9 %	1,49 %
Rheinland Pfalz	6 %	1,43 %
Mecklenburg-Vorpommern	2 %	1,40 %
Bayern	12 %	1,47 %
Sachsen	5 %	1,35 %
Nordrhein-Westfalen	19 %	1,25 %
Hessen	5 %	1,21 %
Saarland	1 %	1,13 %
Thüringen	2 %	0,95 %
Sachsen-Anhalt	2 %	0,75 %
Insgesamt	**100 %**	**1,57 %**

Quelle: empirica-Datenbank, Stand: Oktober 1999

Trotz kontinuierlicher Ausweitung ist aber auch in diesem Marktsegment des Seniorenimmobilienmarktes Ernüchterung in Bezug auf die Wachstumschancen eingetreten. Es gibt eine Reihe von Leerständen und Konzepten, die nicht auf entsprechende Nachfrage bei den Senioren stoßen. Die spektakulären Zusammenbrüche des Berliner Betreibers *Rentaco* und der *Refugium Holding* sind Beispiele dafür, dass dieses vermeintlich krisenfeste Geschäft für manche ein finanzieller Flop geworden ist. Vor allem hochpreisige Angebote haben zunehmend Vermarktungsschwierigkeiten.

Dennoch erwarten für die Zukunft alle Experten einen weiteren Ausbau dieses Wohnangebotes. Unterschiedlich wird aber eingeschätzt, wie groß der Bedarf an betreuten Wohnangeboten ist. Während die *Schader-Stiftung* in ihrer Studie zu den Wohnungswünschen ermittelte, dass sich 27 % der westdeutschen und 25 % der ostdeutschen Alters-Mieterhaushalte bei einem Wohnungswechsel im Alter Service-Wohnen als Wohnform vorstellen können *(Heinze, R., G. et al., 1998: Neue Wohnung auch im Alter. Schader-Stiftung [Hrsg.], Darmstadt)*, nennen die Kuratoren zur Vergabe des Qualitätssiegels in Baden-Württemberg als Bedarfszahl nur 1,5 bis 2 % der 70-Jährigen und älteren. Als sichere Bedarfsabschätzung gilt mittlerweile ein Wert von zwei bis drei Wohneinheiten je 100 über 65-Jährige in einer Region *(Care Konkret, Service-Wohnen: Die richtigen Strategien im Wachstumsmarkt, 22.3.2002)*.

Insgesamt wird nach einer Marktanalyse einer Düsseldorfer Gesellschaft für Unternehmensberatung bis zum Jahr 2010 für Angebote des Betreuten Wohnens eine Steigerung um 50 %, von derzeit (1999) 200.000 Wohneinheiten auf dann 300.000 Wohneinheiten, erwartet. Für hochpreisige Senioren-Residenzen prognostizieren sie Wachstumspotenziale von nur 12 %. Im gleichen Zeitraum wird sich dann das hochpreisige Segment der Seniorenimmobilien von 35.000 Wohneinheiten auf 40.000 Wohneinheiten erhöhen *(Altenheim, 2002: Moderates Wachstum für Residenzen, H. 9)*.

C Wohn- und Leistungsstrukturen

Typisches Merkmal der in der Praxis zu findenden Wohnprojekte des Betreuten Wohnens ist das sehr differenzierte Angebot. Die betreuten Wohnprojekte haben nicht nur sehr unterschiedliche Bezeichnungen (wie z. B. Betreutes Wohnen, Service-Wohnen, Wohnen plus, unterstütztes Wohnen, begleitetes Wohnen, Seniorenresidenzen), sondern arbeiten auch mit sehr verschiedenen Betreuungskonzepten, ebenso variieren sie in ihren Leistungsangeboten sowie Preisgestaltungen, und das Gesamtangebot zeichnet sich durch unterschiedliche Qualität aus.

Betreuungskonzepte

In der Fachöffentlichkeit wurde kontrovers diskutiert, welche Betreuungskonzepte für dieses Wohnmodell angemessen sind, d. h., wie weit die Hilfe im Betreuten Wohnen zu gehen habe. Die einen betonten vor allem den Selbstständigkeitsaspekt und sahen Betreutes Wohnen maximal als Ersatz für das klassische Altenheim. Pflege kann hier als leichte bzw. vorübergehende pflegerische Betreuung erbracht werden, ist aber kein wesentlicher Bestandteil des Konzeptes. Andere betonten vor allem den Sicherheitsaspekt. Um einen weiteren Umzug für Senioren zu vermeiden, sollte nach dieser Auffassung Betreutes Wohnen bei Wahrung des selbstständigen Mieterstatus alle benötigten Dienste, nach Bedarf auch gesicherte Pflege wie im Heim, bieten. Betreutes Wohnen wurde hier als Ergänzung zum Pflegeheim gesehen. Kritiker glauben, dass Konzepte mit so umfangreichen Betreuungskonzepten leicht Überversorgungsstrukturen schaffen können und für jüngere Senioren wenig attraktiv sind.

In der Praxis hat sich eine differenzierte Projektlandschaft entwickelt, in der mit jeweils unterschiedlichen Betreuungskonzepten gearbeitet wird. Hinsichtlich der Betreuungskonzepte unterscheidet man Projekte mit minimalen Betreuungsangeboten, im Sinne erweiterter Hausmeisterdienste bis hin zu Konzepten, die eine Rundumversorgung bieten wie in einem Heim. In diesem Kontext wird unterschieden zwischen Betreuungs- und Servicemodellen *(Narten, R./Stolarz, H., 2000: Neue Wohnmodelle für das Alter – Dokumentation des Expertenworkshops am 11./12. Juni 1997 in Bonn-Oberkassel, Bundesministerium für Famielie, Senioren, Frauen und Jugend [Hrsg.], Bonn).* Das *Betreuungsmodell* geht von der Notwendigkeit eines besonderen Angebots für sozialpädagogische Moderation und Hilfemanagement aus, vor allem für ältere Senioren, mit schon etwas höherem Hilfebedarf. Dieses Angebot wird von qualifiziertem Personal erbracht und ist zentraler Bestandteil eines pauschal finanzierten Grundservice. Das *Service-Modell* geht eher von einer Klientel aus, die zwar Serviceangebote zur Verfügung haben möchte, ansonsten aber unabhängig wohnen will. Im Vordergrund steht der abrufbare und nur nach Bedarf bezahlte Service. In der Praxis gibt es Beispiele für beide Konzepte, schwerpunktmäßig hat sich das „Betreuungsmodell" durchgesetzt.

Insgesamt werden von den Einrichtungen deutliche Leistungsgrenzen definiert. In der Regel können Interessenten in Wohnprojekte des Betreuten Wohnens nur einziehen, wenn sie noch zur selbstständigen Haushaltsführung fähig sind. Aufnahmen direkt aus der Wohnung bei schwerer Pflegebedürftigkeit, bei Zunahme kognitiver Störungen, Desorientierung, Abhängigkeit von fremder Unterstützung, Bewegungsdrang und aggressiven Handlungen, gehören zu den Ausnahmen. Vor allem *demenzielle Erkrankungen* werden in der Praxis als Leistungsgrenze des Betreuten Wohnens gesehen. Nach einer Untersuchung in Baden-Württemberg nennen ca. ein Drittel der Einrichtungen schwere Pflegebedürftigkeit und Demenz als Kündigungsgrund *(Sozialministerium Baden-Württemberg 1997, Entwicklungsstand Betreutes Wohnen, Stuttgart).* Viele halten eine Verlegung in Einrichtungen mit intensiverer Betreuung für unumgänglich, besonders beim Auftreten depressiver Symptomatik, ausgeprägtem Bewegungsdrang mit Fortlauftendenzen und häufigeren Stürzen. Nach Einschätzung von Betreuungskräften liegt die Grenze einer selbstständigen Wohnsituation von demenziell Erkrankten im Betreuten Wohnen vor allem bei Selbst- und Fremdgefährdung, nächtlicher Unruhe und Weglaufgefährdung, möglicherweise auch bei aggressiven Reaktionen der Älteren. Demgegenüber scheinen Gedächtnisprobleme, Verständigungsprobleme, emotionale Probleme sowie Probleme mit der alltäglichen Versorgung einen Verbleib der demenziell erkrankten Bewohner in der betreuten Wohnanlage nicht zu bedrohen *(Saup, W., 2002,: Dementielle Erkrankungen – Möglichkeiten und Grenzen des Betreuten Wohnens für Senioren [unveröffentlichtes Arbeitspapier, o. O.])*.

In der Praxis steht das Problem der Bewältigung von Demenz in betreuten Wohneinrichtungen vor vielen ungelösten Fragen. Erste Untersuchungen zum Umgang mit Demenz in betreuten Wohneinrichtungen zeigen, dass den betreuten Wohnanlagen vielfach ein ausgearbeitetes Konzept fehlt, das spezifiziert, wie mit demenziell erkrankten Bewohnern umgegangen werden soll. Nur 11 % der Einrichtungen gaben an, dass sie ein ausgearbeitetes Konzept haben *(Saup, W., 2002,: Dementielle Erkrankungen – Möglichkeiten und Grenzen des Betreuten Wohnens für Senioren [unveröffentlichtes Arbeitspapier, o. O.])*.

Einen Überblick über mögliche räumliche Lösungen und Betreuungskonzepte für den Umgang mit Demenz im Betreuten Wohnen gibt es nicht. Im Rahmen des vom KDA organisierten Workshops *„Demenzbewältigung in den eigenen vier Wänden"* im Herbst 2001 wurden erste Ansatzpunkte vorgestellt *(Kuratorium Deutsche Altershilfe (Hrsg.), 2002: Demenzbewältigung in den eigenen vier Wänden. Experten-Workshop am 26. und 27. November in Königswinter, Köln)*. Es fehlt jedoch zurzeit eine systematische Auswertung, welche praktischen Erfahrungen mit diesen unterschiedlichen Konzepten gemacht wurden. Schwerpunktmäßig werden drei unterschiedliche Wege zum Umgang mit Demenz im Betreuten Wohnen beschritten:

- Ein Teil der Einrichtungen integriert demenziell Erkrankte von vornherein in ihr Betreuungskonzept. In solchen Wohnanlagen können Senioren auch bei demenziellen Erkrankungen einziehen und es wird garantiert, dass der Bewohner nicht mehr ausziehen muss, auch wenn er schwerstpflegebedürftig oder demenziell erkrankt ist. Das *Haus am Weinberg* in Stuttgart ist hierfür ein schon länger praktisch erprobtes Beispiel. Durch intensive Begleitung und spezielle räumliche Gestaltungsprinzipien wird versucht, auf die besonderen Bedürfnisse demenziell Erkrankter einzugehen, es werden aber auch die Belastungen, die sich für die anderen Bewohner aus diesem Zusammenleben ergeben, gezielt berücksichtigt.

- Die meisten Einrichtungen lassen das Problem Demenz eher auf sich zukommen. Sie haben von vornherein kein systematisches Konzept für den Umgang mit demenziell erkrankten Bewohnern, werden aber zunehmend damit konfrontiert und suchen dann nach Lösungsansätzen. Man bemüht sich hier z. B. um eine gezielte Förderung von Nachbarschaftshilfe und von Gemeinschaftsaktivitäten und/oder entwickelt spezielle Betreuungsmanagement-Konzepte, um ein weiteres Verbleiben in der gewohnten Umgebung zu ermöglichen und die Institutionalisierung hinauszuzögern. Ein im Herbst 2001 begonnenes grenzüberschreitendes Pilotprojekt *„Alt, verwirrt, allein gelassen"* des Landeswohlfahrtsverbandes Baden in Karlsruhe und des Pfalzklinikums für Psychiatrie und Neurologie in Klingemünster bemühen sich u. a. um die Entwicklung von Hilfearrangements, die es demenziell erkrankten Menschen ermöglichen sollen, trotz der Erkrankung weiterhin im Betreuten Wohnen zu bleiben. Ein schon länger praktiziertes Beispiel für diesen Ansatz ist das spezielle Betreuungsmanagement für Demenzkranke in den *Service-Häusern der St. Anna-Hilfe* in Meckenbeuren. Hier erstellt ein Team von professionellen und ehrenamtlichen Helfern einen individuellen Betreuungsplan für demenziell Erkrankte im Betreuten Wohnen.

- Andere Einrichtungen bieten den demenzkranken Bewohnern eine umfassende spezielle Tages- und/oder Nachtbetreuung im Sinne eines eher segregativen Ansatzes. So wird z. B. für diese Bewohnerschaft eine spezielle Betreuung in Tagespflegeeinrichtungen oder eine Tagesbetreuung innerhalb einer betreuten Wohneinrichtung organisiert. Dies kann aber auch das Angebot in einer betreuten Wohngemeinschaft umfassen, in die die Bewohner bei Bedarf umziehen können.

Die zunehmende Alterung der Bewohnerschaft und der erhebliche Anteil von hilfe- und pflegebedürftigen Bewohnern sowie die Erwartungen vieler Bewohner hier auch bei Hilfe- und Pflegebedarf wohnen bleiben zu können, stellt viele betreute Wohneinrichtungen aktuell vor die Frage, in welche Richtung sie für die Zukunft ihr Betreuungskonzept weiterentwickeln sollen:

- Sollen sie ihr Leistungsangebot eher in Richtung einer Heimversorgung ausbauen, mit der Konsequenz, dass sie für einen breiteren Interessentenkreis vielleicht weniger attraktiv sind, eventuell vor Vermarktungsschwierigkeiten stehen und die Schutzbestimmungen des Heimgesetzes greifen?

- Oder sollen sie ihr Leistungsangebot auf dem niederschwelligen Niveau halten, mit der Konsequenz, dass ihre Angebote vielleicht weniger auf die Bedarfslagen der Senioren abgestimmt sind, schwerpflegebedürftige Senioren ausziehen müssen und eventuell Verbraucherschutzbestimmungen gelten, die ihnen wenig Planungssicherheit geben?

Wenn Betreutes Wohnen angesichts der zukünftigen Herausforderungen ein bedarfsgerechtes Wohnangebot bleiben will, wird es wichtig sein, für beide Richtungen entsprechende Betreuungskonzepte zu gestalten.

Wohn- und Dienstleistungsangebote

Zu den grundlegenden Leistungsangeboten betreuter Wohneinrichtungen gehören:

- Zum einen ein altersgerechtes Wohnangebot: Notwendiges Qualitätskriterium für eine betreute Seniorenwohneinrichtung ist ein altersgerechtes Wohnangebot. Hierzu gehören bestimmte Anforderungen an den Standort und das Wohnumfeld der Einrichtung, die baulichen Standards der Wohnung und das Raumangebot sowie die Konzeption der Gemeinschaftseinrichtungen.

- Zum anderen die Vorhaltung einer regelmäßigen Betreuung vor Ort: Der Betreuungsservice stellt die hinreichende Bedingung für Betreutes Wohnen dar. Das Dienstleistungsangebot betreuter Wohneinrichtungen setzt sich aus den Bereichen haustechnischer Service, individuelle Betreuung, soziale Betreuung, hauswirtschaftliche Hilfen und Hilfen bei Krankheit und Pflegebedarf zusammen. Diese Leistungsbereiche werden in Form von Grundleistungen und wählbaren Dienstleistungspaketen angeboten und über Mietnebenkosten, Betreuungspauschale oder nach Inanspruchnahme abgerechnet.

Lage der betreuten Wohneinrichtungen

Damit die Bewohner selbstständig leben und am sozialen sowie kulturellen Leben teilhaben können, fordern Experten immer wieder, dass Altenwohnanlagen zentral gelegen sind und die wichtigsten Einrichtungen zur Deckung des täglichen Bedarfs fußläufig oder über öffentliche Verkehrsmittel gut erreichbar sein müssen. Strukturanalysen belegen jedoch, dass eine Reihe von betreuten Wohneinrichtungen keine zentralen Standorte haben und nicht selten „auf der grünen Wiese" geplant werden *(Kremer-Preiß, U., 1998: Betreutes Wohnen für Senioren. Zur praktischen Umsetzung konzeptioneller Ziele in Baden-Württemberg, Sozialministerium Baden-Württemberg [Hrsg.], Stuttgart).* Auch machen Zufriedenheitsuntersuchungen deutlich, dass Bewohner betreuter Wohnanlagen das Wohnumfeld häufiger kritisch beurteilen *(Saup. W., 2001: Ältere Menschen im Betreuten Wohnen, Ergebnisse der Augsburger Längsschnittstudie – Bd. 1, Augsburg; Institut für angewandte Verbraucherforschung [IFAV], 2001: Wunsch und Wirklichkeit beim Betreuten Wohnen, Köln).* Und Marktanalysen belegen, dass Vermarktungsschwierigkeiten von Seniorenimmobilien ganz wesentlich mit einer für Senioren ungünstigen Lage der Einrichtungen zusammenhängen *(Krings-Heckemaier, 1997: Service-Wohnen. Antwort auf die demografische Herausforderung. Untersuchungen zur Akzeptanz, in: Akademie der Diözese Rottenburg-Stuttgart [Hrsg.]: Betreutes Wohnen im Alter. Konzeptionen auf dem Prüfstand, Materialien 1, S. 71 ff., Stuttgart).*

Wohnraumangebot

Ein weiteres wesentliches Qualitätskriterium für betreute Wohnanlagen ist die Bereitstellung von altersgerechtem Wohnraum. Die Frage, was eine für ältere Menschen geeignete Wohnung ist, wird heute weitgehend mit dem Begriff „Barrierefreiheit" gleichgesetzt. Der Zugang zur Wohnanlage und zur Wohnung wie auch die Wohnung selbst sollten grundsätzlich so gestaltet sein, dass keine baulichen Barrieren der Nutzung durch ältere Menschen entgegenstehen. Die Standards für barrierefreies Bauen sind durch die DIN 18025 geregelt. In Teil 1 dieser DIN sind die baulich erforderlichen Standards für Wohnungen für Rollstuhlfahrer festgeschrieben und Teil 2 beschreibt die wesentlichen Kriterien für allgemeines barrierefreies Bauen. Strukturuntersuchungen belegen, dass die barrierefreie Erschließung und Ausstattung betreuter Altenwohnprojekte gegenüber früheren Altenwohnungen deutlich besser ist, jedoch gibt es auch hier immer noch Mängel. So sind nicht immer alle Räume der Wohnungen stufenlos erreichbar oder es fehlt an ausreichenden Bewegungsflächen in der Wohnung. Nur ein Teil der betreuten Wohnangebote erfüllen die Empfehlungen der DIN 18025, Teil 2 vollständig *(Kremer-Preiß, U., 1998: Betreutes Wohnen für Senioren. Zur praktischen Umsetzung konzeptioneller Ziele in Baden-Württemberg, Sozialministerium Baden-Württemberg [Hrsg.], Stuttgart).*

Auch das Raumangebot ist in betreuten Wohneinrichtungen nicht immer passgenau auf die Bedarfslagen der Senioren abgestimmt. Nach einer Untersuchung des Forschungsinstituts empirica, verfügen die betreuten Wohneinrichtungen derzeit über 44 % Einzimmer- und 48 % Zweizimmerwohnungen, die Wohnungsgrößen liegen mehrheitlich zwischen 30 und 60 qm *(LBS, 1999: Wohnen mit Service: Altersgerechte Wohnangebote, nützliche Adressen, praktische Hinweise. Bundesgeschäftsstelle Landesbausparkassen im Deutschen Sparkassen- und Giroverband e.V. [Hrsg.], Bonn).* Insgesamt finden wir im Betreuten Wohnen eine sehr stark am öffentlich geförderten Wohnungsbau orientierte Größenfestlegung und vielfach eine starke Homogenisierung der Raumkonzepte. Die mangelnde Vielfalt des Raumangebotes ermöglicht nicht immer eine Passung von Wohnangebot und Wohnwünschen. Verschiedene Marktanalysen verweisen in jüngster Zeit darauf, dass vor allem der Bedarf an Zweizimmerwohnungen beim Betreuten Wohnen wächst *(LBS, 1999: Wohnen mit Service: Altersgerechte Wohnangebote, nützliche Adressen, praktische Hinweise. Bundesgeschäftsstelle Landesbausparkassen im Deutschen Sparkassen- und Giroverband e.V. [Hrsg.], Bonn).* Fallstudien haben ermittelt, dass Bewohner des betreuten Seniorenwohnens ab einer Größe von 55 qm mit ihrer Wohnungsgröße zufrieden sind *(Saup, W. 2001, Ältere Menschen im Betreuten Wohnen – Ergebnisse der Augsburger Längsschnittstudie – Bd. 1, Augsburg).* Das Bedürfnis nach mehr Wohnraum im Alter ist angesichts des Tatbestandes, dass ältere Menschen mehr Zeit in ihrer Wohnung verbringen als jüngere, zu unterstützen. Eine Mindestforderung über eine angemessene Größe betreuter Wohnungen ist jedoch schwer umzusetzen, da dies immer auch eine Frage der Bedarfslage ist, die nicht zuletzt von unterschiedlichen Kosten bestimmt wird.

Um eine soziale Überschaubarkeit zu gewährleisten, empfehlen Experten Wohnanlagengrößen von 30 bis 60 Wohneinheiten *(Landkreis Aichach-Friedberg/Landkreis Augsburg/Bayerisches Sozialministerium, 1999: 10 Jahre Betreutes Wohnen in der Region Augsburg – eine kritische Bilanz, Dokumentation der Fachtagung, Aichach/Augsburg).* In der Praxis liegen die Mehrzahl der Wohnanlagen bei einer Größenordnung von 60 bis 80 Wohnungen *(LBS, 1999: Wohnen mit Service: Altersgerechte Wohnangebote, nützliche Adressen, praktische Hinweise. Bundesgeschäftsstelle Landesbausparkassen im Deutschen Sparkassen- und Giroverband e.V. [Hrsg.], Bonn).*

Gemeinschaftseinrichtungen

Verschiedene Untersuchungen belegen, dass ältere Menschen in das betreute Seniorenwohnen ziehen, weil sie nicht mehr isoliert leben wollen *(Kremer-Preiß, U., 1998: Betreutes Wohnen für Senioren. Zur praktischen Umsetzung konzeptioneller Ziele in Baden-Württemberg, Sozialministerium Baden-Württemberg [Hrsg.], Stutt-*

gart; Saup, W., 2001: Ältere Menschen im Betreuten Wohnen – Ergebnisse der Augsburger Längsschnittstudie – Bd. 1, Augsburg). Soziale Kontakte zu unterstützen und den älteren Menschen in eine soziale Gemeinschaft zu integrieren, sind deshalb Ziele von betreuten Wohneinrichtungen. Dem sollte durch eine kommunikationsfördernde Architektur Rechnung getragen werden. Eine räumliche Voraussetzung dafür ist das Vorhandensein von Gemeinschaftseinrichtungen. In der Praxis gehören Gemeinschaftsräume zur Kommunikation (wie Gemeinschaftsraum, Cafeteria, Teeküche) derzeit zum Standardangebot betreuter Senioreneinrichtungen *(Kremer-Preiß, U., 1998: Betreutes Wohnen für Senioren. Zur praktischen Umsetzung konzeptioneller Ziele in Baden-Württemberg, Sozialministerium Baden-Württemberg [Hrsg.], Stuttgart).*

Insgesamt fehlt es häufig in den Einrichtungen an einer bedarfsgerechten Konzeption für die Vorhaltung von Gemeinschaftseinrichtungen. Praxisberichte zeigen, dass Gemeinschaftseinrichtungen immer wieder zu groß geplant werden und dadurch zu hohe Kosten verursachen, ohne die Wohnqualität zu steigern. Zum Teil werden Räume für Tätigkeiten vorgesehen, die auf wenig Akzeptanz bei den Bewohnern stoßen und nicht flexibel auf sich verändernde Bedarfe angepasst werden können. Praktische Erfahrungen belegen zudem, dass die Kommunikation der Bewohner bevorzugt in halböffentlichen Bereichen der Wohnanlagen stattfindet und ein kommunikationsfreundlich gestalteter, halböffentlicher Bereich oft die Basis für das Funktionieren eines offiziellen Gemeinschaftsraumes ist *(Heeg, S./Seiler, M. et al., 2001: Evaluationsstudie Betreutes Wohnen. Evaluationsuntersuchung zu ausgewählten Häusern des Betreuten Wohnens, Wüstenrot Stiftung [Hrsg.], Ludwigsburg).* Wenig Erfahrungen liegen zurzeit vor, inwieweit die Einrichtungen auf die besonderen Anforderungen von Bewohnern mit demenziellen Erkrankungen durch eine entsprechende unterstützende Architektur eingehen.

Konstitutives Prinzip des Betreuten Wohnens ist der *Betreuungsservice;* ohne regelmäßige Betreuungsleistungen vor Ort kann es kein Betreutes Wohnen geben. Was aber betreute Wohneinrichtungen als Betreuungsleistungen vorhalten sollten und welche Leistungen zum Grund- und welche zum Wahlservice zählen sollten, darüber gibt es sehr unterschiedliche Auffassungen und in der Praxis sehr unterschiedliche Ausgestaltungen.

Grundservice

Relative Einigkeit besteht mittlerweile in der Praxis, dass die *individuelle Einzelfallbetreuung,* wie Beratungs-, Informations-, Organisations- und Vermittlungsleistungen, zu den Grundleistungen betreuter Wohneinrichtungen als Minimalstandard gehören sollten. Sie werden auch im novellierten Heimgesetz als typische Leistungsbestandteile betreuter Wohneinrichtungen benannt. Dieser individuellen Betreuung kommt nicht nur nach Expertenmeinung, sondern auch aus der Sicht der Bewohner, eine große Bedeutung zu. Bewohnerbefragungen zeigen, dass in Bezug auf diese Leistungen die Bewohner in der Praxis eher ein Zuwenig als ein Zuviel beklagen. Allerdings verstehen die Bewohner unter diesen Betreuungsleistungen oft etwas anderes als die Anbieter, was nicht selten zu Unzufriedenheiten führt *(Saup, W., 2001: Ältere Menschen im Betreuten Wohnen – Ergebnisse der Augsburger Längsschnittstudie – Bd. 1, Augsburg; Institut für angewandte Verbraucherforschung [IFAV], 2001: Wunsch und Wirklichkeit beim Betreuten Wohnen, Köln).*

Neben der individuellen Einzelfallbetreuung bieten viele Einrichtungen weitere Dienstleistungspakete an. Zu den Standardleistungen gehören in diesem Kontext *soziale Betreuung/Freizeitangebote* und die Notrufsicherung. Kommunikative Angebote werden von den Bewohnern betreuter Wohnanlagen sehr geschätzt *(Saup, W., 2001: Ältere Menschen im Betreuten Wohnen – Ergebnisse der Augsburger Längsschnittstudie – Bd. 1, Augsburg).* Auch der Notrufsicherung wird große Bedeutung beigemessen. Nach Untersuchungen z. B. in Baden-Württemberg sind 91 % aller Einrichtungen mit einem Notrufsystem ausgestattet, und bei 88 % ist das Notrufsystem rund um die Uhr besetzt *(Kremer-Preiß, U., 1998: Betreutes Wohnen für Senioren. Zur praktischen Umsetzung konzeptioneller Ziele in Baden-Württemberg, Sozialministerium Baden-Württemberg [Hrsg.], Stuttgart).* Die Art und Weise der Organisation der Notrufsicherung ist aber in den betreuten Wohnanlagen unterschiedlich. Breit diskutiert wurde in der Vergangenheit, ob die Notrufsicherung zu den pauschalfinanzierten Grundleistungen zählen sollte. Mittlerweile setzt sich in der Praxis zunehmend die Auffassung durch, dass aufgrund der technischen Entwicklungen die Installierung eines Notrufgerätes in jeder Wohnung mit Strom- und Telefonanschluss möglich ist und daher eine Notrufsicherung auch durch frei wählbare externe Hausnotruf-Dienste bewerkstelligt werden kann. Für die Bewohner hat die Notrufsicherung aufgrund ihres hohen Bedürfnisses nach Sicherheit große Bedeutung, jedoch fällt vielen der Umgang mit den Notrufgeräten schwer *(Saup, W., 2001: Ältere Menschen im Betreuten Wohnen – Ergebnisse der Augsburger Längsschnittstudie – Bd. 1, Augsburg).* Insgesamt zeigen die praktischen Erfahrungen, dass die Grundleistungen nicht immer bedarfsgerecht auf die Bewohner abgestimmt sind und sie für Leistungen regelmäßig im Monat Pauschalen zahlen müssen, die sie so nicht in Anspruch nehmen.

Wahlleistungen

Neben den Grundleistungen, die die Bewohner pauschal bezahlen müssen, bieten die Einrichtungen zusätzliche Wahlleistungen an. Hierzu gehören z. B. kleine technische Hilfen, hauswirtschaftliche Hilfen – wie Essensdienste, Reinigungsdienste, Wäschedienste – aber auch pflegerische Hilfen und Fahrdienste. Zum Teil werden diese Wahlleistungen von den Betreibern selbst mit eigenem Personal bereitgestellt oder durch externe Dienste erbracht, mit denen die Einrichtungen Kooperationsverträge schließen. Praktische Erfahrungen zeigen aber, dass ältere Menschen deutlich seltener ins Betreute Wohnen ziehen, um solche Serviceleistungen in Anspruch nehmen zu können. Ebenso belegen Untersuchungen, dass viele der angebotenen Serviceleistungen von den Bewohnern nicht genutzt werden. Nach einer Augsburger Studie nimmt nicht einmal jeder zehnte Bewohner Einkaufsdienste, Wäschedienste und Haushaltshilfen in Anspruch *(Saup, W., 2001: Ältere Menschen im Betreuten Wohnen – Ergebnisse der Augsburger Längsschnittstudie – Bd. 1, Augsburg)*. Ebenso wurden Pflegeleistungen nur von wenigen als Servicepaket gewählt. Auch in Zukunft scheinen die Bewohner an solchen Leistungen wenig Interesse zu haben. Zwar wollen viele bei Pflegebedürftigkeit auf Pflegeleistungen zurückgreifen, aber hinsichtlich der hauswirtschaftlichen Leistungen setzen die Bewohner eher auf familiale Unterstützungsnetze *(Saup, W., 2001: Ältere Menschen im Betreuten Wohnen – Ergebnisse der Augsburger Längsschnittstudie – Bd. 1, Augsburg)*.

Personal

Uneinigkeit besteht über die quantitativen und qualitativen Anforderungen der Betreuungskraft zur Erbringung der Grundleistungen. Zu Beginn wurden vielfach Fachpflegekräfte als Ansprechpartner für die Bewohner im Betreuten Wohnen eingesetzt, sie wurden aber sukzessive durch sozialpädagogische Kräfte oder durch Sozialarbeiter ersetzt, die diesen Arbeitsanforderungen eher gewachsen waren. Zurzeit gibt es kein ausgearbeitetes Berufsbild, das die konkreten Aufgaben, Leistungen und Anforderungen der Betreuungskraft im Betreuten Wohnen genau umschreibt.

Auch hinsichtlich des Personalbedarfs gehen die Empfehlungen auseinander. Die Kuratoren zur Vergabe des Gütesiegels in Baden-Württemberg empfehlen, ab 25 Wohnungen mindestens eine Viertel-Stelle einzurichten *(Kuratorium Qualitätssiegel Betreutes Wohnen für Senioren Baden-Württemberg und Sozialministerium Baden-Württemberg [Hrsg.], 1998: Betreutes Wohnen für Senioren – Informationen zu einer neuen Wohnform mit Fragebogen zum Prüfen und Vergleichen von Angeboten, Stuttgart)*. Die Liga der Freien Wohlfahrtspflege in Baden-Württemberg empfiehlt einen Personalschlüssel von 1:60 auf der Grundlage von BAT IVb *(Landeswohlfahrtsverband Baden [Hrsg.], 1994: Leitfaden „Betreutes Wohnen im Alter", Karlsruhe)*. Erfahrene Träger gehen von einem Betreuungsbedarf von 1,5 bis zwei Stunden pro Bewohner/Monat aus *(Landkreis Aichach-Friedberg, Landkreis Augsburg/Bayerisches Sozialministerium, 2000: 10 Jahre Betreutes Wohnen in der Region Augsburg – eine kritische Bilanz. Dokumentation der Fachtagung, Aichach/Augsburg)*. In den Sozialhilferichtlinien Baden-Württemberg wird ein Personalschlüssel von einer Fachkraft (z. B. Sozialpädagogin) zu 100 Bewohnern zugrunde gelegt, wobei dieser Personalschlüssel einen Einsatz pro Monat von einer Stunde je Bewohner erlaubt *(Sozialhilferichtlinien Baden-Württemberg 50, 2002: Mehrbedarf bei betreutem Seniorenwohnen, BSHG § 23 Nr. 23.04)*. Wenn eine Sozialstation oder ein ambulanter Pflegedienst die pflegerische Betreuung einer Wohnanlage übernehmen soll, so wird von einer halben zusätzlichen Personalstelle für je zehn Wohneinheiten ausgegangen.

Mitwirkungsmöglichkeiten

Wenig Erfahrungswissen liegt zurzeit darüber vor, welche Mitwirkungsmöglichkeiten den Bewohnern betreuter Wohneinrichtungen zur Gestaltung ihrer Wohn- und Lebenssituation gewährt wird. Die betreuten Wohneinrichtungen sind in der Vergangenheit vor allem von der Bauwirtschaft initiiert worden. Baugesellschaften sind die *Träger* und sie schließen vielfach Kooperationsverträge mit Dienstleistern – vorwiegend aus dem Bereich der Wohlfahrtspflege, die dann die Betreuungsleistungen übernehmen. In einigen Regionen haben sich auch Kommunen als Betreiber betreuter Wohneinrichtungen engagiert. Erst in den letzten Jahren treten verstärkt auch die Verbände der Wohlfahrtspflege als Betreiber auf. Eine Mitwirkung der Bewohner, z. B. bei Planung, Umsetzung und Betrieb, ist aufgrund dieser Trägerschaft eher selten gegeben.

Nach Ergebnissen einer Studie stellen für die Mehrheit der jetzigen Bewohner im Betreuten Wohnen partizipative Aspekte nur sehr nachrangige Argumente bei ihrer

Entscheidung für einen Einzug ins Betreute Wohnen dar *(Saup, W., 2001: Ältere Menschen im Betreuten Wohnen – Ergebnisse der Augsburger Längsschnittstudie – Bd. 1, Augsburg).* Jedoch wenn sie in den Einrichtungen wohnen, scheinen sie sich mehr Einfluss auf das Geschehen zu wünschen. In einer Bewohnerbefragung in Baden-Württemberg gab rund ein Fünftel aller Befragten an, dass sie sich mehr Einfluss auf die Gestaltung des Lebens in der Wohnanlage wünschen und besser über das Angebot in der Einrichtung informiert werden wollen *(Kremer-Preiß, U., 1998: Betreutes Wohnen für Senioren. Zur praktischen Umsetzung konzeptioneller Ziele in Baden-Württemberg, Sozialministerium Baden-Württemberg [Hrsg.], Stuttgart).*

In der Praxis gibt es eine Reihe von Beispielen für Mitwirkungsformen im Betreuten Wohnen. Zum einen haben die Bewohner Anteil an der Gestaltung gemeinschaftlicher Veranstaltungen. Die Reichweite der Mitwirkung im sozial-kulturellen Bereich erstreckt sich dabei von der bloßen Unterbreitung von Vorschlägen, die dann vom Betreuungspersonal umgesetzt werden, über die Entwicklung eigener Programme mit sachlicher und personeller Unterstützung durch den Träger bis hin zu weitgehend selbst organisierten Veranstaltungen im Freizeit- und Kulturbereich *(Kremer-Preiß, U., 1998: Betreutes Wohnen für Senioren. Zur praktischen Umsetzung konzeptioneller Ziele in Baden-Württemberg, Sozialministerium Baden-Württemberg [Hrsg.], Stuttgart; Schott, J./Zill, G., 1995: Funktion und Formen von Bewohnerbeteiligung im Betreuten Wohnen, Wüstenrot Stiftung [Hrsg.], Stuttgart).*

Es gibt aber auch Beispiele für Mitwirkungsmöglichkeiten bei der baulich-technischen Gestaltung der Wohnanlage. Hier bieten insbesondere Planungsdefizite hinsichtlich der Barrierefreiheit von Wohnanlagen Anlass für die Bewohner, bauliche Nachbesserungen vorzuschlagen.

Der dritte Mitwirkungsbereich bezieht sich auf die Leistungsangebote des Betreuungsträgers. Eine Beteiligung bezieht sich hier auf die aktive Einflussnahme auf die Angebote des Trägers: Vorschläge zur Umstrukturierung einzelner Angebote und Wahlmöglichkeiten sowie der Erweiterung des Angebotsspektrums. Es gibt auch Beispiele dafür, dass die Betreiber die Bewohner im Rahmen von Bewohnerversammlungen oder durch Bewohnerbefragungen bei der Gestaltung ihrer Leistungspakete einbinden. Einige Wohnanlagen haben versucht, mit Konzepten der gegenseitigen Hilfe professionelle Betreuungskosten möglichst gering zu halten. Die praktischen Erfahrungen haben aber gezeigt, dass es sehr schwer war, die Bewohner regelmäßig in die Betreuung für andere Bewohner einzubinden. Solche Konzepte konnten nur mit einer umfassenden professionellen Begleitung umgesetzt werden *(Kremer-Preiß, U., 1998: Betreutes Wohnen für Senioren. Zur prakti-*

schen Umsetzung konzeptioneller Ziele in Baden-Württemberg, Sozialministerium Baden-Württemberg [Hrsg.], Stuttgart).

Einige betreute Wohneinrichtungen haben Interessenvertretungsorgane institutionalisiert, wie z. B. Bewohnerversammlungen oder Bewohnerbeiräte. Darüber hinaus hat sich in Baden-Württemberg eine Selbsthilfeinitiative gebildet. Der *„Verein Betreutes Wohnen e.V."* wurde 1996 gegründet und hat das Ziel, die Interessen von älteren Menschen zu vertreten, die in betreuten Wohnanlagen leben oder die sich für ein solches Wohnangebot interessieren. Vor allem will der Verein sich in Konfliktfällen um eine Rechtsberatung für die Bewohner bemühen. Systematisch ausgewertete Erfahrungen über die Wirksamkeit dieses oder anderer Interessenvertretungsorgane liegen nur exemplarisch vor *(Schott, J./Zill, G., 1995: Funktion und Formen von Bewohnerbeteiligung im Betreuten Wohnen, h.g.v. Wüstenrot Stiftung, Stuttgart).*

Präventive Leistungen

Auch hinsichtlich der präventiven Leistungen, die durch dieses Wohnangebot erreicht werden können, gibt es bisher kaum gesichertes Erfahrungswissen. Konzeptionell wird davon ausgegangen, dass durch dieses Wohnangebot Heimunterbringungen ganz verhindert oder zumindest verschoben werden. Auch die Mehrheit der Bewohner hat die Erwartung, dass sie durch einen Einzug ins Betreute Wohnen eine Heimunterbringung aktuell oder zukünftig vermeiden können *(Saup, W., 2001: Ältere Menschen im Betreuten Wohnen – Ergebnisse der Augsburger Längsschnittstudie – Bd. 1, Augsburg).*

Es liegen aber keine verlässlichen Zahlen vor, wie viele ältere Menschen tatsächlich aus dem Betreuten Wohnen noch einmal in eine stationäre Einrichtung wechseln müssen. Es fehlen auch Daten, für wie viele Bewohner durch dieses Wohnangebot keine Heimunterbringung mehr notwendig ist, bei wie vielen Bewohnern sich durch dieses Wohnangebot der Gesundheitszustand stabilisiert oder vielleicht sogar verbessert hat und bei wie vielen Bewohnern Krankenhausaufenthalte oder Stürze oder Probleme bei der Alltagsbewältigung wirklich vermieden werden konnten. Erste vorläufige Schätzungen gehen davon aus, dass ca. jeder dritte Bewohner betreuter Wohnanlagen noch einmal in eine stationäre Einrichtung wechseln muss *(Kremer-Preiß, U., 1998: Betreutes Wohnen für Senioren. Zur praktischen Umsetzung konzeptioneller Ziele in Baden-Württemberg, Sozialministerium Baden-Württemberg [Hrsg.], Stuttgart).*

D Nutzer-/Bewohnerstrukturen

Fehlplanungen beim Betreuten Wohnen in der Vergangenheit sind vielfach darauf zurückzuführen, dass die Zielgruppe und ihre Bedürfnisse bei der Planung der Sozialimmobilien zu wenig berücksichtigt wurden. Mittlerweile gibt es eine Reihe von Studien, die die Struktur und die Erwartungen der Nachfrageseite untersucht haben. So unterschiedlich die Studien methodisch und von der jeweiligen Reichweite auch sind, so geben sie doch ein gutes Bild von den aktuellen Bewohnern betreuter Wohneinrichtungen.

Altersstruktur im Vergleich

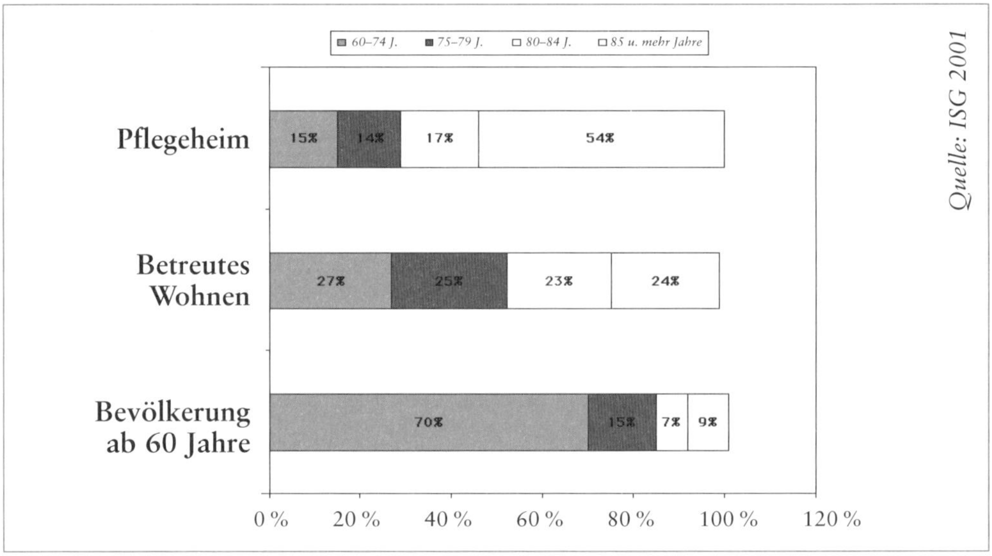

Im Vergleich zu Älteren im Normalhaushalt scheint für die Bewohnerschaft im Betreuten Wohnen der höhere Frauenanteil, der höhere Anteil von Alleinstehenden sowie der höhere Anteil von Hoch- und Höchstaltrigen charakteristisch zu sein *(Kremer-Preiß, U., 1998: Betreutes Wohnen für Senioren. Zur praktischen Umsetzung konzeptioneller Ziele in Baden-Württemberg, Sozialministerium Baden-Württemberg [Hrsg.], Stuttgart; Saup, W., 2001: Ältere Menschen im Betreuten Wohnen – Ergebnisse der Augsburger Längsschnittstudie – Bd. 1, Augsburg; Institut für angewandte Verbraucherforschung [IFAV], 2001: Wunsch und Wirklichkeit beim Betreuten Wohnen, Köln; Institut für Sozialforschung und Gesellschaftspolitik, 2001: Wunsch und Wirklichkeit des betreuten Wohnens. Die Ergebnisse einer Bewohnerbefragung im Licht der sozial-gerontologischen Fachdiskussion, Köln).*

Auffällig ist der bereits zum Zeitpunkt des Einzugs ins Betreue Wohnen angeschlagene Gesundheitszustand vieler Bewohner: So haben in der Studie von Saup 80 % der Älteren dauerhafte gesundheitliche Beschwerden, fast drei Viertel haben Geh- und Bewegungsbeschwerden, zwei Drittel haben Herz-Kreislauf-Probleme und jeder zweite Ältere hat Seh- und/oder Hörbeschwerden *(Saup, W., 2001: Ältere Menschen im Betreuten Wohnen – Ergebnisse der Augsburger Längsschnittstudie – Bd. 1, Augsburg)*. Der Anteil der Älteren mit gesundheitlichen Problemen scheint im Betreuten Wohnen etwas höher zu sein als bei den Älteren im normalen Altenhaushalt. In Baden-Württemberg lag der Anteil der regelmäßig Pflegebedürftigen in betreuten Wohnanlagen ca. dreimal so hoch wie in privaten Altershaushalten *(Kremer-Preiß, U., 1998: Betreutes Wohnen für Senioren. Zur praktischen Umsetzung konzeptioneller Ziele in Baden-Württemberg, Sozialministerium Baden-Württemberg [Hrsg.], Stuttgart)*.

Pflegebedarf

Vergleich des Pflegebedarfs der Bewohner in betreuten Seniorenwohnungen mit Pflegebedürftigen ab 60 Jahre in Privathaushalten

	Pflegebedürftige	
	In betreuten Seniorenwohnungen in Baden-Württemberg 1997	*Ab 60 Jahre in Privathaushalten in Baden-Württemberg 1996*
Täglicher Pflegebedarf, Pflegestufe 1	8,7 %	2,5 %
Mehrf. tägl. Pflegebedarf, Pflegestufe 2	6,3 %	2,2 %
Ständiger Pflegebedarf, Pflegestufe 3	2,1 %	0,7 %
Insgesamt	**17,1 %**	**5,4 %**

Quelle: Sozialministerium Baden-Württemberg, 1998

Ebenso leidet ein größerer Anteil der Bewohner unter demenziellen Erkrankungen. Eine bundesweite Studie in rund 500 betreuten Wohneinrichtungen gibt erste Anhaltspunkte über den Anteil der Bewohner mit Demenz in betreuten Wohneinrichtungen. Nach Angaben der befragten Betreuungskräfte weist rund jeder zehnte Bewohner (9,4 %) im Betreuten Wohnen demenzielle Erkrankungen auf. Die Betreuungskräfte erwarten zukünftig einen deutlichen Anstieg der Anzahl dementer Bewohner in ihrer Wohnanlage *(Saup, W. [o. J.]: Demenzbewältigung im betreuten Seniorenwohnen, Augsburg [Druck in Vorbereitung]).*

Von der Altersstruktur und vom Hilfebedarf haben wir es beim Betreuten Wohnen zurzeit mit der klassischen Wohnbevölkerung des ehemaligen Altenheims zu tun *(Institut für Sozialforschung und Gesellschaftspolitik, 2001: Wunsch und Wirklichkeit des Betreuten Wohnens. Die Ergebnisse einer Bewohnerbefragung im Licht der sozial-gerontologischen Fachdiskussion, Köln),* d. h., die Bewohner von betreuten Wohnanlagen sind deutlich älter und hilfebedürftiger als Werbeaussagen zu diesen Wohnangeboten vermuten lassen. Jüngere Senioren konnten bisher kaum als Interessenten für dieses Wohnangebot in Deutschland gewonnen werden.

Die Bewohner haben sehr hohe Erwartungen an diese Wohnform. Sie erwarten vor allem Privatheit bei Hilfe- und Pflegebedürftigkeit, Absicherung für den Not- und Krankheitsfall und nicht selten bei Bedarf eine Versorgung wie im Alten- und Pflegeheim. Die meisten Älteren ziehen aus Gründen der Krisenvorsorge ins Betreute Wohnen. Weitere wichtige Gründe für den Einzug ins Betreute Wohnen sind eine altersgerechte Wohnung und soziale Kontaktmöglichkeiten *(Saup, W., 2001: Ältere Menschen im Betreuten Wohnen – Ergebnisse der Augsburger Längsschnittstudie – Bd. 1, Augsburg; Kremer-Preiß, U., 1998: Betreutes Wohnen für Senioren. Zur praktischen Umsetzung konzeptioneller Ziele in Baden-Württemberg, Sozialministerium Baden-Württemberg [Hrsg.], Stuttgart).*

Eine Reihe von Bewohnern sind nicht zufrieden mit diesem Wohnangebot. Nach der Studie des *IFAV-Institutes* würde jeder zehnte Bewohner nicht mehr ins Betreute Wohnen ziehen *(Institut für angewandte Verbraucherforschung IFAV 2001: Wunsch und Wirklichkeit beim Betreuten Wohnen, Köln).* Die Unzufriedenheit ergibt sich zum einen aus dem erheblichen Informationsdefizit. Die Bewohner wissen häufig nicht, welche Leistungen sie erwarten können und für welche Leistungen sie regelmäßig bezahlen müssen. Zum andern erwachsen die Unzufriedenheiten daraus, dass die Leistungspakete nicht immer bedarfsgerecht geschnitten sind *(Saup, W., 2001: Ältere Menschen im Betreuten Wohnen – Ergebnisse der Augsburger Längsschnittstudie – Bd. 1, Augsburg).* So werden eine Reihe von Leistungen angeboten, die auf wenig Interesse bei den Bewohnern stoßen, für die sie aber regelmäßig bezahlen müssen. Andererseits wünschen sich die Bewohner Betreuungsleistungen, die eigentlich nur in stationären Einrichtungen geleistet werden.

E Finanzielle Aspekte

Wenn man in eine betreute Wohneinrichtung zieht, muss man i. d. R. eine Kaltmiete oder einen Kaufpreis für die Wohnung, Nebenkosten und eine Betreuungspauschale bezahlen. Manche Einrichtungen berechnen nicht die Miet- und Betreuungsleistungen separat, sondern erheben einen Pauschalpreis, einen sog. „Pensionspreis“, in dem alle Kosten enthalten sind. Dies wird i. d. R. von Seniorenresidenzen oder Wohnstiften so gehandhabt.

Bei jedem Kostenpunkt sind in der Praxis sehr große Unterschiede festzustellen. Nach einer Untersuchung des Forschungsinstitutes *empirica* schwanken die *Kaltmietpreise* im freifinanzierten Bereich aktuell zwischen 4,10 Euro/qm und 34,80 Euro/qm. Ebenso gibt es eine große Spanne bei der *Betreuungspauschale;* hier schwanken die Preise zwischen 5 Euro/Monat und 920 Euro/Monat für eine Person.

Mehrheitlich muss mit folgenden Kosten gerechnet werden:

- Zwischen 7,70 Euro/qm und 9,70 Euro/qm für die *Kaltmiete* für freifinanzierte Wohnungen
- Bei bis zu zwei Euro/qm im Monat für die *Nebenkosten*
- Zwischen 89 Euro/Monat und 138 Euro/Monat für die *Betreuungspauschale* für eine Person

Die Kostenunterschiede lassen sich meist aus dem unterschiedlichen Leistungsangebot erklären. Es gibt aber auch immer wieder Beispiele, dass z. T. für das gleiche Leistungsangebot das Doppelte oder auch Dreifache an Kosten erhoben wurde. So hat z. B. eine Untersuchung des *InWis-Instituts* ermittelt, dass bei gleichem Leistungsangebot Betreuungspauschalen von ca. 35 Euro bis ca. 250 Euro erhoben worden sind *(Institut für Wohnungswesen, Immobilienwirtschaft, Stadt- und Regionalentwicklung [InWis], 1998: Der Markt für Seniorenimmobilien, Westfälische Hypothekenbank [Hrsg.], Dortmund).* In der Vergangenheit gab es daher eine breite Diskussion, welche Kosten für dieses Wohnangebot angemessen sind. Experten empfehlen als Orientierung für angemessene Wohnkosten, die ortsübliche Vergleichsmiete heranzuziehen und hierzu maximal einen Aufschlag von 20 % für eine besonders altersgerechte Ausstattung und entsprechende Gemeinschaftsraumangebote anzulegen *(Steves, B. 2000, Seniorenimmobilien als Geldanlage, in: BAGSO-Nachrichten, 3/2000, S. 18 ff.).* Für die Betreuungspauschale wird ein Kostensatz zwischen 70 Euro und 110 Euro pro Monat für eine Person für Standardbetreuungsleistungen, wie Notruf, Hausmeister und Betreuungskraft vor Ort, als angemessen angesehen *(Kremer-Preiß, U., 2001: Betreutes Seniorenwohnen, Arbeitshilfe für Beraterinnen und Berater, Bundesministerium für Familie, Senioren, Frauen und Jugend [Hrsg.], Köln).*

Preisspannen in Service-Wohnanlagen

	Preisspanne	*25 % der Preise unter*	*50 % der Preise unter*	*75 % der Preise unter*
Kaufpreis für Eigentumswohnungen (Euro/qm)	1.074–4.499	2.045	2.314	2.659
Nettokaltmieten freifinanzierter Wohnungen (Euro/qm/Monat)	4,10–34,80	6,70	7,70	9,70
Nebenkosten (Euro/qm/Monat)	in 90 % der Projekte durchschnittlich 2 Euro oder darunter			
Servicepauschale (Euro/Monat) für 1 Person für 2 Personen	 5–920 8–1.099	 59 77	 89 107	 138 189
Gesamtpensionspreis (Euro/Monat)	767–6.596	1.227	1.534	994

Quelle: Empirica

Hinsichtlich der Übernahme der Kosten im Falle der Sozialhilfebedürftigkeit bei der Nutzung von betreuten Wohnangeboten, gibt es in Deutschland keine einheitlichen Regelungen. Viele Sozialhilfeträger erkennen die Förderwürdigkeit dieses Wohnangebotes nicht an. In verschiedenen Regionen gibt es aber Empfehlungen, wie diese Dienstleistungen sozialhilferechtlich zu bewerten sind (z. B. Bayern, Berlin, Hamburg, Baden-Württemberg). Bedürftige erhalten hiernach zusätzlich zu den förderwürdigen Wohnkosten 5 qm zusätzliche Förderfläche anerkannt sowie Zuschüsse zu den Betreuungskosten zwischen 40 Euro und 60 Euro pro Monat und Person (z. B. *Bayerisches Sozialministerium vom 3. 5. 1999)*. Bisher liegen keine Informationen darüber vor, wie viele Bewohner von betreuten Wohnangeboten diese sozialhilferechtlichen Leistungen in Anspruch nehmen bzw. anspruchsberechtigt in diesem Sinne sind.

Ansatzpunkte für eine gesamtwirtschaftliche Kostenvergleichsrechnung können aus einem Gutachten der *Wüstenrot Stiftung* entnommen werden. Nach Berechnungen des Instituts für Gesundheit- und Sozialforschung GmbH und des Berliner Instituts für Sozialforschung GmbH hat eine vollprofessionelle bedarfsdeckende Versorgung in betreuten Wohneinrichtungen, gegenüber Alten-/Altenpflegeheimen für ältere Menschen mit einem vorwiegend hauswirtschaftlichem Hilfebedarf (Pflegestufe 0) und einem geringen Hilfebedarf (Pflegestufe 1), gesamtwirtschaftlich deutliche Kostenvorteile. Für Hilfe- und Pflegebedürftige mit mehrfach täglichem Hilfe- und Pflegebedarf (Pflegestufe 2) seien gesamtwirtschaftliche Kostenvorteile betreuter Wohnformen gegenüber einer Versorgung in Alten-/Pflegeheimen vor allem dann zu erwarten, wenn Teile des Versorgungsbedarfes durch Mitbewohner/Angehörige abgedeckt werden. Demgegenüber kann eine vollprofessionelle bedarfsdeckende Versorgung älterer Menschen mit ständigem Pflegebedarf (Pflegestufe 3) in Formen des Betreuten Wohnens nur mit einem im Vergleich zur Heimversorgung deutlich höheren Ressourcenaufwand geleistet werden *(Wüstenrot Stiftung [Hrsg.], 1997: Chancen und Risiken des Betreuten Wohnens. Eine Betrachtung der volkswirtschaftlichen Gesamtkosten unterschiedlicher Wohnformen, Stuttgart)*. Inwieweit diese Berechnungen den heutigen Entwicklungen und dem Kenntnisstand über die Struktur der Bewohnerschaft in betreuten Wohneinrichtungen noch standhält, bedarf einer Überprüfung.

F Probleme der Umsetzung

Die Variationsbreite der Leistungsangebote und auch der Kostenstrukturen in den praktizierten Projekten des Betreuten Wohnens resultieren im Wesentlichen daraus, dass Betreutes Wohnen kein gesetzlich geschützter Begriff ist. Es gibt keine gesetzlichen Regelungen, die festlegen, welche Leistungsangebote diese Wohnform umfassen sollte. Es gibt auch keine Kontrollinstanz, die darüber wacht, dass bestimmte Leistungsstandards eingehalten werden – wie dies z. B. mit der Heimaufsicht für Heimeinrichtungen geschaffen wurde.

Betreutes Wohnen ist rechtlich zunächst einmal eine ganz normale Wohnung. Und was an Betreuungsleistungen hinzugeführt wird, darüber schließt der Bewohner mit der Einrichtung einen Betreuungsvertrag. Als Schutz kann sich der Bewohner nur auf mietrechtliche Bestimmungen bzw. andere verbraucherschutzrechtliche Bestimmungen berufen. Aber diese enthalten i. d. R. wenig Informationen über die Vorschriften zur altersgerechten Gestaltung eines Wohnraumes und zur Art und Weise der Gestaltung der Betreuungsleistungen. Die einzelvertraglich abgeschlossenen Regelungen sind dann für die Bewohner bindend. Vertragsanalysen haben deutlich gezeigt, dass viele der Verträge im Betreuten Wohnen die gegenseitigen Leistungsansprüche nicht klar und rechtlich einwandfrei regeln *(Kremer-Preiß, U., 1998: Betreutes Wohnen in Altenwohnheimen und Altenwohnanlagen – Analyse der Betreuungsverträge, in: Betreutes Wohnen und Wohnen im Heim – Rechtliche Aspekte, Expertisenband 5 zum Zweiten Altenbericht der Bundesregierung, Deutsches Zentrum für Altersfragen [Hrsg.], Frankfurt/M.; Verbraucher-Zentrale NRW, 1998: (Neue) Wohnformen für Senioren – Eine Vertragsanalyse, Düsseldorf)*. Die unklare rechtliche Situation hat in der Vergangenheit zu einer Reihe von problematischen Entwicklungen geführt.

Probleme bei der Qualitätssicherung

Es sind eine Reihe von Einrichtungen entstanden, die am Bedarf der Senioren vorbei geplant wurden, und es gab auch eine ganze Reihe von Mogelpackungen. So wurden Einrichtungen auf schlechten Standorten platziert oder es wurden nicht zu vermarktende Immobilien als Seniorenwohnanlagen umdeklariert, ohne sie auch nur annähernd an die Bedarfe der Senioren anzupassen. Es wurden Leistungen versprochen, die nicht gehalten wurden, und es wurden zu völlig überhöhten Preisen Angebote vorgehalten. Aber auch seriöse Anbieter haben nicht immer bedarfsgerechte Leistungspakete angeboten. Viele Senioren fühlten sich überfordert, das für sie passende Wohnangebot auszusuchen, und haben nicht selten Entscheidungen getroffen, die sie später bereut haben.

Dies hat in der Vergangenheit eine breite Diskussion belebt, wie man die Qualität dieses Wohnkonzeptes sichern kann. Seit Mitte der 90er Jahre gibt es eine kontroverse Diskussion, ob und welche Qualitätsstandards für das Betreute Wohnen gelten sollten und wie diese verbindlich gemacht werden sollten. Die einen plädieren dafür, keine Anforderungen zu definieren, um die Vielfalt im Betreuten Wohnen nicht zu beschränken, und gehen davon aus, dass der Wettbewerb die „schwarzen Schafe" schon vom Markt verdrängen wird. Die anderen sind der Auffassung, dass die Bewohner im Betreuten Wohnen nur begrenzt als souveräne Kunden zu bezeichnen sind, die eine wohl abgewogene Entscheidung für ein Wohnangebot treffen können. Sie fordern mehr Schutz für die Verbraucher und fordern verbindliche Standards, teilweise auch die Unterstellung aller betreuten Wohneinrichtungen unter das Heimgesetz.

Von politischer Seite wurde betont, dass man die Vielfalt des Betreuten Wohnens nicht beschneiden wolle, und hat daher bei der Heimgesetznovelle 2002 auf eine sog. positive Definition, welche Leistungen betreuten Wohneinrichtungen vorhalten sollten, verzichtet. Auch für die nähere Zukunft sind keine gesetzlich verbindlichen Vorgaben für Leistungsstandards im Betreuten Wohnen zu erwarten.

Da von gesetzlicher Seite keine Festschreibung von Standards erfolgt ist, hat man in der Vergangenheit nach Verfahren zur *freiwilligen Qualitätssicherung* gesucht. Um den geförderten Bereich an bestimmte Qualitätsstandards zu binden, wurden in einigen Bundesländern Vorgaben bei der Vergabe von Fördermitteln zugrunde gelegt. Für den freifinanzierten Bereich hat man sog. Qualitätssiegel entwickelt, um die Anbieter freiwillig einer Qualitätskontrolle zu unterziehen. Mittlerweile gibt es eine ganze Reihe von Bundesländern und sogar einzelne Städte, die sog. Qualitätssiegel vergeben oder gerade dabei sind, diese zu entwickeln. Sie sind von den jeweils darin formulierten Standards, von den Kosten für den Erwerb der Siegel als auch von den Institutionen, die die Prüfverfahren durchführen, sehr unterschiedlich. Das älteste Qualitätssiegel stammt aus Baden-Württemberg. Es existiert seit 1995 und bisher wurden hier 33 betreute Wohnanlagen mit dem Qualitätssiegel zertifiziert. Seit 2001 vergeben Sachsen-Anhalt und Bayern jeweils ein Qualitätssiegel mit bisher vier bzw. einer zertifizierten Wohnanlage. NRW entwickelt zurzeit Standards, die Grundlage für ein Qualitätssiegel sein könnten.

Mit der Entwicklung von *Qualitätssiegeln* sollen zum einen Standards verbindlich gemacht werden, um damit zu einer Verbesserung der Qualität beizutragen. Zum anderen sollte mehr Transparenz auf dem unüberschaubaren Markt für betreute Wohnangebote geschaffen werden. Erfahrungen zeigen, dass der Umgang mit diesen Siegeln in der Praxis nicht unproblematisch ist. Zwar wird vor allem das Qualitätssiegel aus Baden-Württemberg immer wieder von Anbietern als Planungsgrundlage angewendet, jedoch ist der Markt des Betreuten Wohnens durch die Qualitätssiegel nicht transparenter geworden. Dies liegt auch daran, das diese Zertifizierungsverfahren in der Praxis bisher auf wenig Akzeptanz stießen. In Baden-Württemberg sind nach nun fast sieben Jahren von rund 400 Wohnanlagen nicht einmal 10 % der Wohnanlagen zertifiziert worden. Es gibt immer noch zu wenige

Anlagen und viele haben auf dem örtlichen Wohnungsmarkt eine Monopolstellung, so dass sie sich durch eine solche Zertifizierung keine weiteren Wettbewerbsvorteile erschließen müssen. Weiterhin sind die Kosten für ein solches Zertifizierungsverfahren mitunter nicht gering und sie variieren beträchtlich. Während eine Wohnanlage mit rund 50 Wohneinheiten in Baden-Württemberg ca. 2.600 Euro für den Erwerb des Qualitätssiegel zahlen muss, fordert man in Bayern bei Neubauten für 50 Wohnungen ca. 35.000 Euro. Darüber hinaus legen die Qualitätssiegel sehr unterschiedliche Standards fest. So hat z. B. das Qualitätssiegel in Sachsen-Anhalt sehr allgemeine Anforderungen und konkretisiert primär bauliche Anforderungen. Zu den Anforderungen im Betreuungsbereich werden aber kaum Angaben gemacht. Demgegenüber sind die Anforderungen in Bayern sehr dezidiert und nähern sich in einigen Bereichen eher den Standards von Heimeinrichtungen. Diese Vielfalt erschwert zusätzlich die Orientierung für die Senioren. Seit Mitte 2002 hat sich beim *Deutschen Institut für Normierung* (DIN) eine Arbeitsgruppe zusammengefunden, um eine Dienstleistungsnorm mit bundeseinheitlichen Standards für das betreute Seniorenwohnen zu entwickeln. Darüber hinaus haben in der Vergangenheit verschiedene Institutionen Ratgeber und Checklisten entwickelt, um die Orientierung von Senioren zu erleichtern *(Deutscher Mieterbund/Kuratorium Deutsche Altershilfe [Hrsg.], 2000: Ratgeber Betreutes Wohnen – Service, Preise, Verträge – Worauf müssen Sie achten?, Köln; Verbraucherzentrale NRW, 2001: Betreutes Wohnen, Was Sie über Leistungen, Kosten und Verträge wissen sollten, Düsseldorf).*

Rechtliche Unklarheiten

Die ungenaue Definition, welche Leistungen eine betreute Wohneinrichtung umfassen muss, hat in der Vergangenheit auch dazu geführt, dass es immer wieder rechtliche Unklarheiten gab. Lange juristische Auseinandersetzungen hat es über die Frage gegeben, wo die Einrichtungen des betreuten Seniorenwohnens sozial- und ordnungsrechtlich zu verorten sind. Sind betreute Wohneinrichtungen normale Wohnungen, die unter die Schutzbestimmungen des Mietrechtes/des Wohneigentumsgesetzes fallen, oder sind es Altenhilfeeinrichtungen, die unter die Bestimmungen des Heimgesetzes fallen? *(Bundesinteressenvertretung der Altenheimbewohner e.V. [BIVA], 1999: Heim oder nicht Heim? … das ist hier die Frage – Diskussionspapier der BIVA zu Rechtsfragen beim Betreuten Wohnen für Senioren, o. O.; Klie, T., 2001: Rechtliche Anforderungen an das Betreute Wohnen, in: Betreutes Wohnen, Tagungsdokumentation der Fachtagung am 7. Nov. 2000, Düsseldorf).*

Von den meisten Betreibern werden die betreuten Wohneinrichtungen als ganz normale Wohnungen eingestuft, denen nur etwas – nämlich Betreuung – hinzugefügt wird. Sie schließen i. d. R. mit den Bewohnern einen Miet- und einen Betreuungsvertrag, in dem die Leistungsansprüche geregelt sind. Beide Verträge werden rechtlich aneinander gekoppelt, d. h., der eine Vertrag kann nicht ohne den anderen Vertrag aufgelöst werden. Zur Sicherstellung der Betreuungsleistung schließen die Betreiber, wenn sie die Leistungen nicht selbst erbringen, Kooperationsverträge mit Dienstleistungsanbietern, d. h., die Bewohner sind verpflichtet, von einem Dienstleister die Betreuungsleistungen abzunehmen, und haben keine freie Wahl zwischen verschiedenen Dienstleistern.

In der Vergangenheit hat es aufgrund dieser Vorgehensweise immer wieder Gerichtsurteile gegeben, die betreute Wohneinrichtungen nicht als normale Wohnungen, sondern als Altenhilfeeinrichtungen eingestuft haben. Das Urteil, das am meisten für Öffentlichkeitswirksamkeit in dieser Frage gesorgt hat, ist das Urteil des Oberverwaltungsgerichtes Münster vom 28. Januar 1999. Danach wurde juristisch entschieden, dass Einrichtungen des Betreuten Wohnens als Heim angesehen werden können und unter die Schutzbestimmung des *Heimgesetzes* fallen (AZ 50.423-31/7). Dieses Urteil wurde von anderen Gerichten immer wieder bestätigt (z. B. OVG Brandenburg vom 1. 12. 1999). Die betreuten Wohneinrichtungen sind nach diesen Richtersprüchen Heime, weil sie wie diese neben der „Überlassung der Unterkunft“ auch „Verpflegung und Betreuung gewähren oder vorhalten“. Damit das Heimgesetz gilt, müsse für die Mieter keineswegs die Verpflichtung bestehen, bestimmte Verpflegungs- und Betreuungsleistungen auch tatsächlich abzunehmen. Es reicht, wenn diese Verpflegungs- und Betreuungsleistungen vorgehalten, also im Bedarfsfall ermöglicht und sichergestellt werden. Damit das Heimgesetz gilt, ist auch unerheblich, ob die Leistungen direkt vom Träger oder von Dritten erbracht werden, wenn mit diesen verbindliche Kooperationsverträge abgeschlossen werden.

Nach diesen Gerichtsurteilen war davon auszugehen, dass die Mehrheit der Betreiber von betreuten Wohneinrichtungen ihre Einrichtung als Heim im Sinne des Heimgesetzes betreiben. Denn die meisten Einrichtungen koppeln Miet- und Betreuungsverträge miteinander und unterhalten Kooperationsverträge mit Betreuungsgebern, so dass die Bewohner verpflichtet sind, die Betreuungsleistungen von einem Dienstleister abzunehmen *(Kremer-Preiß, U., 1998: Betreutes Wohnen in Altenwohnheimen und Altenwohnanlagen – Analyse der Betreuungsverträge, in: Betreutes Wohnen und Wohnen im Heim – Rechtliche Aspekte, Expertisenband 5 zum Zweiten Altenbericht der Bundesregierung, Deutsches Zentrum für Altersfragen [Hrsg.], Frankfurt/M.).*

Die Gerichtsurteile und die damit verbundene Verortung des betreuten Seniorenwohnens unter das Heimgesetz haben auf verschiedener Seite für Irritationen gesorgt. Die Anbieter haben sich zurückhaltend mit Investitionen verhalten, die Seniorenorganisationen protestierten, da nach ihrer Auffassung viele ältere Menschen in betreute Wohneinrichtungen gezogen sind, weil sie gerade nicht in ein Heim wollten und nun, durch die rechtlich unklare Situation, doch den Bestimmungen des Heimgesetzes unterworfen wurden. Die politischen Gremien der Länder bemühten sich um Abgrenzungsdefinitionen (z. B. Baden-Württemberg, Rheinland-Pfalz).

Mit dem dritten Änderungsgesetz zum Heimgesetz, dass zum 1.1.2002 in Kraft getreten ist, hat sich der Bundesgesetzgeber um eine rechtliche Klärung bemüht. In § 1 Abs. 2 des Dritten Gesetzes zur Änderung des Heimgesetzes ist eine Abgrenzungsdefinition betreuter Wohneinrichtungen zu Heimeinrichtungen formuliert:

> *„Die Tatsache, dass ein Vermieter von Wohnraum durch Verträge mit Dritten oder auf andere Weise sicherstellt, dass den Mietern Betreuung und Verpflegung angeboten werden, begründet allein nicht die Anwendung dieses Gesetzes. Dies gilt auch dann, wenn die Mieter vertraglich verpflichtet sind, allgemeine Betreuungsleistungen wie Notrufdienste oder Vermittlung von Dienst- und Pflegeleistungen von bestimmten Anbietern anzunehmen, und das Entgelt hierfür im Verhältnis zur Miete von untergeordneter Bedeutung ist. Dieses Gesetz ist anzuwenden, wenn die Mieter vertraglich verpflichtet sind, Verpflegung und weitergehende Betreuungsleistungen von bestimmten Anbietern anzunehmen" (§ 1 Abs. 2 HeimG).*

Dem Entwurf liegen darüber hinaus Einzelbegründungen bei, in denen ausführlicher erklärt wird, wann das Heimrecht bei Einrichtungen des Betreuten Wohnens zur Anwendung kommt. Nach diesen Erläuterungen ist bei betreuten Wohneinrichtungen dann von einem Heim auszugehen, wenn neben der mietweisen Überlassung von Wohnraum und der rechtlichen Verpflichtung, allgemeine Betreuungsleistung abzunehmen, weitere Merkmale hinzutreten. Wesentlich ist, dass der Grundservice über Beratungs- und Vermittlungsdienste, Notrufsicherung und hausmeisterliche Dienstleistungen hinausgeht. Erst wenn im Betreuungsvertrag eine Betreuung angeboten wird, die der heimmäßigen Versorgung entspricht, ist das Heimrecht anzuwenden. Indikatoren für eine „heimmäßige Versorgung" können sein: eine erhöhte Betreuungspauschale (erheblich über 20 % des monatlichen Mietentgeltes), Angebote von Gemeinschafts- oder Therapieräumen, Angebote der sozialen Betreuung, Angebote der Tagesstrukturierung oder sonstige Angebote, die ein Zusammenleben der Bewohner ermöglichen, ebenso Angebote einer Rundumversorgung und Gewähr einer umfassenden Versorgung nach individuellen Bedarfslagen im Sinne einer Versorgungsgarantie.

Der Bundesgesetzgeber hat mit dieser Abgrenzungsdefinition dafür Sorge getragen, dass die meisten betreuten Wohneinrichtungen zurzeit nicht unter die Bestimmungen des Heimgesetzes fallen. Dieser Klärungsversuch war in der Fachöffentlichkeit nicht unumstritten. Viele kritisierten, dass vor allem das finanzielle Abgrenzungskriterium das Problem nicht löse und längerfristig notwendige Entwicklungen im Betreuten Wohnen eher behindere. Erwartet wird auch, dass viele Einrichtungen eventuell in Zukunft unter die heimgesetzlichen Bestimmungen fallen, weil sie sukzessive ihre Betreuungsangebot erhöhen, um sich den veränderten Bedarfen ihrer Bewohner anzupassen.

Die Abgrenzung der Einrichtungen des Betreuten Wohnens von Heimeinrichtungen bedeutet auch, dass allgemeine *Verbraucherrechtsbestimmungen* für die Bewohner von betreuten Wohneinrichtungen Anwendung finden müssen. Dies hat in der jüngsten Vergangenheit erneut zu rechtlichen Auseinandersetzungen geführt. Verschiedene Gerichte (wie z. B. Kassel und Lüneburg) haben im Rahmen von Rechtsstreitigkeiten zwischen Betreibern von betreuten Wohneinrichtungen entschieden, dass es sich bei den Betreuungsverträgen um Dienstleistungsverträge handelt und damit die Kündigung eines Servicevertrages analog § 621 Nr. 3 BGB und § 11 Nr. 12a AGBG wirksam sei. Dies bedeutet, dass bei Betreuungsverträgen die gesetzlichen Kündigungsvorschriften greifen und somit darf der Betreuungsvertrag – wenn er zeitlich nicht befristet abgeschlossen ist – bis zum 15. eines Monats für den Schluss des Kalendermonats gekündigt werden. Gleichzeit dürfen die Betreuungsverträge auf maximal zwei Jahre befristet abgeschlossen werden.

Viele Betreiber, aber auch viele Bewohner haben diese gerichtlichen Entscheidungen mit Verwirrung aufgenommen. Sie befürchten, dass mit einer solchen rechtlichen Regelung das Konzept des Betreuten Wohnens nicht mehr aufrechterhalten werden kann. Andere halten die konsequente Anwendung der allgemeinen Verbraucherschutzvorschriften für richtig, solange es keinen gesetzlich geschützten Begriff „Betreutes Wohnen“ gibt. Rechtlich endgültig geklärt ist auch dieser Sachverhalt noch nicht. Andere Gerichte sind der Anwendung dieser verbraucherrechtlichen Bestimmungen nicht gefolgt (wie z. B. Rendsburg), so dass zurzeit eine rechtlich unklare Situation besteht. Es ist zu erwarten, dass es auch in Zukunft weitere rechtliche Unklarheiten über die sozial- und ordnungsrechtliche Verortung dieses Wohnangebotes geben wird. Dies macht das jüngste Gerichtsurteil deutlich, wonach auch Wohnungseigentümer im Betreuten Wohnen unter dem Schutz des Heimgesetztes stehen *(vgl. Verwaltungsrecht Sigmaringen, Urteil vom 17.4.2002, Az.: 1 K 1688/01; Klie, Th.: Das Urteil – VG Sigmaringen: Betreutes Wohnen fällt nicht unter das Heimgesetz, wenn die Betreuungsleistungen der Miete deutlich untergeordnet sind, in Altenheim H. 3, S. 16)*

3.2.3 Ausländische Erfahrungen

Auch zu diesen beiden Wohnformen, die als Wohnanalternative zur Verfügung stehen, wenn man im Alter die Wohnsituation bewusst selbst verändern will, liegen verschiedene ausländische Erfahrungen vor. Sie weichen z. T. von den Entwicklungen in Deutschland ab.

Insgesamt nimmt die Zahl der *gemeinschaftlichen Wohnprojekte* in den Ländern der EU zu. Schätzungen gehen in der EU von 2.500 Co-Housing-Projekten aus *(Reiter, A., 2002, Generation 50 Plus – Lifestyle & Neues Wohnen, in: „Alter hat Zukunft – gerne älter werden in Tirol, Wie wohnen, wenn wir älter werden, Tagungsdokumentation vom 15. Nov. 2002, Innsbruck).* Und in manchen europäischen Ländern sind gemeinschaftliche Wohnformen stärker verbreitet als in Deutschland. So z. B. in Dänemark, wo auch der Begriff „co-housing" – gemeinschaftliches Wohnen unter Eigentümern oder Genossenschaftsmitgliedern – geprägt wurde *(Palsing, S. et al., 2000: Aeldre i bofaellesskab, Older people in co-housing, Kopenhagen).* Dies trifft auch auf die Niederlande zu. Bezogen auf die jeweilige Gesamtbevölkerung wird geschätzt, dass es in Deutschland fünf Mal weniger solcher Projekte als in den Niederlanden gibt. Beim *Betreuten Wohnen* ist bekannt, dass Deutschland trotz der kontinuierlichen Steigerungsraten noch nicht das Versorgungsniveau ausländischer Staaten erreicht hat. Vom Versorgungsgrad hat sich in Deutschland nur jeder 50. Senior bislang für das Betreute Wohnen entschieden, in den USA lebt jeder 25. Senior in Projekten des *Assisted Living.*

In den Niederlanden ist insbesondere die Unterstützung der Bewohnergruppen, die in gemeinschaftlichen Wohnprojekten zusammenleben wollen, besser organisiert. So gibt es eine finanziell geförderte, landesweite Organisation (LVGO) für die Beratung, eine größere Mitwirkungsbereitschaft der Wohnungsunternehmen und eine aktive Unterstützung durch die Kommunen sowie eine geregelte Förderung der Baufinanzierung. Auch Fortbildungsangebote für die Vorbereitung älterer Menschen, die solche Wohngemeinschaften gründen wollen, sind in den Niederlanden weiter entwickelt als hierzulande. Eine entsprechende Verbesserung dieser Rahmenbedingungen berührt z. B. die öffentliche Wohnungsbauförderung der Länder, die zu verändern zwar schwierig, aber nicht unmöglich ist.

Erfahrungen zu den Strukturen und zur qualitativen Umsetzung gemeinschaftlicher Wohnformen liegen vor allem aus den Niederlanden vor. Die Situation in den Niederlanden ist vor allem durch die schon erwähnte niederländische Studie *„Vom Idealismus zum Realismus" (Kuratorium Deutsche Altershilfe [Hrsg.], 2000:*

Die niederländische Studie „Vom Idealismus zum Realismus – Über 15 Jahre gemeinschaftliches Wohnen älterer Menschen“, Köln) sowie durch eine deutsche Studie über die Raumkonzepte niederländischer Wohnprojekte *(Narten, R./Tischer, S., 2001: Räume für gemeinschaftliche Wohnprojekte älterer Menschen – Erfahrungen aus den Niederlanden –, Kuratorium Deutsche Altershilfe [Hrsg.], Köln)* im Auftrag des Bundesbauministeriums besser erforscht als die Situation in Deutschland. Die Studien zeigen, dass in den Niederlande ältere Menschen altershomogene Gruppen eher bevorzugen.

Altersmäßige Zusammensetzung bei niederländischen Projekten

50–59 Jahre	6 %
60–64 Jahre	13 %
65–69 Jahre	24 %
70–74 Jahre	29 %
75–79 Jahre	18 %
80 u. mehr Jahre	10 %

Die Gruppe der 65- bis 74-Jährigen ist mit 53 % besonders stark vertreten. Verständlicherweise ist das Durchschnittsalter umso höher, je länger die Wohngruppe besteht. Die Zahl von immerhin 28 % über 75-Jährigen deutet auf das „Altwerden“ solcher Wohnprojekte hin. Die Studien zeigen auch, dass am Anfang der Entwicklung in den Niederlanden die Gruppen relativ klein waren, in der Zwischenzeit hat sich die Gruppengröße auf 20 bis 30 Wohneinheiten eingependelt. Für deutsche Verhältnisse sind die meisten Wohngruppen in den Niederlanden sehr groß. Dies hat etwas mit den Gemeinschaftskonzepten zu tun. Niederländische Gruppenmitglieder legen sehr viel Wert auf ihre individuelle Freiheit und ein geschütztes Privatleben, was in kleinen Gruppe schwieriger zu realisieren ist. Dies äußert sich auch in dem Trend zu größeren individuellen Wohneinheiten auf Kosten der Gemeinschaftsflächen. Üblich ist heute, dass jedes Mietglied einer Wohngemeinschaft Drei- oder Vier-Zimmer-Wohnungen als eigene Wohnbereiche hat. Gemeinschaftsräume werden auf der Grundfläche einer Wohnung konzipiert, um eine Umnutzung zu erleichtern.

Insgesamt ist diese gemeinschaftliche Wohnform in den Niederlanden besser als „normales“ Wohnangebot etabliert. Eine interessante Weiterentwicklung besteht darin, solche gemeinschaftliche Wohnformen auch im Wohnungsbestand zu schaffen. So werden Versuche unternommen, einzelne „gemeinschaftliche Wohnetagen“ in einem bestehenden Wohnblock einzurichten, um eine bessere Mischung mit Jüngeren zu ermöglichen. Gerade bezüglich der sozialen Mischung der Bewohner innerhalb eines Wohnprojektes sind die Angebote in Deutschland vielfältiger *(Kuratorium Deutsche Altershilfe [Hrsg.], 2000: Wohnen in Gemeinschaft. Dokumentation des deutsch-niederländischen Expertenworkshops am 20. und 21. Januar 2000 in Königswinter, Köln).*

3.3 Wohnsituation verändern, weil es nicht mehr anders geht

Viele ältere Menschen gestalten ihre Wohnsituation im Alter nicht bewusst, sondern bleiben in ihrer vertrauten Wohnumgebung. Durch wachsenden Hilfe- und Pflegebedarf entsteht die Entscheidungssituation, dass die Wohnverhältnisse verändert werden müssen, weil eine Pflege zu Hause nicht mehr möglich ist. Die Entscheidungsalternativen haben sich dann deutlich verringert. Vielfach steht als Wohnmöglichkeit nur noch ein Umzug ins Altenpflegeheim offen, eine Wohnalternative, die vor allem in den vergangenen Jahren deutlich an Akzeptanz für Senioren verloren hat. Sie befürchten, dass hier individuelle Fähigkeiten und Bedürfnisse nicht ausreichend berücksichtigt werden und auch Selbstbestimmung, Selbstständigkeit sowie soziale Integration verloren gehen.

In den vergangenen Jahren sind neue Wohnformen entstanden, die verstärkt bemüht sind, auch für ältere Menschen mit erheblichem Hilfe- und Pflegebedarf eine normale Alltagsgestaltung, ein Einbeziehen der normalen sozialen Umwelt und eine Mitwirkung der Bewohner bei der Alltagsgestaltung sicherzustellen. Es handelt sich um *wohngruppenorientierte Betreuungskonzepte:* Hier leben Hilfe- und Pflegebedürftige in kleinen Gruppen in einem gemeinsamen Haushalt zusammen und werden von Betreuungskräften unterstützt.

Wohngruppenorientierte Betreuungsformen für ältere Menschen sind nicht neu. In einigen europäischen Ländern werden sie schon seit Jahren praktiziert (z. B. Schweden, Niederlande, Frankreich, Schweiz) und auch in Deutschland beginnen sie den Status exotischer Modellprojekte zu verlieren. Zunehmend wächst in Fachkreisen der Konsens über das Grundkonzept, als eine bedarfsgerechte Wohnalternative für ältere Menschen mit Hilfe- und Pflegebedarf. Über die Umsetzung dieses Wohnkonzeptes wird z. T. jedoch kontrovers diskutiert und die Praxis zeichnet sich durch eine Projekt- und Begriffsvielfalt aus.

Die Entstehung dieses Wohnkonzeptes hat in verschiedenen Ländern unterschiedliche Wurzeln. Während z. B. in Frankreich und in den Niederlanden die Umstrukturierung der stationären Versorgung am Anfang der Bewegung der wohngruppenorientierten Betreuungskonzepte stand, suchte man in Schweden ein Versorgungsmodell, dass die Lücken der ambulanten Versorgung, vor allem der vielen allein lebenden Senioren, schließen konnte. Dies hat zur Ausprägung eines stationären und eines ambulanten Typs der wohngruppenorientierten Betreuungsformen geführt. In Deutschland haben sich, aufgrund der starken ordnungsrechtlichen Trennung des ambulanten und stationären Bereichs, beide Typen relativ unabhängig voneinander entwickelt und Unterschiede in der Betreuungskonzeption und Umsetzung herausgebildet. Wohngruppenorientierte Betreuungskonzepte, die vor allem im stationären Bereich angewandt werden, werden als *Hausgemeinschaften* bezeichnet. Werden sie ambulant betreut in bestehenden Wohnquartieren angeboten, bezeichnet man sie überwiegend als *betreute Wohngemeinschaften* oder *Pflegewohngruppen,* sie werden aber auch *Hausgemeinschaften mit Mieterstatus* genannt.

KDA-Hausgemeinschaften – ein Exkurs

In Deutschland stand am Anfang der Entwicklung von wohngruppenorientierten Betreuungskonzepten der ambulante Typ im Mittelpunkt der Aufmerksamkeit. Zum Teil massive Widerstände der Heimaufsichten sowie dringender Handlungsbedarf für eine bedarfsgerechtere Gestaltung der Wohn- und Lebenssituation in den Heimen haben in Deutschland in den vergangenen Jahren verstärkt zu einer Konzentration auf den *stationären Typ* der wohngruppenorientierten Betreuungskonzepte geführt. Vor allem das Kuratorium Deutsche Altershilfe hat Konzepte dieser Art aus dem Ausland aufgegriffen und für deutsche Verhältnisse als sog. „Hausgemeinschaften" nutzbar gemacht *(Bundesministerium für Arbeit und Sozialordnung/Bundesministerium für Gesundheit/Kuratorium Deutsche Altershilfe [Hrsg.], 2003: KDA-Hausgemeinschaften – eine Dokumentation von 34 Projekten, Bd. 9, Köln; Bundesministerium für Arbeit und Sozialordnung/Bundesministerium für Gesundheit/Kuratorium Deutsche Altershilfe [Hrsg.], 2001: Hausgemeinschaften – Die vierte Generation des Altenpflegeheimbaus, Bd. 8, BMA/BMG-Modellprojekte zur Verbesserung der Situation Pflegebedürftiger, Köln).* Es hat damit zu einer breiten Diskussion zur grundsätzlichen Umstrukturierung der stationären Pflegeeinrichtungen in Richtung auf kleine Wohngruppen-Einheiten beigetragen.

Hausgemeinschaften stehen für eine Abkehr von institutionalisierten, vordergründig auf Pflegequalität ausgerichteten Modellen der stationären Pflege und für eine Hinwendung zu einem an mehr Lebensqualität orientierten Normalitäts-Prinzip. Zentrales Anliegen dieses stationären Wohnpflegegruppentypus sind die Privatheit, Normalität und Dezentralisierung. So weit wie irgendmöglich geht es in den Hausgemeinschaften um Alltagsnormalität. Die Tagesabläufe orientieren sich an den Gewohnheiten und Bedürfnissen der Bewohner. In mehreren kleinen Gruppen leben jeweils sechs bis acht Bewohner nach ihrem eigenen Rhythmus zusammen und können sich nach ihrem Willen und ihren verbleibenden Kompetenzen an der Gestaltung des Tagesablaufs beteiligen. Hier muss es keine „Beschäftigungstherapie" geben und auch Pflegeaktivitäten bestimmen hier nicht den Tagesablauf wie in konventionellen Heimen. Die Pflege soll sich, ambulant gedacht und gemacht, dezent aus dem Hintergrund wirkend und klar ausgerichtet am individuellen Bedarf des einzelnen Bewohners, einfügen. Dem Bewohner soll in jedem Fall eine private Sphäre in Form eines Privatzimmers erhalten bleiben, auch wenn er pflegebedürftig oder demenzerkrankt ist.

Verglichen mit den herkömmlichen Pflegeheimen findet bei Hausgemeinschaften eine radikale Dezentralisierung statt, sowohl bezogen auf Räume als auch auf das Personal. Zugunsten einer weitgehenden Autarkie in Einzelhaushalten und einer dezentralisierten Hauswirtschaft sind hier alle heimtypischen zentralen Versorgungseinrichtungen und Entsorgungseinrichtungen bzw. -dienste abgeschafft. Alle Funktionen inklusive Kochen, Essen, Hauswirtschaft und Pflege finden nicht mehr in ausgesonderten Arealen, sondern wie in jedem normalen Haushalt innerhalb der Wohngruppe statt. Entsprechend fehlen in diesen Hausgemeinschaften repräsentative Eingangshallen, Zentralküchen, Speisesäle oder Waschküchen wie in den meisten konventionellen Altenpflegeeinrichtungen. Ebenso gibt es hier keine Stationen, Pflegestützpunkte oder Schwesternzimmer.

Bei der Mehrheit der KDA-Hausgemeinschaften gilt ordnungsrechtlich das Heimrecht. Auch wenn für diese Wohnformen mittlerweile eine ganze Reihe von Ausnahmen erwirkt wurden *(Bundesministerium für Arbeit und Sozialordnung/ Bundesministerium für Gesundheit/Kuratorium Deutsche Altershilfe [Hrsg.], 2003: KDA-Hausgemeinschaften – eine Dokumentation von 34 Projekten, Bd. 9, Köln)*, müssen die heimrechtlichen Bestimmungen einschließlich der baulichen und personellen Verordnungen erfüllt werden. Die Bewohner sind Heimbewohner und die Einrichtungen unterliegen der Heimaufsicht als Kontrollinstanz.

In der Praxis gibt es neben diesem Hausgemeinschafts-Grundtyp die Variante des *wohnbereichsorientierten Typs*. Auch diese konzeptionelle Variante unterliegt wie der Grundtyp dem Heimrecht. Hier werden die meisten Merkmale wie beim Grundtyp erfüllt, allerdings ist die Anzahl der Bewohner mit meist zwölf Personen deutlich erhöht. Dieser Typus von Hausgemeinschaften gewinnt gerade bei Heimen älterer Bauart zunehmend an Bedeutung, weil deren Bausubstanz oft keine schlankeren Lösungen zulässt. Zudem scheuen viele Träger das betriebswirtschaftliche Risiko bei Gruppengrößen von bis zu acht Bewohnern. Insbesondere das Land Sachsen favorisiert bei seiner Förderpraxis im Pflegeheimbau diesen Typ.

Es gibt zurzeit keinen genauen quantitativen Überblick über die Anzahl der praktizierten Hausgemeinschaften. Schätzungen gehen aber davon aus, dass es mittlerweile in Deutschland mehr als vierzig solcher Hausgemeinschaften gibt.

3.3.1 Betreute Wohngemeinschaften

Beispiel	
Projektname:	Hof Dellbrügge
Adresse:	Ascheloher Weg 40 33803 Steinhagen-Amshausen
Ansprechpartner:	Lebensbaum Soziale Hilfen e.V. Oststr. 36 33824 Werther Tel.: 05 02 01 / 6 69 30
Projektstart:	2001
Wohngemeinschaft „Hof Dellbrügge“ in Steinhagen-Amshausen *Foto: Lebensbaum Soziale Hilfen e.V., Werther*	

Projektziel:	Ziel des Projektes ist, pflegebedürftigen Menschen einen weitgehend normalen Wohnalltag bis zum Lebensende in einer Wohngemeinschaft zu ermöglichen.
Projektstruktur:	In einem umgebauten Bauernhof wohnen sechs ältere hilfebedürftige Menschen in einer Gemeinschaft zusammen. Jeder hat ein eigenes Zimmer, gemeinsam nutzt man Wohnküche, sanitäre Einrichtungen und Freiraumbereiche. Ein Team aus vier examinierten Fachpflegekräften (eine je 30 Wochenstunden, eine vollzeit), drei Zivildienstleistenden sowie sieben geringfügig Beschäftigten stellen sicher, dass 24 Stunden am Tag Hilfestellung und Unterstützung möglich ist. Zusätzlich kommen aus der Umgebung Tagesgäste ins Haus, die ebenfalls auf Unterstützung angewiesen sind und am Tagesablauf teilnehmen.
Projekt-finanzierung:	Die Bewohner müssen Miete und Nebenkosten für das bewohnte Zimmer und einen Anteil für die Gemeinschaftsräume zahlen. Pro qm werden Kaltmietkosten von 5 Euro erhoben, hinzu kommen 2,75 Euro/qm für Nebenkosten, die durchschnittlichen Mietkosten liegen bei 225 Euro. Die Betreuungskosten pro Bewohner richten sich nach dem individuellem Bedarf. Sie variierten zwischen 1.500 und 3.000 Euro, die anteilmäßig von den Krankenkassen, der Pflegekasse und vom Bewohner selbst bzw. dem Sozialhilfeträger finanziert werden.

In den vergangenen Jahren hat sich parallel zu den Hausgemeinschaften auch der ambulante Typus der wohngruppenorientierten Betreuungskonzepte – betreute Wohngemeinschaften – weiter verbreitet. Da im Rahmen des Projektes „Leben und Wohnen im Alter" Alternativen zur stationären Versorgung ausgelotet werden sollen, werden im Folgenden vor allem die Erfahrungen dieses Typs wohngruppenorientierter Betreuungskonzepte dargelegt. Zu beachten bleibt aber, dass in der Praxis eine genaue Zuordnung der wohngruppenorientierten Betreuungskonzepte zum ambulanten oder stationären Typus mitunter schwierig ist, da z. B. stationär arbeitende Hausgemeinschaften auch wesentliche Strukturmerkmale des ambulanten Typus haben (wie z. B. die Hausgemeinschaft in Wetter) und umgekehrt (z. B. die ambulanten Wohnpflegegruppen der Villa Hittorfstraße in Münster). Dies deutet auch darauf, dass die Grenzziehung zwischen ambulanter und stationärer Betreuung gerade bei diesem Wohnkonzept zunehmend schwieriger wird.

A Wesentliche Merkmale

Auch bei betreuten Wohngemeinschaften leben – wie bei den KDA-Hausgemeinschaften – sechs bis zwölf hilfebedürftige Bewohner in einer Gemeinschaft zusammen in einer Wohnung. Jeder hat seinen eigenen Schlaf- und Wohnbereich, den er nach seinen Vorstellungen gestalten kann. Gemeinsam nutzt man Räume wie Wohnraum, Speiseraum, Küche und Bad. Jede betreute Wohngemeinschaft wird von einer Betreuungskraft geleitet, die tagsüber und bei Bedarf auch in der Nacht von anderen Mitarbeitern unterstützt wird. Sie sind für die Organisation des Haushaltes und des Gruppenlebens zuständig. Die zusätzliche Versorgung bei darüber hinausgehendem individuellem Hilfe- und Pflegebedarf übernehmen ambulante Dienste. Die betreuten Wohngemeinschaften ermöglichen soziale Kontakte und Teilnahme an gemeinsamen alltäglichen Aktivitäten in einer häuslichen Atmosphäre und mit Unterstützung durch erfahrene Betreuer, die Sicherheit und Geborgenheit vermitteln.

Typische Merkmale betreuter Wohngemeinschaften

- Familienähnliches Zusammenleben von sechs bis zwölf hilfebedürftigen älteren Menschen in einer barrierefreien Wohnung, integriert in ein normales Wohnquartier
- Jeder hat ein eigenes Zimmer, teilweise mit eigenem Duschbad/WC, mit vertrautem eigenen Mobiliar. Gemeinsam nutzt man die Wohnküche, das Bad/Pflegebad und andere Gemeinschaftsräume und Freiräume.
- Betreuungskräfte organisieren das Gruppenleben, ambulante Dienste leisten die weitere individuell notwendige Hilfe.
- Alltag, Art und Umfang der Pflege- und Betreuungsleistungen werden abgestimmt auf die individuellen Bedürfnisse der Bewohner.
- Ein an der „Normalität" orientierter Tagesablauf wird organisiert.

Daneben weist die Mehrheit der ambulant betreuten Wohngemeinschaften aber spezielle Besonderheiten auf, die sie tendenziell von dem eher stationären Typ der Hausgemeinschaften unterscheiden, auch wenn nicht immer eine scharfe Trennlinie zu ziehen ist und in der Praxis auch nicht gezogen wird.

- Die Besonderheit der Wohngemeinschaften mit Betreuung lässt sich am besten damit beschreiben, dass es sich um eine Wohnform handelt, die sich aus dem „normalen" Wohnen heraus entwickelt hat. Die notwendige Hilfe wird im Prinzip genauso organisiert wie in einem privaten Haushalt, nämlich durch ambulante Dienste. Die Bewohner (oder deren persönlicher Vertreter) sind der „Herr im Hause" und das Unterstützungspersonal ist der Gast. Wohngemeinschaften mit Betreuung sind als *Ergänzung der ambulanten Versorgungskette* zu sehen, die auf Hilfeleistungen in der eigenen Häuslichkeit ausgerichtet ist. Hier besteht ein konzeptioneller Unterschied zu den KDA-Hausgemeinschaften, die ja auch als „vierte Generation" des Pflegeheims bezeichnet werden. Die Hausgemeinschaften kommen also aus einer anderen Entwicklungsrichtung, indem institutionelle Strukturen aufgebrochen werden und in Richtung Dezentralisierung und Haushaltsorientierung dem normalen Wohnen angenähert werden. Vom Prinzip her stellen die Wohngemeinschaften mit Betreuung *keine* Weiterentwicklung des Pflegeheims oder etwa der Hausgemeinschaften dar. Vielmehr ist das Konzept der betreuten Wohngemeinschaften eine Weiterentwicklung der wohnungsnahen, quartiersbezogenen, ambulanten Versorgung hilfebedürftiger Menschen.

- Wohngemeinschaften mit Betreuung sind im eigentlichen Sinne keine Einrichtungen und auch nicht in Einrichtungen integriert oder diesen angegliedert, sondern in *normale – barrierefrei umgestaltete – Wohnungen in bestehenden Wohnquartieren* eingestreut. Dadurch können die Bewohner sehr häufig in ihrem vertrauten Wohnumfeld verbleiben und alte nachbarschaftliche Kontakte bleiben leichter erhalten als bei einem Wechsel in eine vielfach vom direkten Wohnquartier entfernte stationäre Einrichtung. Durch die Nutzung der vorhandenen Bausubstanz in normalen Wohnquartieren, können solche Wohnprojekte relativ schnell aufgebaut, aber auch wieder abgebaut werden, wenn die Wohnungen wieder einer anderen Nutzung zugeführt werden sollen. Der Aufbau einer stationären Einrichtungen ist aufwendiger und beharrungsträchtiger.

- Die Wohngemeinschaften mit Betreuung sind *kleine Einheiten.* Einmal kann die Gruppengröße bis auf nur drei Personen reduziert sein. Zum anderen werden Wohnungen i. d. R. nur als Einzelgruppe organisiert. Bei den KDA-Hausgemeinschaften werden häufig mehrere Gruppen zu kleinen Ensembles zusammengefasst und die Gruppenstärke sinkt i. d. R. nicht unter sechs Personen.

- Die *Initiatoren* von Wohngemeinschaften mit Betreuung sind i. d. R. eher *kleinere Organisationen,* – seien es ambulante Dienste oder Angehörigeninitiativen oder sonstige Vereine. Pflege- und Betreuungskräfte rekrutieren sich meistens aus Mitarbeitern ambulanter Dienste. Die Trennung zwischen Anbieter von Betreuungsleistungen und Eigentümer bzw. Vermieter der Wohnung ist bei den betreuten Wohngemeinschaften meist stringenter als bei den KDA-Hausgemeinschaften. Diese werden i. d. R. dagegen eher von erfahrenen Trägern von Altenpflegeeinrichtungen organisiert, die ihr Angebot erweitern oder verbessern wollen. Auch als ambulanter Typus sind die KDA-Hausgemeinschaften üblicherweise bereits während der Planung mit den Behörden abgestimmt und regelhafter organisiert. Wohngemeinschaften mit Betreuung brauchen manchmal Jahre, bis sie von den Behörden toleriert werden und sie ihr Leistungsspektrum mit den Behörden abgestimmt haben *(Kremer-Preiß, U./Stolarz, H., 2003: Wohngemeinschaften mit Betreuung – Eine Ergänzung zum KDA-Hausgemeinschaftskonzept?, in: ProAlter, H. 2, S. 6 ff.).*

- Der Bewohner einer betreuten Wohngemeinschaft hat nicht den Status eines Heimbewohners, sondern den *Status eines Mieters,* der sich nach seiner Wahl Betreuungs- und Serviceleistungen hinzukauft. Damit verbunden ist auch, dass die betreute Wohngemeinschaft keine heimgesetzlichen Anforderungen an die Wohnraumgestaltung und den Personaleinsatz erfüllen muss.

- Bei dieser Variante der wohngruppenorientierten Betreuungskonzepte geht es weniger um die Umstrukturierung des institutionalisierten, vordergründig auf Pflegequalität ausgerichteten Modells der Heimversorgung, hin zu mehr Dezentralisierung und Normalität. Es ist daher auch weniger mit den Problemen der Überwindung von traditionellen Elementen einer institutionalisieren Heimversorgung konfrontiert. Zentrales und konstitutives Merkmal dieser Variante des Wohnpflegegruppen-Konzeptes ist nach Auffassung der Initiatoren das *Wahlrecht*. Wie in der normalen Wohnung die ambulante Pflege im Einzelhaushalt der Patienten bestimmen hier die Wohngemeinschaftsbewohner bzw. deren Angehörige oder gesetzliche Betreuer, wer Pflege und Betreuung bereitstellt, wie diese strukturiert sein soll, mit wem die Wohnung geteilt wird, wie die Wohnung ausgestattet wird, was gegessen und getrunken wird. Ambulant betreute Wohngemeinschaften stärken damit nach Auffassung vieler Befürworter deutlich die Kundenrolle, weil die Bewohner die Personalauswahl, die Pflegeabläufe und Pflegepriorität und die Alltagsgestaltung wählen und nach individuellen – bzw. in der Gemeinschaft abgestimmten – Bedürfnissen selbst bestimmen können *(Pawletko, K.-W., 2002: Ambulant betreute Wohngemeinschaften für demenziell erkrankte Menschen, Bundesministerium für Familie, Senioren, Frauen und Jugend [Hrsg.], Berlin).*

B Quantitative Entwicklung

In Deutschland existiert eine nicht unerhebliche Zahl dieser betreuten Wohngemeinschaften. Vor allem in drei Regionen in Deutschland – Berlin, Braunschweig oder Bielefeld – hat sich mittlerweile ein breites Angebot an betreuten Wohngemeinschaften entwickelt. Allein in Berlin gibt es über 60 solcher Wohngruppen, in Bielefeld ca. 30, in Braunschweig acht. Die meisten sind Anfang bis Mitte der 90er Jahre entstanden. Das KDA hat im Rahmen der Projektarbeiten eine Adressenrecherche durchgeführt und ca. 130 bestehende Projekte dieser Art in Deutschland ermittelt, in denen rund 1.000 hilfe- und pflegebedürftige ältere Menschen leben.

Experten erwarten in Zukunft einen weiteren Ausbau dieser kleinen betreuten Wohneinheiten. Auf dem Internationalen Kongress des Wohlfahrtswerks Baden-Württemberg „*Dienstleistungen für Senioren in Europa zwischen Basisversorgung und Luxusartikel*“ im Herbst 2002 war das Fazit der Experten aus verschiedenen europäischen Ländern: „*Das klassische Pflegeheim ist ein Auslaufmodell, der Trend zu kleinen betreuten Wohneinheiten für Ältere wird sich verstärken*“ *(Forum Sozial-*

station – Forum aktuell vom 25.9.2002). Auch die Wohnungswirtschaft öffnet sich zunehmend solchen Konzepten, weil diese eine gute Möglichkeit bieten, bewährte ältere Mieter auch bei Hilfe- und Pflegebedarf in ihrer vertrauten Wohnumgebung zu halten.

Der Bedarf wird aber sehr unterschiedlich eingeschätzt. Einige schätzen den Bedarf auf 2- bis 5 % derjenigen, die sonst in ein Pflegeheim gehen würden. Andere streben an, in jedem Stadtteil solche betreuten Wohngemeinschaften anzubieten *(Narten, R./Stolarz, H., 2000: Neue Wohnmodelle für das Alter – Dokumentation des Expertenworkshops am 11./12. Juni 1997 in Bonn-Oberkassel, Bundesministerium für Familie, Senioren, Frauen und Jugend [Hrsg.], Bonn).*

C Wohn- und Leistungsstrukturen

Betreuungskonzepte

Wohngemeinschaften mit Betreuung zeichnen sich durch eine erhebliche Konzeptvielfalt aus. Die Bandbreite der Klientel und der Bewohnermischung ist bei ihnen sehr groß und auch darin unterschieden sie sich von den Hausgemeinschaften. Die betreuten Wohngemeinschaften konzentrieren sich nicht nur auf Bewohner mit großem Hilfebedarf (z. B. Menschen mit Demenz), sie schließen auch Alt – Jung oder/und Nicht-Pflegebedürftige ein. Die Betreuungsintensität ist in betreuten Wohngemeinschaften in besonderem Maße flexibel auf den individuellen Bedarf ausgerichtet und kann – je nach Klientel – auch minimal sein (z. B. ohne Nachtdienst, nur stundenweise präsent).

In der Praxis lassen sich folgende Betreuungskonzepte *(Narten, R./Stolarz, H., 2000: Neue Wohnmodelle für das Alter – Dokumentation des Expertenworkshops am 11./12. Juni 1997 in Bonn-Oberkassel, Bundesministerium für Familie, Senioren, Frauen und Jugend [Hrsg.], Bonn)* unterscheiden:

- nach der *Zielgruppe:* Manche Projekte wenden sich explizit an schwer pflegebedürftige vor allem gerontopsychiatrisch Erkrankte und stellen eine Rund-um-die Uhr-Betreuung sicher (wie z. B. die Berliner Wohnpflegegruppen des Vereins *„Freunde alter Menschen“).* Andere arbeiten auch mit weniger Hilfe- und Pflegebedürftigen, die aber aufgrund von psychischen Problemen (z. B. Depression, Vereinsamung) nicht mehr allein in ihren Wohnungen leben können. Die Bewohner regeln ihren Haushalt weitgehend selbstständig, sie erhalten nur stundenweise pflegerische und hauswirtschaftliche Unterstützung sowie eine sozialpädagogische Betreuung (wie z. B. Wohnpflegegruppen von *ambet e.V.*, Braunschweig). Darüber hinaus nehmen manche nur ältere Menschen in die Wohngruppen auf, andere setzen auf ein Zusammenleben der Generationen (z. B. *Alt und Jung e.V.*, Bielefeld). Bei Letzteren soll in sog. Pflege-Häusern jungen wie älteren Menschen eine langfristige oder vorübergehende Unterkunft gegeben werden, wenn sie auf Hilfe und Pflege angewiesen sind oder mit hilfe- und pflegebedürftigen Menschen zusammenleben möchten.

- nach der *Personalorganisation:* So gibt es ambulante Wohnpflegegruppen, bei denen die älteren pflegebedürftigen Menschen sich gemeinsam eine Betreuungskraft anstellen, die als kontinuierliche Ansprechperson meist tagsüber zur Verfügung steht. Darüber hinaus werden grund- und behandlungspflegerische Verrichtungen im Rahmen der etablierten Regelversorgung von selbstgewählten externen ambulanten Diensten erbracht (z. B. die Wohnpflegegruppen *ambet e.V.*, Braunschweig; *„Villa Hittorfstraße"*, Münster). Die pflegerischen Leistungen werden individuell mit den Pflegediensten abgerechnet. Daneben gibt es betreute Wohngemeinschaften mit ausschließlicher Versorgung durch ambulante Pflegedienste. Hier übernehmen die Präsenzkräfte auch Pflegeleistungen und es wird keine Trennung von Pflege- und Betreuungsleistungen vorgenommen. Die Versorgungsstruktur dieser Wohngruppenform orientiert sich am tatsächlichen Pflegebedarf – und den entsprechenden Ansprüchen an die Kostenträger – der einzelnen Mitbewohner. Diese Ansprüche werden „in einen Topf geworfen" und von der Summe wird ambulante Pflege „eingekauft" (z. B. Wohnpflegegruppen Berlin des Vereins *„Freunde alter Menschen"* oder die Wohngruppen des Vereins *„Lebensbaum"* in Bielefeld).

Daneben betonen einzelne Projekte die Selbstregulierungskräfte der Gruppen (z. B. *Alt und Jung e.V.* Bielefeld), während andere eine bewusste Lenkung der Gruppenprozesse durch sozialpädagogische Betreuung dieser Wohngruppen planen (z. B. Wohnpflegegruppen des Vereins *ambet,* Braunschweig). Unterschiedlich ist auch die Intensität des Zusammenlebens. Während Einzelne von einem dauerhaften Zusammenleben in einem Haushalt ausgehen, sind andere offen für Bewohner, die von vornherein nur kurzfristig dort versorgt werden wollen (z. B. „Alt und Jung"-Häuser in Bielefeld). Unterschiedlich stark ist der Quartiersbezug ausgeprägt. Während z. B. die Wohnpflegegruppen von *ambet* über die ganze Stadt Braunschweig verteilt sind, und allen Braunschweiger Bürgern offen stehen, wird in den Wohnpflegegruppen der *Freien Scholle* in Bielefeld der Quartiersbezug in den Vordergrund bei der Auswahl der Interessenten gestellt.

Gruppengröße

Einen genauen Überblick über die Gruppengrößen dieser Wohnprojekte gibt es zurzeit nicht. Nach bisherigen Recherchen haben die meisten Wohnpflegegruppen Gruppengrößen von sechs bis acht Personen. Es gibt aber auch Projekte mit vier Bewohnern und Gruppenstärken von zehn bis zwölf Bewohnern. Manche Initiatoren haben im Laufe der Zeit ihre Gruppenstärken verändert, weil sie sich betriebswirtschaftlich als nicht sinnvoll erwiesen oder das Klientel mit der Gruppengröße gruppendynamisch überfordert war. Praktische Erfahrungen deuten darauf hin, dass sich eine Gruppengröße von sechs bis acht Bewohnern sowohl betriebswirtschaftlich als auch gruppendynamisch bewährt hat.

Wohnangebot

In der Praxis hat jeder Bewohner innerhalb der Wohnpflegegruppe i. d. R. ein eigenes Zimmer, im Einzelfall auch Wohn- und Schlafzimmer. Es gibt auch einige wenige Beispiele, wo die Bewohner betreuter Wohngemeinschaften ein eigenes Appartement bewohnen (z. B. in Rendsburg, Münster). Hier handelt es sich i. d. R. um Hausgemeinschaften mit Mieterstatus. Als Wohn- und Schlafraum mit vertrautem eigenem Mobiliar bietet dieser Privatbereich jedem einzelnen älteren Menschen die für ihn wichtige Rückzugsmöglichkeit. Diese private Sphäre bleibt ihm auch erhalten, wenn er schwer pflegebedürftig oder demenziell erkrankt ist. Hierin unterscheidet sich dieses Wohnangebot deutlich von anderen Wohnkonzepten, wie z. B. das Betreute Wohnen. Die einzelnen Zimmer werden i. d. R. von einem Gemeinschaftsbereich mit Wohnküche und einem bzw. mehreren Bädern umschlossen, an die sich angrenzend Freiräume oder ein geschützter Garten befindet. Herzstück des Gemeinschaftsbereiches ist i. d. R. ein geräumiger, gemütlich eingerichteter Küchen-/Wohnbereich, in dem sich der gemeinsame Alltag vollzieht. Über ein eigenes Bad/WC verfügen die Bewohner i. d. R. nicht. Die Bewohner müssen sich ein Bad oder mehrere Bäder teilen.

Eine systematische Auswertung der in der Praxis umgesetzten Raumkonzeptionen der Wohnpflegegruppen liegt zurzeit nicht vor. Es gibt jedoch eine Reihe exemplarischer Erfahrungswerte und projektbezogener Teilanalysen (u. a. *Narten, R./Fuhrig, A., 2000: Wohnungen für betreute Wohngruppen alter Menschen, Bundesministerium für Familie, Senioren, Frauen und Jugend [Hrsg.], Bonn)*. Sie machen deutlich, dass sich bei den betreuten Wohngemeinschaften eine Reihe von Problemen hinsichtlich einer bedarfsgerechten Gestaltung des Wohnraumangebotes in der Praxis ergeben. Insgesamt ist es schwierig, geeignete Wohnungen zur Integration solcher Wohnprojekte in einem Quartier zu finden. Es fehlt in vielen Regionen an zentral gelegenen, entsprechend großen Wohnungen, in denen neben sechs bis acht Zimmern für die Bewohner, zugleich noch ausreichend Platz für Gemeinschaftsräume ist. Berlin mag hier eine Ausnahme sein, was vielleicht mit ein Grund für die Häufung dieses Wohnangebotes in dieser Region ist. Der Mangel an ausreichend großen Wohnangeboten hat in der Praxis u. a. zur Folge, dass Interessenten an solchen Wohnkonzepten nicht in ihren angestammten Wohnquartieren bleiben können oder nicht jeder Bewohner über ein eigenes Zimmer verfügt. So leben z. B. in einzelnen Wohngruppen der Schweiz zwei Frauen in einem größeren Zimmer zusammen. In den Braunschweiger Wohngruppen müssen sich z. B. jeweils zwei Frauen ein Badezimmer teilen, was nicht immer unproblematisch ist. Praktische Erfahrungen zeigen auch, dass die Individualräume öfter als zu klein bewertet wurden, um eine bedarfsgerechte Wohnqualität zu gewährleisten, die auch eine individuelle Mindestmöblierung ermöglicht *(Narten, R./Fuhrig, A., 2000: Wohnungen für betreute Wohngruppen alter Menschen, Bundesministerium für Familie, Senioren, Frauen und Jugend [Hrsg.], Bonn).*

Weiterhin ist die normale Bausubstanz häufig nicht auf die besondere Bedarfslage hilfe- und pflegebedürftiger älterer Menschen ausgerichtet. In der Regel sind umfassende Wohnungsanpassungsmaßnahmen vor der Gründung oder auch während des Betriebs solcher Wohnprojekte notwendig. Jedoch lassen sich nicht immer alle baulichen Hindernisse aus dem Weg räumen. Dies betrifft vor allem Treppen beim Zugang in die Wohnungen, zu geringe Bewegungsflächen in den Bädern, zu enge Türen. Auch der Anschluss von Freiräumen ist in betreuten Wohngemeinschaften nicht immer gelungen und erfordert von den Betreuungskräften viel Improvisation. Dies resultiert aber nicht nur aus dem Mangel an bedarfsgerechten Wohnraumangeboten. Es fehlen den Initiatoren ambulanter Wohnpflegegruppen häufig auch finanzielle Spielräume für aufwendige Umbaumaßnahmen. Zum Teil wird der Mangel an Informationen über bedarfsgerechte Raumgestaltungsmöglichkeiten bei den Initiatoren der Wohngruppen beklagt *(Narten, R./Fuhrig, A., 2000: Wohnungen für betreute Wohngruppen alter Menschen, Bundesministerium für Familie, Senioren, Frauen und Jugend [Hrsg.], Bonn).*

Es scheint so, dass die Passung von Architektur und sozialen Betreuungskonzepten bei ambulanten betreuten Wohngemeinschaften zurzeit schwerer gelingt, als bei dem stationären Typus dieser wohngruppenorientierten Betreuungskonzepte. Diese werden i. d. R. neu gebaut und bei diesen werden von vornherein höhere Standards geltend gemacht. So verfügen die Bewohner hier i. d. R. über ein Einzelzimmer mit eigenem Bad. Dafür sind bei betreuten Wohngemeinschaften häufig die Investitionskosten geringer.

Die Nutzung der privaten und gemeinschaftlichen Räumlichkeiten in den Wohnpflegegruppen scheint unterschiedlich zu sein. Einzelne Erfahrungsberichte deuten darauf, dass bei betreuten Wohngemeinschaften mit primär somatisch Erkrankten das Bedürfnis nach privatem Rückzug und entsprechend ausgestalteten Privaträumen relativ groß ist, demgegenüber scheint in betreuten Wohngemeinschaften mit primär demenziell Erkrankten die Nutzung der Gemeinschaftsräume ausgeprägter.

Betreuungsangebot

Das Dienstleistungsangebot in den Wohnpflegegruppen orientiert sich explizit am tatsächlichen Hilfe- und Pflegebedarf der Bewohner. Dementsprechend ist das Betreuungsangebot in den einzelnen Gruppen sehr unterschiedlich. Manche Wohngruppen bieten eine Rund-um-die-Uhr-Betreuung mit Präsenzkräften an, bei anderen kommen die Betreuungskräfte nur stundenweise in die Wohnung, alle weiteren Leistungen werden von den Bewohnern oder von ambulanten Diensten erbracht.

Der Tagesablauf wird individuell gestaltet und richtet sich nach den Wünschen der Bewohner. So kann z. B. das Frühstück zur selben Zeit eingenommen werden wie zu Hause und damit können sich Frühstückszeiten über mehrere Stunden hinziehen. Beschäftigung und Ruhe wechseln sich nach eigenem Ermessen ab. Einzelne helfen im Haushalt mit, soweit sie noch können und wollen. In unterschiedlichen Ausmaß werden die Bewohner zu gemeinsamen Aktivitäten aufgefordert. Muße und Aktivitäten prägen den Alltag in einer Wohngruppe und weniger der Eindruck einer pflegerischen oder medizinischen Betreuung.

Auch die Organisation der *Mahlzeiten* erfolgt unterschiedlich. Die Mahlzeiten werden entweder von den Betreuungskräften unter freiwilliger Mithilfe der Bewohner zubereitet, oder es wird eine Hauswirtschaftkraft eingestellt. Verbunden mit dem Kochen sind *Einkäufe,* die auch von den Betreuungskräften oder den hauswirtschaftlichen Kräften – wenn immer möglich gemeinsam mit den Bewohnern – getätigt werden. Auch die *Wäsche* wird i. d. R. in den Wohnungen selbst besorgt, ebenso unter freiwilliger Mitwirkung der Bewohner.

Pflegerische Leistungen werden ebenso unterschiedlich organisiert. Bei einigen Wohngemeinschaften kommen externe ambulante Pflegedienste ins Haus und erledigen die individuell notwendigen grund- und behandlungspflegerischen Leistungen. In anderen betreuten Wohngemeinschaften übernehmen die Präsenzkräfte nicht nur die Betreuungsleistungen, sondern auch die Pflegeleistungen. Ähnlich unterschiedlich ist die *Nachtbetreuung* geregelt. Bei betreuten Wohngemeinschaften mit vorwiegend demenziell erkrankten Bewohnern befindet sich eine Nachtbereitschaft in der Wohnung oder in unmittelbarer Nähe. In anderen betreuten Wohngemeinschaften wird die Nachtbetreuung über eine ambulante Notrufsicherung geregelt.

Personalsituation

In betreuten Wohngemeinschaften wird mit unterschiedlichen Betreuungsschlüsseln gearbeitet und auch das Qualifikationsniveau der Präsenzkräfte ist sehr unterschiedlich. Es liegt aber zurzeit kein systematisch aufbereitetes statistisches Zahlenmaterial über die Anzahl und die Qualifikation der Betreuungskräfte in betreuten Wohngemeinschaften vor. Ebenso fehlen Informationen, welche zusätzlichen ambulanten Hilfen in diesen Wohngruppen geleistet werden und welche Betreuungsschlüssel angemessen sind. Es kann nur auf exemplarische Erfahrungen verwiesen werden.

Betreuungspersonal – Beispiele –	
Braunschweig: (4 Bewohner)	1 Sozialpädagoge 1 Hauswirtschaftskraft 1 ZDL (alle Kräfte zusammen arbeiten 32 Wochenstunden)
Bielefeld: (6 Bewohner)	3 Fachkräfte mit je 30 Wochenstunden 1 Vollzeitkraft 7 geringfügig Beschäftigte 3 ZDL
Berlin: (12 Bewohner)	2 Fachpflegekräfte mit 33 bzw. 28 Wochenstunden 3 Hilfskräfte mit 30, 20 und 12 Wochenstunden 2 ZDL, vollzeit 5 studentische Mitarbeiter, 10 Std. Dienst für die Nachtbetreuung

Erfahrungsberichte von Mitarbeitern und Angehörigen machen deutlich, dass bei Wohngruppen mit überwiegend demenziell erkrankten Bewohnern tagsüber mindestens zwei Betreuungspersonen vor Ort sein sollten, damit die Bewohner trotz hauswirtschaftlicher und pflegerischer Verpflichtungen der Betreuungskräfte genügend Ansprache haben *(Böhler, A. 2002: Das Wohngruppenkonzept in der Praxis – Ergebnisse einer qualitativen Befragung von Angehörigen und Mitarbeitern bereits bestehender Wohngemeinschaften für Demente, in: Klie, Th. [Hrsg.], Wohngruppen für Menschen mit Demenz, Hannover, S. 304 ff.).*

Kontrovers diskutiert wird, ob die praktizierten Wohnprojekte eine bedarfsgerechte Betreuung sicherstellen können. Vor allem befürchten Kritiker, dass eine Reduzierung des examinierten Fachpflegepersonals zugunsten eines verstärkten Einsatzes von Hauswirtschaftskräften bzw. Hilfskräften zu einer unqualifizierten Betreuung führen kann. Andere gehen davon aus, dass durch die stundenweise oder ständige Anwesenheit der Präsenzkräfte sowie die zeitweise Zuschaltung von Pflegekräften pro Bewohner, in den Wohnpflegegruppen mehr Zeit für die Betreuung und Pflege zur Verfügung steht als in konventionellen Pflegeheimen. Zudem könne die Versorgung gezielter auf die Bedarfe der Bewohner abgestimmt werden und die Angehörigen leichter in die Betreuungsarbeit eingebunden werden. Zurzeit fehlt verlässliches Datenmaterial zum Personaleinsatzes und zur Personalqualifikation, um einschätzen zu können, inwiefern betreute Wohngemeinschaften besondere Vorteile oder wo sie Probleme bei der bedarfsgerechte Betreuung der Bewohner tatsächlich haben.

Die Arbeitsbedingungen für das Personal werden unterschiedlich eingestuft. Ausländische Erfahrungen deuten darauf, dass dieses Wohnkonzept zu einer deutlichen Steigerung der *Arbeitszufriedenheit* führe. Durch die Vielfalt der Tätigkeiten, die häufige teilzeitorientierte Beschäftigung und die verantwortungsvolle Arbeit haben z. B. in der Schweiz Mitarbeiter von betreuten Wohngemeinschaften eine im Vergleich zur stationären Pflege oder auch zur normalen ambulanten Pflege höhere Arbeitszufriedenheit, was sich in geringeren Krankenständen und geringeren Tendenzen zur Aufgabe des Pflegeberufs niederschlägt *(Brändle-Ströh, 1998: Pflegewohnung – ein Modell gemeinschaftlichen Wohnens aus der Schweiz – Konzept und Erfahrungen, Zürich).* Auch in Deutschland liegen einzelne exemplarische Erfahrungsberichte über die Arbeitszufriedenheit der Mitarbeiter in Wohngruppen vor. Die Mitarbeiter schätzen hier insbesondere die individuelle Arbeitseinteilung, die es erlaubt, auf die persönlichen Bedürfnisse der einzelnen Bewohner einzugehen. Insgesamt sei der Zeitdruck geringer, da es keine starren Angebote zu bestimmten Tagen oder Uhrzeiten gebe. Die Möglichkeit persönliche Beziehungen zu den Bereuten aufzubauen, vereinfache zudem den Umgang mit den Bewohnern und trage mit zu einer angenehmen Arbeitsatmosphäre bei. Kritisch wird aber gesehen, dass die Mitarbeiter in kleinen Teams arbeiten müssen und sich dadurch bei Schwierigkeiten nicht austauschen können. Auch die große Nähe in der Wohngemeinschaft wird von den Mitarbeitern gelegentlich als schwierig erlebt. Eine gute Diensteinteilung sowie kurze Auszeiten in Überforderungssituationen seien wichtige Voraussetzungen dafür, ein ausgewogenes Verhältnis zwischen Nähe und Distanz zu gewinnen. Darüber hinaus werden Gespräche mit Kollegen sowie das Angebot einer Supervision als große Unterstützung empfunden *(Böhler, A. 2002: Das Wohngruppenkonzept in der Praxis – Ergebnisse einer qualitativen Befragung von Angehörigen und Mitarbeitern bereits bestehender Wohngemeinschaften für Demente, in: Klie, Th. [Hrsg.], Wohngruppen für Menschen mit Demenz, Hannover, S. 304 ff.).*

Großer Wert wird in den meisten Wohngemeinschaften auf das Vorhandensein fester Bezugspersonen und damit auf eine Kontinuität des Betreuungsteams gelegt. Personalfluktuation der Präsenzkräfte resultieren in einigen Wohngruppen aber auch aus arbeitsorganisatorischen Bedingungen (z. B. durch die Beschäftigung von ABM-Kräften).

Mitwirkungsmöglichkeiten

Konzeptionell treten die betreuten Wohngemeinschaften mit dem Anspruch an, dass die Bewohner sich nach ihren Fähigkeiten an der Mitgestaltung der Wohn- und Lebensbedingungen in den Wohngruppen beteiligen können. Einzelne Initiatoren betreuter Wohngemeinschaften halten es auch für erforderlich, dass sich beim Aufbau eines solchen Wohnprojektes die zukünftigen Bewohner (meist aber deren Angehörige/gesetzliche Betreuer) oder entsprechende Interessenvertretungen engagieren. Zumal die Kosten für die Organisation der ambulanten Pflege-Wohngemeinschaften von den Organisatoren dieser Wohnprojekte i. d. R. selbst getragen werden müssen.

Es liegen aber zurzeit keine genauen Informationen vor, inwieweit die Bewohner und Angehörigen tatsächlich ihre Fähigkeiten beim Aufbau und bei der Gestaltung des Alltagslebens dort einbringen bzw. wie von den Betreuungskräften diese Mitwirkung unterstützt wird. Erfahrungsberichte zeigen, dass die Erstbesetzung der Gruppen vielfältige Mitwirkungsmöglichkeiten bei der Gestaltung der Wohnbedingungen hat, aber für die Nachrücker sich der Gestaltungsspielraum im Wesentlichen nur noch auf die Individualräume bezieht. Auch eine Mitwirkung an der Organisation des Alltags hat sich in manchen Gruppen als sehr schwierig erwiesen. So ist man in den Wohnpflegegruppen von ambet e.V. in Braunschweig zu Beginn davon ausgegangen, dass die Bewohner sich durch gegenseitige Hilfe eine selbstständige Haushaltführung ermöglichen können. Der Hilfebedarf der Bewohner war aber so hoch, dass eine Mitwirkung der Bewohner an der Haushaltsführung kaum möglich war *(Narten, R./Fuhrig, A., 2000: Wohnungen für betreute Wohngruppen alter Menschen, Bundesministerium für Familie, Senioren, Frauen und Jugend [Hrsg.], Bonn).* Aufgrund des verschlechterten Gesundheitszustandes der Bewohner kann in einzelnen Wohngemeinschaften immer weniger gemeinsamer Alltag gelebt werden. In diesem Zusammenhang wird auch angemerkt, dass es an Beschäftigungen für diejenigen fehle, die aufgrund der forschreitenden demenziellen Beeinträchtigung nicht mehr in die Alltagsaufgaben einbezogen werden können *(Böhler, A. 2002: Das Wohngruppenkonzept in der Praxis – Ergebnisse einer qualitativen Befragung von Angehörigen und Mitarbeitern bereits bestehender Wohngemeinschaften für Demente, in: Klie, Th. [Hrsg.], Wohngruppen für Menschen mit Demenz, Hannover, S. 304 ff.).*

Unterschiedliche Erfahrungen hat man mit der Einbeziehung von Angehörigen oder ehrenamtlicher Helfer gemacht. Während es einzelnen Gruppen nach deren Auskunft gut gelingt, Angehörige in die Betreuung einzubinden (z. B. Wohnpflegegruppen des Vereins „Freunde alter Menschen" in Berlin), haben andere erhebliche Probleme, die Angehörigen oder Ehrenamtlichen zur Mitwirkung zu gewinnen (z. B. Wohnpflegegruppen von *ambet,* Braunschweig). Vor allem einer verpflichtenden Einbeziehung – wie dies einzelne Wohngruppenkonzepte vorsehen – stehen Angehörige eher kritisch gegenüber *(Böhler, A. 2002: Das Wohngruppenkonzept in der Praxis – Ergebnisse einer qualitativen Befragung von Angehörigen und Mitarbeitern bereits bestehender Wohngemeinschaften für Demente, in: Klie, Th. [Hrsg.], Wohngruppen für Menschen mit Demenz, Hannover, S. 304 ff.).*

Präventive Leistungen

Inwiefern sich durch diese Wohnprojekte präventive Wirkungen erzielen lassen, darüber gibt es kein gesichertes Erfahrungswissen. Es liegt kein Zahlenmaterial vor, wie viele Heimunterbringungen durch dieses Wohnangebot vermieden werden konnten bzw. wie viele vielleicht doch noch einmal in eine stationäre Einrichtung wechseln mussten, wie viele Bewohner durch das Leben in einer solchen Wohngruppen motorische und kognitive Ressourcen erhalten oder wiedergewinnen konnten.

Erfahrungsberichte deuten auf eine sehr geringe Anzahl von Bewohnern, die von betreuten Wohngemeinschaften noch einmal in eine stationäre Einrichtung wechseln mussten. Die überwiegende Mehrheit der Bewohner lebt bis zum Ende in diesen Wohngruppen. Darüber hinaus gibt es Beispiele, dass durch das Zusammenleben mit anderen und die intensive Betreuung im Verlaufe langjährigen Alleinlebens verloren gegangene Fähigkeiten wiedergewonnen wurden und die Senioren selbstständiger und aktiver wurden *(Narten, R./Fuhrig, A., 2000: Wohnungen für betreute Wohngruppen alter Menschen, Bundesministerium für Familie, Senioren, Frauen und Jugend [Hrsg.], Bonn)*. Andere berichten von der Vermeidung oder Reduzierung von Psychopharmaka-Gaben. Durch den Verzicht auf dämpfende Medikation wurde gleichzeitig größere Vitalität und nachlassende Inkontinenz erreicht, die Neigung zu Stürzen, Druckstellen durch lange Liegezeiten, zu geringe Flüssigkeitsaufnahme gingen zurück. Verwiesen wird auch auf eine geringe Zahl von Krankenhausaufenthalten *(Pawletko, K.-W., 2002: Ambulant betreute Wohngemeinschaften für demenziell erkrankte Menschen, Bundesministerium für Familie, Senioren, Frauen und Jugend [Hrsg.], Berlin)*. Als weiterer präventiver Effekt wird die Vermeidung von Überforderungen der pflegenden Angehörigen angeführt.

D Nutzer-/Bewohnerstrukturen

Es gibt zurzeit in Deutschland keine systematischen Untersuchungen über die Bewohnerstruktur in betreuten Wohngemeinschaften. Es fehlen Zahlen über die Altersstruktur und den Pflegebedarf der Bewohner in den praktizierten Projekten. Ebenso ist nicht bekannt, wie viele dieser Bewohner gerontopsychiatrisch erkrankt sind. Erfahrungsberichte zeigen, dass es – wie in anderen Altenhilfeeinrichtungen auch – vorwiegend allein stehende Frauen mit einem erhöhten Hilfe- und Pflegebedarf sind, die dieses Wohnangebot nutzen. In manchen Wohngruppen wohnen ausschließlich Bewohner der Pflegestufen II und III. Ebenso ist hier von einem relativ hohen Anteil demenziell Erkrankter auszugehen, da einzelne Wohnprojekte ihr Angebot speziell auf dieses Klientel ausrichten. Informationen liegen auch kaum darüber vor, wie zufrieden die Bewohner mit diesem Wohnangebot sind und welche Erwartungen sie mit diesem Wohnangebot verbinden.

E Finanzielle Aspekte

Für das Wohnen in einer Wohnpflegegruppe fallen unterschiedliche Kosten an. Der Bewohner betreuter Wohngemeinschaften muss einmal als Mieter

- *Wohnkosten* für die privat und gemeinschaftlich genutzten Räumlichkeiten begleichen. Darüber hinaus hat jeder einen gleichen Anteil an
- Haushaltsgeld und
- Betreuungskosten für die Präsenzkräfte zu zahlen.
- Hinzu kommen noch einmal die individuell abgerechneten *Pflegekosten* nach Bedarf.

Stärker als beim stationären Typus der Hausgemeinschaften schwanken bei den realisierten Projekten betreuter Wohngemeinschaften die Kosten. Die Variationen ergeben sich zum einen daraus, dass z. T. Kostensätze zugrunde gelegt werden, in denen alle Leistungen (auch die individuell notwendigen Pflegekosten) enthalten sind. Bei anderen Wohnprojekten werden nur die Kosten für Miete, Haushaltsgeld und Betreuung eingefordert, zusätzlich dazu muss der Bewohner mit Kosten für seinen individuellen Hilfe- und Pflegebedarf rechnen. Darüber hinaus ergeben sich Unterschiede aus den variierenden Mietkosten – besonders wenn öffentlich geförderte oder freifinanzierte Wohnungen bezogen werden –, aber auch aus dem unterschiedlichen Betreuungsbedarf der Bewohner. Mehrheitlich bewegen sich die Kostensätze betreuter Wohngemeinschaften in den Korridoren der traditionellen stationären Pflege. Das heißt, dieses Wohnangebot ist letztlich keine kostengünstigere Wohnalternative, jedoch ist es mit einer deutlich günstigeren Betreuungsintensität verbunden.

Umstritten ist, ob diese Sätze wirklich kostendeckend sind. Kritiker betonen, dass eine so intensive Betreuung höhere Kosten verursache. Angemerkt wird, dass

- die Kosten für den Aufbau und die Organisation der Gruppen nicht eingerechnet sind,
- es Probleme bei der Finanzierung der Ausfallzeiten etwa durch den Tod oder Auszug eines Bewohners gibt,
- mit öffentlichen Mitteln oder anderen wie z. B. Stiftungsmitteln sowie durch die Beschäftigung von ABM-Kräften eine Teilsubventionierung stattfindet,
- die Kostensätze für solche Wohnprojekte, durch die Beschäftigung vor allem von Hilfskräften oder durch eine Selbstausbeutung der Betreuungskräfte, künstlich in niedrigen Preiskorridoren gehalten werden.

Kosten in betreuten Wohngemeinschaften pro Monat und pro Bewohner – Beispiele –	
Braunschweig (4 Personen)	4,85 Euro/qm Kaltmiete 1,30 Euro/qm Nebenkosten 635 Euro Betreuungskosten + Kosten für individuelle Hilfe-/Pflegeleistungen
Chemnitz (6 Personen)	4,85 Euro/qm Kaltmiete 1,80 Euro/qm Nebenkosten 700 Euro Betreuungskosten + Kosten für individuelle Hilfe-/Pflegeleistungen
Berlin (12 Bewohner)	ca. 3.200 Euro inklusive aller Kosten (davon 200 Euro Miete, 20 Euro Nebenkosten, 200 Euro Haushaltsgeld, 25 Euro Kulturgeld, Rest: Kosten für Betreuung und Pflege)

Erhebliche Probleme haben die Projekte auch mit der Finanzierung der *investiven Kosten* für den Bau, den Ausbau und Umbau der Wohnungen. Die erforderlichen Geldmittel müssen von den Initiatoren immer wieder neu über Spenden oder einmalige Zuschüsse eingetrieben werden. Hierfür steht ebenso wenig eine Regelfinanzierung zur Verfügung wie für den organisatorischen Aufbau solcher Wohnangebote.

Problematisch für eine kostendeckende Finanzierung ist auch, dass bei betreuten Wohngruppen der *Eigenanteil* der Bewohner höher sein kann als bei einer stationären Unterbringung. Bewohner solcher Wohnangebote können, wenn sie Ansprüche an die Pflegeversicherung haben, nur die ambulant geltenden Sätze beanspruchen. Die Pflegesätze der Pflegeversicherung für den ambulanten Bereich bei der Pflegestufe I und II sind jedoch geringer als für den stationären Bereich. Auch gesamtwirtschaftlich kann dies zu höheren Kosten führen. Wenn die Bewohner nicht in der Lage sind, diese Kosten zu tragen, müsste der Sozialhilfeträger bis zur Pflegestufe II mehr und höhere Leistungen nach § 68/69 BSHG erbringen, als bei einer Heimunterbringung. In welchen Größenordnungen hier zu denken ist, lässt sich zurzeit nur exemplarisch abschätzen. Nach ersten Recherchen lag der Anteil der sozialhilfebedürftigen Bewohnern in fünf betreuten Wohngemeinschaften zwischen 20 % und 25 % *(Bundesministerium für Arbeit und Sozialordnung/Bundes-*

ministerium für Gesundheit/Kuratorium Deutsche Altershilfe [Hrsg.], 2003: KDA-Hausgemeinschaften – eine Dokumentation von 34 Projekten, Bd. 9, Köln). Andererseits ist es hier möglich, die Krankenkassen als Kostenträger behandlungspflegerischer Maßnahmen an der Finanzierung zu beteiligen, da betreute Wohngemeinschaften sozialrechtlich als eigene Haushalte einzustufen sind. Sowohl die Sozialhilfeträger als auch die Krankenkassen sind aber nicht immer bereit, die Kosten für dieses Wohnangebot zu tragen. Es gibt Beispiele, wo Krankenkassen z. T. über Jahre hinweg die Zahlungen für behandlungspflegerische Leistungen verweigert haben, weil sie die eigene Häuslichkeit der Bewohner in diesen Wohngruppen nicht anerkennen. Soziahilfeträger deckeln mitunter Individualansprüche der Bewohner oder verlangen gar einen Umzug in eine stationäre Einrichtung, weil sie nicht bereit sind, Kosten, die über der stationären Pflege liegen, zu tragen.

Zur Kostenreduktion könnte hier beitragen, dass sich die Bewohner und *Angehörigen/ehrenamtlichen Helfer* an Haushaltstätigkeiten oder Betreuungsleistungen beteiligen. Nach einer Modellrechnung könnten die Kosten monatlich um 700 Euro bis 1.200 Euro pro Bewohner gesenkt werden, wenn es gelingt, Angehörige mit 50 % an der Abdeckung der Tag-Dienste von 240 Stunden Personalkapazität pro Woche einzubinden *(Pawletko, K.-W. 2002: Die ambulant betreute Wohngemeinschaft mit Angehörigenbeteilung, in: Projektantrag im Rahmen des Modellprogramms des Pflegeleistungsergänzungsgesetztes zur Verbesserung der Situation Demenzkranker und ihrer Angehörigen, Berlin)*. Ob sich eine solche Kostensenkung bei gleichzeitiger Beibehaltung der Versorgungsqualität in der Praxis umsetzen lässt, bedarf einer modellhaften Erprobung.

F Probleme der Umsetzung

Die ambulanten und stationären Typen wohngruppenorientierter Betreuungsformen haben unterschiedliche Probleme bei der praktischen Umsetzung. Während man beim stationären Typus vor allem gegen die Beharrungstendenzen stationärer Strukturen anzukämpfen hat und viele Ausnahmeregelungen in Bezug auf das Heimrecht erwirken muss, um dem Prinzip nach Alltagsnormalität gerecht werden zu können, stellen für den ambulanten Typus, neben den schon genannten Finanzierungsproblemen, die Aufbauorganisation, die sozial- und ordnungsrechtliche Verortung und die Qualitätssicherung die größeren Probleme in der praktischen Umsetzung dar.

Probleme bei der Aufbauorganisation

Der Aufbau einer betreuten Wohngemeinschaft verlangt ein hohes Maß an konzeptionellem, ordnungs- und finanzrechtlichem Know-how. Dieses kann aber bei den Angehörigeninitiativen oder ambulanten Diensten, die Initiatoren solcher Wohnprojekte sind, nicht immer in entsprechendem Maße vorausgesetzt werden. Oder es muss mit einem enormen zeitlichen und finanziellen Aufwand von jeder Wohngruppe immer wieder neu erarbeitet werden. Es fehlt für diese Wohnalternativen an lokalen und überörtlichen Beratungs- und Beleitstrukturen und auch an einer verstärkten Vernetzung und Kooperation der Akteure untereinander. Die meisten Wohngemeinschaften agieren vereinzelt oder sind höchstens in regionale Netzwerke eingebunden. Dabei zeigen Erfahrungen, dass sich diese Wohnform leichter verbreitet, wenn sie auf lokale Unterstützung zurückgreifen kann, wie dies z. B. in Berlin, Braunschweig oder Münster der Fall ist. Aktuell formieren sich erste Initiativen, um kommunale Netzwerke aufzubauen, wie z. B. beim Freiburger-Modell *(Klie, Th., 2002: Netzwerk Wohngruppen für Menschen mit Demenz – Das Freiburger Modell, in: Klie, Th., [Hrsg.]: Wohngruppen für Menschen mit Demenz, Hannover).*

In diesem Kontext stellt auch die Ausübung des Wahlrechts hinsichtlich des Pflege- und Betreuungsanbieters viele ambulante Dienste als Initiator betreuter Wohngemeinschaften vor erhebliche Umsetzungsschwierigkeiten. Zum einen müssen die Initiatoren dafür Sorge tragen, dass das Wahlrecht gewährleistet wird, denn dies ist zentrale Bedingung solcher Wohnprojekte. Wenn sie dies nicht *faktisch* gewähren, unterliegen die Wohngruppen den Bestimmungen des Heimgesetzes mit allen daraus resultierenden sozialen und ordnungsrechtlichen Anforderungen. Wenn die Bewohner bzw. Angehörige das Wahlrecht *tatsächlich* auch ausüben, kann es sein, dass die Bewohner nicht die Leistungen von den Initiatoren dieser Wohngruppe haben wollen, d. h. ambulante Dienste haben die Wohnpflegegruppen zwar initiiert, aber von der Abnahme der Leistungen profitieren sie nachher nicht. Bisher liegt nur wenig Erfahrungswissen vor, wie in den Wohngruppen nicht nur das faktische, sondern auch das tatsächliche Wahlrecht sichergestellt wird.

Schwierigkeiten mit der sozial- und ordnungsrechtlichen Verortung

Immer wieder haben betreute Wohngemeinschaften auch Probleme mit der sozial- und ordnungsrechtlichen Verortung. Durch die enge Kopplung von Miet- und Betreuungsvertrag, vor allem aber durch die umfassende Versorgung und Betreuung der Bewohner, stufen Heimaufsichten diese Wohnangebote nicht selten als Heime ein und unterstellen sie den ordnungsrechtlichen Bestimmungen des Heimgesetzes. Zum Teil waren einzelne Wohnprojekte durch diese Abgrenzungsschwierigkeiten von einer Schließung bedroht *(Kleiber, A. 2000: Zwangsräumung einer „Alzheimer-Wohngemeinschaft“, in ProAlter 2/2000)*. Und es gibt auch hier entsprechende juristische Auseinandersetzungen *(Verwaltungsrecht Sigmaringen, Urteil vom 17.4.2002, Az.: 1 K 1688/01)*.

Wie schon erwähnt gibt es auch Schwierigkeiten mit der Einbeziehung der Krankenkassen in die Kostenbeteiligung. Einige Krankenkassen erkennen die eigene Häuslichkeit bei Bewohnern der betreuten Wohngemeinschaften nicht an, sondern sehen in diesen stationäre Versorgungseinrichtungen. So hat sich z. B. die AOK-Westfalen lange geweigert, Kosten für die Behandlungspflege für diesen Versichertenkreis zu zahlen, denn als vollstationäre Einrichtung sei zumindest bis Ende 2004 die Behandlungspflege in den Leistungen der Pflegeversicherung enthalten und die Krankenkasse bleibe somit leistungsfrei. Anfang dieses Jahres wurde jedoch auf Anweisung des Landesversicherungssamtes NRW die AOK aufgefordert, die Kosten für behandlungspflegerische Leistungen für Versicherte der AOK von Bewohnern in Wohngemeinschaften zu zahlen. Auch das Sozialgericht Berlin hat sich vor kurzem mit dieser Frage auseinander gesetzt und deutlich entschieden, dass Bewohner in betreuten Wohngemeinschaften einen gemeinschaftlichen Haushalt führen und somit die Krankenkassen bei behandlungspflegerischen Leistungen in die Kostenpflicht zu nehmen sind *(Sozialgericht Berlin 11. Juni 2002, Az: S 82 KR 719/01)*.

Beginnende Qualitätssicherungsdiskussion

Der stationäre Typus wohngruppenorientierter Betreuungsformen unterliegt den heimgesetzlichen Bestimmungen. Damit sind Standards für die räumliche Struktur sowie die personelle Ausstattung vorgeschrieben, eine Anzeigepflicht gilt und die Heimaufsichten wirken als Kontrollinstanz. Demgegenüber unterliegen ambulant betreute Wohngemeinschaften ordnungsrechtlich lediglich den Bestimmungen des Mietrechtes und anderer verbraucherschutzrechtlicher Vorschriften. Diese sagen aber wenig über die räumlichen Anforderungen sowie die Erfordernisse einer bedarfsgerechten Betreuung für das Zusammenleben von pflegebedürftigen älteren Menschen aus. Für diese Wohnprojekte gelten keine verbindlichen Standards, welches Wohnangebot vorgehalten werden muss und welche Betreuungsleistungen sicherzustellen sind, es gibt auch keine Kontrollbehörde, die ihr Tun überwacht.

Ebenso bedarf es keiner formalen Genehmigung für den Aufbau eines solchen Projektes.

Nach bisherigen Erfahrungen arbeiten die Initiatoren betreuter Wohngemeinschaften mit sehr hohem Engagement und über Missstände oder eher enttäuschte Kunden liegen kaum Erfahrungen vor. Jedoch gibt es Hinweise dafür, dass mit der Ausweitung dieser Wohnangebote eher unerfahrene Initiatoren auf den Markt treten, die vielleicht nicht die notwendigen Anforderungen erfüllen. Einigkeit unter den Akteuren besteht, dass mit der Ausweitung dieses Wohnangebotes die Entwicklung von Standards zur Qualitätssicherung notwendig wird. Dabei dürfen aber Bewohnerbedürfnisse durch eine zu starke Regulierung nicht vernachlässigt werden. Erste Schritte hierzu hat man in Berlin unternommen. Hier wurden Qualitätskriterien entwickelt *(Verein für Selbstbestimmtes Wohnen im Alter e.V., 2002: Qualitätskriterien für ambulant betreute Wohngemeinschaften mit demenziell erkrankten Menschen – eine Orientierungs- und Entscheidungshilfe, Berlin)* und der *Verein für Selbstbestimmtes Wohnen im Alter e.V.* gegründet, der sich als Organ freiwilliger Selbstkontrolle und als Verbraucherschutz-Instanz, die vor allem Angehörigen von demenziell erkrankten Menschen Orientierung in dieser Versorgungslandschaft bieten will. Ziel ist für die Zukunft, betreute Wohngemeinschaften in Berlin über vertragliche Regelungen freiwillig an die entwickelten Qualitätsstandards zu binden. Insgesamt befindet sich die Diskussion um die Qualitätssicherung bei diesem Wohnkonzept noch am Anfang und es besteht Uneinigkeit darüber, wer die Kontrolle zur Sicherung von Qualitätsstandards bei diesen Wohnprojekten übernehmen könnte.

Einige Wohnprojekte setzen zur Qualitätssicherung gezielt auf die Kontrolle durch die Bewohner bzw. Angehörigen/gesetzlichen Betreuer, andere arbeiten explizit mit Ehrenamtlichen, wie z. B. Mitgliedern von Pflegevereinen zusammen, die sich kontinuierlich einen Überblick über die Pflege- und Betreuungspraxis in den Wohngruppen verschaffen und bei auftretenden Mängel in der Pflege und Betreuung zwischen allen beteiligten Akteuren vermitteln sollen. Es liegt zurzeit aber kein Erfahrungswissen vor, wie effektiv diese „partnerschaftlichen Frühwarnsysteme" sind *(Pawletko, K.-W, 2002: Betreute Wohngemeinschaften – Entwicklungen und Perspektiven für pflegebedürftige und/oder demenzkranke alte Menschen, Berlin).*

Probleme mit öffentlichen Fördersystemen

Auch die staatlichen Förderprogramme sind auf die besonderen Bedingungen von betreuten Wohngemeinschaften nicht eingestellt. Zum einen gibt es kaum Förderprogramme, die gezielt den Ausbau solcher Wohnangebote unterstützen. Eine Ausnahme stellt hier das im Februar 2003 in NRW gestartete neue Förderprogramm für „*Gemeinschaftliche Wohnformen für Seniorinnen/Senioren und Behinderte*" dar. Es ermöglicht die investive Förderung von Gemeinschaftsräumen und vollständigen Wohnungen mit zinsgünstigen Darlehen im Rahmen eines speziellen Kontingentes des experimentellen Wohnungsbaus *(ProAlter 2/2003: Neues Programm zur Förderung Betreuter Wohngruppen in NRW).*

Zum anderen passen solche Projekte in keines der klassischen Förderprogramme *(Care Konkret, 24.1.2003: Neue Senioren-WG passt in kein Förderprogramm)*, damit stehen für sie Fördermittel aus bestehenden Fördertöpfen nicht zur Verfügung. So gibt es z. B. für diese Wohnangebote keine geregelt Förderung der investiven Kosten, wie dies stationären Einrichtungen üblich ist. Ebenso stehen die Förderbedingungen den Interessen dieser Wohnprojekte oft entgegen. Wenn betreute Wohngemeinschaften z. B. öffentlich geförderten Wohnraum in Anspruch nehmen wollen, können sie Probleme mit der Belegungsbindung haben. Es kann sein, dass die Initiatoren von betreuten Wohngemeinschaften nicht bestimmen können, wer das Wohnangebot nutzt, und nur bedingt ein altersmäßiger oder einkommensmäßiger Belegungsmix zugelassen wird.

3.3.2 Ausländische Erfahrungen

Mit wohngruppenorientierten Betreuungsformen wird seit vielen Jahren in unterschiedlichen europäischen Ländern experimentiert. Während die französischen *Cantous* – von denen es in Frankreich zurzeit ca. 150 Einrichtungen gibt *(Janis-Le Bris, H. [o. J.]: Das französische Cantou Modell. Stationäre Mitbetreuung durch Angehörige [unveröffentlichtes Manuskript])* – und das niederländische Anton-Pieck-Hofje in Haarlem *(Decker, K./Guerra, V., 2002: Das Anton-Pieck-Hofje in Haarlem, Niederlande, in: Klie, Th., 2002: Netzwerk Wohngruppen für Menschen mit Demenz, Hannover, S. 151 ff.)* die Vorbilder für den eher stationären Typus der KDA-Hausgemeinschaften waren, sind ambulant betreute Wohngemeinschaften vor allem aus Schweden und der Schweiz bekannt. In Großbritannien hat sich zudem ein besonderes Wohngruppenmodell unter dem Namen *Abbeyfield Society* etabliert, das sich in zwei Punkten von hiesigen Modellen unterscheidet, nämlich im hohen ehrenamtlichen Engagement der Betreiber und in der Konzentration auf soziale Betreuung der Bewohner. Von besonderer Bedeutung ist in diesem Kontext auch die *Salmon Group* – ein Europäisches Netzwerk zur Verbreitung kleiner Wohneinheiten für Alzheimer- und andere Demenzkranke mit Projekten in Frankreich, Belgien, Deutschland, den Niederlanden und Großbritannien *(Eurosocial 64/1998)*.

In Schweden sind *Group Living Facilities/Group Homes* Mitte der 80er Jahre entstanden. Sie wurden für Demenzkranke entwickelt, die noch kommunizieren können, keine schweren Verhaltensstörungen zeigen, in eine Gruppe integriert werden können und nur auf ambulante pflegerische Unterstützung bei der Grundpflege angewiesen sind. Auch in der Schweiz hat man mittlerweile mehr als 10-jährige Erfahrung mit diesem Wohnkonzept. Aufgrund eines akuten Mangels an Pflegeheimplätzen ist hier Ende der 80 Jahre vor allem in den deutschsprachigen Kantonen der Schweiz die Idee entstanden, in normalen Wohnungen eine Betreuung für Schwerpflegebedürftige sicherzustellen. Das Modell „Pflegewohnung" hat in kurzer Zeit Schule gemacht. Einzelne Kantone haben sie mittlerweile offiziell anerkannt und führen sie auf der Pflegeheimliste. Ebenso haben einzelne Gemeinden diese Einrichtungen als Alternative und Ergänzung zu den bestehenden stationären und ambulanten Angeboten in ihren Altersleitbildern festgeschrieben. Baugenossenschaften zeigen Interesse, planen und betreiben Pflegewohnungen. Zur weiteren Förderung für eine intensivere Lobbyarbeit wurde 1998 in der deutschen Schweiz ein Verein gegründet, die Interessengemeinschaft dezentraler Pflegestationen (IgdPS) *(Brändle-Ströh, A. 1998: Pflegewohnung – ein Modell gemeinschaft-*

lichen Wohnens aus der Schweiz – Konzept und Erfahrungen, Zürich; Lämmler, L. (o. J): Leben in der Pflegewohnung Zürich-Albisrieden, Zürich).

Sowohl in der Schweiz wie auch in Schweden werden deutlich höhere Versorgungsquoten mit diesem Wohnmodell erreicht als in Deutschland. In der Schweiz gehen Schätzungen von ca. 100 Wohnpflegegruppen *(Brändle-Ströh, A., 2003: Ein Blick zurück, in: Stiftung Alterswohnen in Albisrieden [Hrsg.], So lange als möglich zuhause – und dann? Dokumentation der Jubiläumstagung 10 Jahre Alterswohnen in Albisrieden vom 15. Nov. 2002 in Zürich, Zürich)* aus. In Schweden gibt es ca. 7.000 Plätze in *Group Homes* in 70 % der schwedischen Gemeinden, dies entspricht 5 % aller Sonderwohnformen für ältere Menschen. In Schweden geht man davon aus, dass die derzeitigen Bestände mehr als verdoppelt werden müssten, um den Bedarf zu decken. Offizielle Schätzungen nehmen sogar an, dass dieses Wohnangebot für 25.000 bis 30.000 ältere Menschen in Schweden die bevorzugte Wohnform sei, womit das jetzige Angebot vervierfacht werden müsste *(Malmberg, B., 1997: Group Homes: An Alternative for Older People with Dementia. Institute of Gerontology, Jonköping/Sweden: Reprint series No. 55. Reprinted from „State of the art in dementia care", edited by Mary Marshal, Centre for Policy on Ageing, p. 78 ff.; Malmberg, B./Slundström, G./Zarit, S. H., 1998: Housing the Demented Elderly in Sweden, Institute of Gerontology, Jonköping/Sweden: Reprint series No. 61. Reprinted from „Research and Practice in Alzheimer Disease", Serdi Publisher, Springer Publishing Company, p. 193 ff.).* Aufgrund des höheren Anteils an älteren Menschen in der Wohnbevölkerung sowie des höheren Anteils allein lebender älterer Menschen und des geringen häuslichen Pflegepotenzials wegen der höheren Frauenerwerbsquote in Schweden dürften diese Bedarfsquoten auf deutsche Verhältnisse aktuell nur bedingt übertragbar sein.

4 Kleinräumige Vernetzung verschiedener Wohn- und Betreuungsformen – Quartiersbezogene Wohnkonzepte

Um in Zukunft eine bedarfsgerechte Versorgung mit altersgerechten Wohnangeboten zu sichern, wird es nicht nur darum gehen, einzelne besonders zukunftsfähige Wohnformen zu entwickeln und zu verbreiten. Ebenso wichtig ist die Vernetzung und Integration dieser Wohnmodelle in bestehende Versorgungsstrukturen und bestehende Wohngebiete. „Vernetzte Altenhilfelösungen" sind wesentliche Bedingungen zur Bewältigung der zukünftigen Herausforderungen. Daher kommt quartiersbezogenen Wohnkonzepten, die auf eine kleinräumige Vernetzung und Integration unterschiedlicher Wohn- und Betreuungsangebote ausgerichtet sind, in Zukunft zentrale Bedeutung zu.

In den letzten zehn bis 15 Jahren sind auf Seiten der Wohnungswirtschaft, der Kommunen, der Wohlfahrtspflege oder bürgerschaftlicher Initiativen zahlreiche Modelle entstanden, die sich um eine solche Vernetzung und Integration unterschiedlicher Wohn- und Betreuungsangebote bemühen. Auch wenn das Interesse an solchen Modellen zunimmt, handelt es sich insgesamt um relativ wenige Projekte, die sich zumeist noch in einem Experimentierstadium befinden. Eine systematische Bewertung der praktischen Erfahrungen liegt zudem kaum vor. Einzelne Beispiele sind zwar relativ gut dokumentiert, es fehlt aber an einem Gesamtüberblick, mit welchen Konzepten gearbeitet wird, welche Akteure hier jeweils aktiv sind. Von daher werden hier vor allem exemplarisch typische Struktur- und Verfahrenselemente dieses Wohnkonzeptes dargelegt.

Beispiel	
Projektname:	Nachbarschaftlich wohnen in der Freien Scholle
Adresse:	Baugenossenschaft Freie Scholle e.G. Jöllenbecker Str. 123 33613 Bielefeld
Ansprechpartner:	Thomas Möller
Projektstart:	1988
Projektziel:	Auf Wunsch der Mitglieder (45 % über 60 Jahre) wurde eine eigene Altenbetreuung für die Wohnsiedlung aufgebaut, um das Motto der Genossenschaft „Sicher wohnen ein Leben lang" auch für Senioren zu verwirklichen. Der Wegzug aus Gründen der Hilfebedürftigkeit soll vermieden und gleichzeitig der Zuzug Jüngerer gefördert werden.
Quartiersbezogenes Wohnprojekt „Freie Scholle", dezentrales Nachbarschaftszentrum Spindelstraße *Foto: Baugenossenschaft Freie Scholle e.G., Bielefeld*	

Projektstruktur:	Kernstück des Betreuungskonzeptes für das Siedlungsgebiet mit etwa 7.000 Bewohnern ist (1) die *zugehende Beratung* und die Vermittlung und Koordination in den „normalen" Wohnungen. Dieses Angebot wird ergänzt durch spezielle betreute Wohnformen als Alternative innerhalb der Siedlung. Ein weiterer Konzeptbaustein sind (2) generationsübergreifende *Gemeinschafts-* und Freizeitangebote in Verbindung mit der Organisation von *Nachbarschaftshilfe.* Schließlich beinhaltet das Quartiersangebot (3) ein konsequentes *räumliches Wohnkonzept:* Wohnberatung als integrativer Bestandteil der zugehenden Altenberatung, individuelle und strukturelle Anpassung des Wohnungsbestandes sowie Ergänzung durch barrierefreie Neubauten. Auch das räumliche Wohnkonzept ist generationsübergreifend. Der kleinräumige Ansatz dieses Quartierskonzeptes besteht neben der Größe des Siedlungsgebietes im *dezentralen* Angebot von elf Nachbarschaftstreffs und einem größeren Nachbarschaftszentrum. Die Dienste der Altenberatung- und Betreuung sind diesen kleinräumigen Quartiersnachbarschaften zugeordnet. Die *Mitwirkung* der Bewohner findet sowohl in Gremien der Quartiersnachbarschaften als auch der Genossenschaft statt. Die Gemeinschaftsaktivitäten und der mobile soziale Dienst werden von einem „Verein Nachbarschaftshilfe" organisiert.
Projekt-finanzierung:	Für die Personal- und Sachkosten (2001 etwa 550.000 Euro) sowie für die Investitionskosten müssen die Bewohner keine gesonderten Gebühren entrichten. Sie werden etwa zur Hälfte auf die Nutzungsgebühren aller Wohnungen umgelegt (ca. 4,50 Euro/Wohnung/Monat). Die andere Hälfte wird vom „Verein Nachbarbarschaftshilfe" inkl. Spenden mitgetragen, dessen Mitgliedschaft freiwillig ist. Lediglich für den mobilen Dienst werden 7 bis 11 Euro/Stunde in Rechnung gestellt.

4.1 Wesentliche Merkmale

Integration und Vernetzung

Ein durchgängiges Merkmal der im vorangegangenen Kapitel untersuchten Wohnformen ist das Angebot von formellen und informellen Hilfeleistungen, die zusätzlich zu Diensten erbracht werden, welche üblicherweise von Kostenträgern der Altenhilfe, insbesondere der Pflegeversicherung übernommen werden. Solche Angebote umfassen ein ganzes Spektrum, das sich vor allem auf die Beratung, Begleitung, Alltagshilfen und die Förderung sozialer Kontakte bezieht. Das Angebot von *komplementären Hilfeleistungen*, wie z. B. die Grundbetreuung im *Betreuten Wohnen*, gegenseitige Hilfe und das Gefühl der „sozialen Geborgenheit" im *gemeinschaftlichen Wohnen*, oder die Alltagsgestaltung in *betreuten Wohngemeinschaften* sind – neben der Bereitstellung altersgerechten Wohnraums – wesentliche Gründe für die Nachfrage nach speziellen Wohnformen.

Im Unterschied zu einzelnen Wohnformen, in denen ältere Menschen in einem Gebäudekomplex zusammen leben und gegebenenfalls betreut werden, geht es bei quartiersbezogenen Wohnkonzepten darum, Angebote für Wohnen, Betreuung, soziale Kontakte und gegenseitige Hilfen für einen ganzen Stadtteil, ein Wohngebiet oder ein Wohnquartier zu organisieren. Hierfür besteht einerseits eine Notwendigkeit, weil der demographischen Herausforderung nicht mit immer mehr speziellen Wohnformen begegnet werden kann. Andererseits haben Quartierskonzepte eine Reihe weiterer wesentlicher Vorteile:

- Die „normalen" Wohnungen älterer Menschen sind in ein Versorgungsnetz eingebunden und können wichtigste Wohnform auch im Alter bleiben.
- Soziale Kontakte und gegenseitige Unterstützung zwischen den Generationen lassen sich in einem Quartier, in dem die Generationen ohnehin zusammenleben, leichter organisieren.
- Auch bei einem notwendigen Umzug in eine besondere Wohnform kann dem Bedürfnis nach Verbleib im angestammten Wohnumfeld leichter Rechnung getragen werden, indem solche zusätzlichen Wohnformen in ein Gesamtkonzept der Betreuung für ein Wohnquartier integriert werden.

Eine Vernetzung und Integration unterschiedlicher Wohn- und Betreuungsformen im bestehenden Wohnumfeld älterer Menschen besteht einmal darin, wesentliche Bausteine neuer spezieller Wohnformen zurück ins normale Wohnen zu bringen. Zum anderen geht es darum, auch spezielle Wohnformen selbst in ein Quartierskonzept zu integrieren und dafür geeignet zu machen. Seien es Formen selbstständigen Wohnens, seien es Wohnformen mit intensiver Betreuung. Während sich z. B. die dargestellten betreuten Wohngemeinschaften bereits vom Konzept her für eine Integration eignen, müssten z. B. traditionelle Pflegeheime erst erheblich umstrukturiert werden.

Kleinräumiger Ansatz

Ein entscheidendes Merkmal von Quartierskonzepten ist der kleinräumige Ansatz. Es geht also nicht nur um eine Ergänzung der Hilfen für ältere Menschen, die zu Hause bleiben. Vielmehr sollen möglichst viele Angebote in der vertrauten, unmittelbaren Wohnungsumgebung wahrgenommen werden können und auf diese abgestimmt sein. Hierfür sprechen viele Gründe, so z. B.:

- die notwendigen komplementären Hilfen wie z. B. die aufsuchende Beratung oder hauswirtschaftliche Hilfen sind nur wirksam, wenn sie leicht erreichbar sind und in einem überschaubaren Umfeld operieren.
- Eine Mobilisierung von Potenzialen für Nachbarschaftshilfe lässt sich am ehesten innerhalb eines vertrauten Umfeldes erreichen, in dem zumindest ansatzweise soziale Netze bereits bestehen.
- Ältere Menschen können soziale Infrastruktureinrichtungen nur in einem sehr begrenzten Radius wahrnehmen.
- Intensive Betreuung wie z. B. 24-Stunden-Pflege lässt sich nur kleinräumig effektiv organisieren.
- Die Besonderheiten der räumlichen, baulichen und sozialen Verhältnisse können leichter berücksichtigt werden, wodurch eine bessere Passung an den Bedarf möglich ist.

Während der Vorteil für die Bewohner unbestritten ist, möglichst viele Angebote in ihrer unmittelbaren Wohnumgebung wahrnehmen zu können, ergeben sich gerade aus der Kleinräumigkeit von Angeboten Probleme der *Leistbarkeit*. In diesem Zusammenhang stellt sich die Frage nach der *räumlichen Ausdehnung* solcher Versorgungsgebiete sowie nach der räumlichen Verteilung von Versorgungsangeboten. Hierfür gibt es unterschiedliche Ansätze, wie z. B. ein flächendeckendes Netz oder die Konzentration von Angeboten in der Nähe eines „Servicekerns“.

Unter Experten und in einer Reihe von Beispielen *(ProAlter 3/2003: Überregionaler Erfahrungsaustausch – „Anforderungen an die Gestaltung quartiersbezogener Wohnkonzepte")* wird von einem Gebiet in der Größenordnung von etwa 10.000 Einwohnern ausgegangen, um von einem Wohnquartier zu sprechen, mit dem sich die Bewohner noch identifizieren können. In einer solchen Größenordnung können Quartierzentren angenommen werden und auch Hilfeleistungen organisiert werden. Darüber hinaus gibt es Ansätze, diese (größere) Organisationseinheit in wesentlich kleinräumigere Einheiten zu unterteilen, um Angebote in fußläufiger Entfernung und im unmittelbaren Wohnumfeld anzusiedeln *(Klie, Th. et al, 2002: Handbuch kommunale Altenplanung, Frankfurt a. M.)*. Dabei können sich die Funktionen der großen und kleinen Einheiten ergänzen.

Im Beispiel der *Freien Scholle* hat das gesamte Siedlungsgebiet nur etwa 7.000 Bewohner, worauf sich die o. g. „zentrale" Organisation bezieht, während die insgesamt zwölf „dezentralen" Siedlungsbezirke mit jeweils einem Nachbarschaftstreff nur eine Größenordnung von im Schnitt ca. 600 Bewohnern haben.

Gerade für die räumliche Organisation lassen sich bisher keine verbindlichen Muster benennen und auch in Zukunft ist mit einer großen Variationsbreite zu rechnen. Kommunale Ansätze einer quartiersbezogenen Altenhilfe in einigen größeren Städten, die wie z. B. in Köln für den Einsatz von „Netzwerkkoordinatoren" von Stadtteilen mit 50.000 und mehr Einwohnern ausgehen, sind mit Sicherheit zu großräumig und müssten durch weitere dezentrale Strukturen ergänzt werden *(Stadt Köln, Stadtarbeitsgemeinschaft Altenpolitik, 2002: Weiterentwicklung der Seniorenarbeit in Stadtteilen mit besonderem Unterstützungsbedarf [Seniorennetzwerke], Köln)*.

Spektrum an Konzepten und Initiatoren

Quartiersbezogene Wohnkonzepte werden in sehr unterschiedlichen Konstellationen praktiziert. Das Spektrum reicht von

- koordinierten, umfassenden Angeboten der Bereiche Wohnen, Gemeinschaft und Betreuung durch einzelne Wohnungsunternehmen in ihren Siedlungen (z. B. *Freie Scholle)*
- über Siedlungsprojekte, bei denen ein von den Bewohnern oder einem Wohnungsunternehmen organisiertes Gemeinschafts- und Dienstleistungsangebot aufgebaut wird (z. B. *Lünen, Hamburg*)

- und Initiativen von Wohlfahrtsverbänden, die komplementäre Hilfen sowie Gemeinschafts- und Nachbarschaftshilfeangebote in einzelnen Stadtteilen organisieren (z. B. *Diakonisches Werk Herne*)
- oder kommunalen Ansätzen, wo zumindest ansatzweise eine Stärkung der quartiersbezogenen Organisation von Wohn- und Betreuungsangeboten versucht wird (z. B. stadtteilbezogene Altenberatung in *Bonn*)
- bis zu Projekten, wo soziale Einrichtungen in einem Stadtteil oder einer kleinen Gemeinde mit intensiver Bürgerbeteiligung geplant und betrieben werden (z. B. *Alten Service Zentrum Eching*)

Quartiersbezogene Wohnkonzepte, im Sinne des koordinierten, umfassenden Angebotes der Bereiche Wohnen, Gemeinschaft und Betreuung sind in Deutschland bisher nur von einigen wenigen *Wohnungsunternehmen* bekannt. Nach wie vor gilt das Modell der Baugenossenschaft *Freie Scholle* in Bielefeld als beispielgebend. Es gibt allerdings eine Reihe weiterer Wohnungsunternehmen, die dabei sind, solche Angebote in ähnlicher Form aufzubauen (z. B. Kassel, Lemgo). In diesem Zusammenhang sind Fortbildungsveranstaltungen der Führungsakademie der Wohnungs- und Immobilienwirtschaft (FWI) von Interesse, die die Verbesserung der Wohn- und Servicequalität für ältere Menschen in Wohnsiedlungen zum Inhalt haben. In zunehmenden Maße gibt es hier auch Ansätze, die altersgerechte Anpassung des Wohnungsbestandes und der Wohnberatung zu integrieren *(BAG Wohnungsanpassung [Hrsg.], 2003, Druck in Vorbereitung: Dokumentation der Tagung: „Wohnberatung und Wohnungswirtschaft", 17. bis 19. Juni in Berlin, Bielefeld).*

Siedlungsprojekte, bei denen ein von den Bewohnern oder durch das Wohnungsunternehmen organisiertes Gemeinschafts- und Dienstleistungsangebot aufgebaut wird, dürften nach unserer Einschätzung in größerer Zahl bestehen. Auch hier liegen allerdings keine Erhebungen vor. Die tatsächliche Zahl hängt auch davon ab, wie weit das Angebot geht. So gibt es zum Beispiel seit 1997 einen Arbeitskreis von inzwischen etwa 60 Sozialarbeitern in Wohnungsunternehmen Rheinland-Westfalen. *(VdW Rheinland Westfalen, [o. J.]: Soziale Arbeit in Wohnungsunternehmen, Düsseldorf).* Auch in weiteren regionalen Untergliederungen des Bundesverbandes der Wohnungswirtschaft (GdW) werden Aktivitäten entfaltet, um Service- und Gemeinschaftsangebote für ältere Menschen im Zusammenhang mit Wohnangeboten zu verbessern, so z. B in Norddeutschland und Sachsen *(Narten, R., 2003: Soziale Dienste für ältere Menschen, in: vdw-magazin 1/2003, Verband der Wohnungswirtschaft Niedersachsen/Bremen).*

Sowohl in Wohnsiedlungen, insbesondere aber auch in *„normalen" Wohnquartieren* oder Stadtteilen sind in den letzten Jahren eine Reihe von Initiativen entstanden, die „quartiersnahe Alltagshilfen" oder „vorpflegerische Leistungen" anbieten *(Wüstenrot Stiftung, 1997: Wohnquartiernahe Alltagshilfen, Stuttgart).*

Dabei geht es um wichtige Bausteine von Quartierskonzepten, insbesondere Beratung, Vermittlung von Diensten und das Angebot preisgünstiger häuslicher Hilfen, oft auch in Verbindung mit Kontaktangeboten und Einsatz Ehrenamtlicher. Häufig sind solche Initiativen auf einzelne Stadtteile bezogen und haben insofern einen Quartiersansatz. Initiatoren und Träger solcher Angebote sind außerhalb von Wohnsiedlungen z. B. einzelne Wohlfahrtsverbände, bürgerschaftliche Initiativen wie etwa Nachbarschaftshilfevereine oder Seniorengenossenschaften, aber auch Pflegedienste in freier Trägerschaft. Darüber hinaus gibt es auch Verbundlösungen mehrerer Träger in Kooperation mit einer Kommune. Für umfassendere quartiersbezogene Wohn- und Betreuungsangebote außerhalb von Wohnsiedlungen sind vor allem Beispiele aus kleineren Kommunen bekannt, wo die kommunalen Entscheidungsgremien direkt für das „Quartier" zuständig sind. Ein gut dokumentiertes Beispiel hierfür ist das *Alten- und Servicezentrum Eching,* wo ein Bürgerschaftsverein in Kooperation mit der Gemeinde ein weitgehendes Hilfe- und Wohnangebot aufgebaut hat. *(Kreuz, D./Wenng, S., 1999: Integriertes Alten Service Zentrum Eching. Zusammenfassung der Begleitforschung von 1990 bis 1997, Kuratorium Deutsche Altershilfe [Hrsg.], Köln; Lebich, S., 2003: Bürgerschaftsverein und Kommune als treibende Kraft, in: Kuratorium Deutsche Altershilfe [Hrsg.], Druck in Vorbereitung: Anforderungen an die Gestaltung quartiersbezogener Wohnkonzepte, Workshop 18. Juni 2003 in Heidelberg, Köln)*

Anforderungen an Angebote und Verfahren

Aus den bisherigen Erfahrungen mit der Umsetzung von Quartierskonzepten lassen sich einige Anforderungen an die Art von Angeboten und die Verfahren der Umsetzung benennen:

- *Verknüpfung von baulichen und sozialen Maßnahmen*
  Zu den Schlüsselbausteinen von Quartierskonzepten zählen bauliche Maßnahmen zur Verbesserung der „normalen" Wohnsituation, komplementäre soziale Hilfen sowie Angebote zur sozialen Integration und Nachbarschaftshilfe. Diese werden auf Quartiersebene miteinander verknüpft.

- *Integration erweiterter Altenhilfeleistungen*
  Quartiersbezogene Angebote beschränken sich nicht nur auf die Unterstützung des selbstständigen Wohnens („so lange es geht"), sondern werden ergänzt durch Hilfen, die bisher in stationären Einrichtungen angeboten werden, so z. B. durch quartiersbezogene häusliche Pflege oder *betreute Wohngemeinschaften.*

- *Anwendung bewohnernaher Verfahren zur Umsetzung von Quartierskonzepten*
  Zur passgenauen Abstimmung von Angeboten an die spezifischen Bedarfslagen und zur Stärkung der Selbst- und Nachbarschaftshilfepotenziale in einem Wohnquartier haben sich Verfahren als erfolgreich erwiesen, die eine Mitwirkung der Bewohner nicht nur zulassen, sondern auch unterstützen.

Darüber hinaus sind folgende Anforderungen an die Gestaltung von Quartierskonzepten von Bedeutung:

- Verknüpfung der Altenhilfe mit *generationsübergreifenden Angeboten*
- Abstimmung mit Angeboten für *andere Zielgruppen* und mit anderen Fachplanungen
- Umschichtung *stationärer Altenhilfeangebote* und Einbeziehung der bestehenden Einrichtungen
- Koordination und Entscheidungsbefugnis auf *Quartiersebene*

4.2 Bausteine und Verfahrenselemente

Im Unterschied zu Sonderwohnformen muss in gewachsenen Wohnquartieren i. d. R. eine Vernetzung bezüglich Kontakten, Hilfen und Infrastruktur nicht neu geschaffen werden. Es bedarf allerdings geeigneter Maßnahmen, um sie zu erhalten und weiter auszubauen. Hierfür ist nicht nur von Bedeutung, welche Hilfeangebote gemacht werden, sondern insbesondere auch, mit welchen Verfahren dies geschieht.

4.2.1 Schlüsselbausteine

Aus den Erfahrungen erfolgreich umgesetzter Quartierskonzepte lassen sich, als Hypothese, folgende *Schlüsselbausteine* bezüglich der Leistungsangebote benennen:

- Bauliche Maßnahmen und Beratungsangebote zur Verbesserung der „normalen“ Wohnsituation:
  - Beratung zur individuellen Wohnungsanpassung und zu Wohnalternativen
  - Strukturelle Anpassung des Wohnungsbestands
  - Schaffung barrierefreier, gemeinschaftsfördernder Wohnungen durch Neubau und Modernisierung
  - Verbesserung des Wohnumfeldes und der sozialen Infrastruktur

- Hilfeangebote im Wohnquartier:
  - Zugehende Beratung
  - Koordination und Vermittlung von Diensten (im Unterschied zur Erbringung von Pflegediensten)
  - Angebot von bezahlbaren „komplementären Diensten“, die sonst schwer zugänglich sind (z. B. Einkaufshilfen, häusliche Dienste)

- Angebote zur sozialen Integration:
  - Bereitstellung von Gemeinschaftsräumen
  - Gemeinschafts- und Freizeitangebote in Verbindung mit der
  - Förderung von Selbst- und Nachbarschaftshilfe

Besonders wichtig erscheint das Angebot und die Verknüpfung aller dieser Bausteine, insbesondere von *Wohnen und Soziales*. Isolierte Angebote scheitern häufig, wie z. B. „Betreutes Wohnen im Bestand“. Auch isolierte Beratungsangebote zur Wohnungsanpassung finden häufig nicht die notwendige Unterstützung.

Bausteine zur Verbesserung der „normalen“ Wohnsituation

Dieser Baustein umfasst im Wesentlichen die bereits in Kapitel 3.1.1 dargestellten Merkmale. Auch die Probleme der Integration baulicher Maßnahmen sind ähnlich. Diese Bausteine werden deshalb an erster Stelle genannt, weil sie besonders wichtig erscheinen. Die konsequente Umsetzung ist bisher aber eher die Ausnahme als die Regel.

Wohnberatung und individuelle Wohnungsanpassung

Wohnberatungsstellen sind, sofern sie überhaupt vor Ort existieren, in der Regel nicht quartiersbezogen, sondern häufig für eine ganze Stadt oder einen Landkreis organisiert. Bemühungen, die Beratungstätigkeit – trotz zentraler Organisation – auf die Bedingungen einzelner Wohngebiete abzustimmen, stehen insbesondere wegen der knappen Personalausstattung noch am Anfang (z. B. Köln). In Wohnsiedlungen von Wohnungsunternehmen werden unterschiedliche Modelle praktiziert, von einer eigenen Wohnberatung bis zu Kooperationen mit externen Wohnberatungsstellen *(BAG Wohnungsanpassung [Hrsg.], 2003, Druck in Vorbereitung: Dokumentation der Tagung „Wohnberatung und Wohnungswirtschaft, 17. bis 19. Juni in Berlin, Bielefeld)*. Im Beispiel der *Freien Scholle* wird ein Modell der eigenen Wohnberatung praktiziert. Eine Besonderheit ist, dass hier die Wohnberatung Bestandteil der zuggehenden Altenberatung ist. Wie in anderen Wohnungsunternehmen (z. B. Kassel), kann die Wohnberatung bei der Durchführung der Maßnahmen zudem eng mit der technischen Abteilung des Unternehmens zusammenarbeiten. Der gezielte Einsatz von Hilfsmitteln wird durch eine eigenes *Hilfsmitteldepot* erleichtert. Beratung und Hilfe bei Umzügen wird dadurch wirkungsvoller, als innerhalb der Siedlung alternative Wohnungsangebote zur Verfügung gestellt werden können.

Im Beispiel *Eching* ist dieser Baustein zwar Bestandteil des Quartierskonzeptes. So gibt es einen eigenen Hilfsmittelverleih. Für die weitergehenden Beratungsleistungen wird dagegen mit einer externen Beratungsstelle in München kooperiert. In der Mehrheit von Wohnquartieren dürften vor allem Kooperationsmodelle mit ortsansässigen Wohnberatungsstellen in Frage kommen, die quartiersübergreifend tätig sind.

Maßnahmen zur strukturellen Anpassung des Wohnungsbestandes

Die in Kapitel 3.1.1 genannten Maßnahmen werden bislang vor allem in Wohnsiedlungen durchgeführt. Für „normale" Wohnquartiere, einschließlich solcher mit Einfamilienhäusern, wäre dies aber ebenso wichtig. Die strukturellen Anpassungsmaßnahmen in Wohnsiedlungen beziehen sich häufig auf eine Kombination von Um- und Anbau zur Schaffung barrierefreier Wohnungen *(Maier, W., 2002: Möglichkeiten und Grenzen der barrierefreien Umgestaltung von Wohnsiedlungen in Köln, in: BAG Wohnungsanpassung [Hrsg.], Druck in Vorbereitung: Dokumentation der Tagung „Wohnberatung und Wohnungswirtschaft, 17. bis 19. Juni in Berlin, Bielefeld)*. Im Beispiel der *Freien Scholle* konzentrieren sich die strukturellen Maßnahmen vor allem auf eine Verbesserung der Wohnungszuschnitte zu kleiner Wohnungen aus den 50er Jahren: durch Wohnungszusammenlegung sowie durch Ausbau von Balkonen und Terrassen. Die barrierefreie Erschließung und

Ausstattung konnte in einigen Gebäuden durch Vorbau oder Einfügen eines Aufzuges in Verbindung mit Teilabriss erreicht werden.

Dadurch werden zwei Ziele verwirklicht:

- Es werden Umzugsalternativen für ältere Menschen innerhalb des Siedlungsgebietes geschaffen, deren Wohnungen nicht durch individuelle Anpassungen bedarfsgerecht umgestaltet werden können.
- Durch verbessere Wohnungsangebote für jüngere Menschen und Familien mit Kindern wird eine Voraussetzung geschaffen, dass der Generationenmix im Siedlungsgebiet verbessert wird.

(Möller, Th., 2003: Das Quartierskonzept „Lebensgerechtes Wohnen“ der Baugenossenschaft Freie Scholle e.G., Bielefeld, in: Kuratorium Deutsche Altershilfe [Hrsg.], Druck in Vorbereitung: Anforderungen an die Gestaltung quartiersbezogener Wohnkonzepte, Workshop 18. Juni 2003 in Heidelberg, Köln)

Neubau barrierefreier Wohnungen

Gerade in Wohnsiedlungen erfolgt der Neubau barrierefreier Wohnungen häufig im Rahmen der strukturellen Anpassung (nach Abriss oder Teilabriss). In manchen Fällen wird der Neubau gezielt genutzt, barrierefreie Wohnungen mit Dienstleistungsangeboten zu verbinden. So ist z. B. in *Eching* das Betreute Wohnen im Quartierzentrum ein wichtiger Konzeptbaustein. In der *Freien Scholle* wurden z. B. im Zusammenhang mit einem großen Nachbarschaftszentrum etwa 100 barrierefreie Zwei- bis Drei-Zimmer-Wohnungen für alte und junge Genossenschaftsmitglieder errichtet. Ältere Menschen haben durch die räumliche Nähe zu Gemeinschafts- und Hilfeangeboten, wie z. B. eine Diakoniestation, bessere Voraussetzungen, hier auch bei größerem Hilfebedarf wohnen zu bleiben. Als zukunftsweisende Lösung erscheint es, dass in diese „normalen“ Wohnungen zwei betreute Wohngemeinschaften eingestreut werden.

Eine interessante Beobachtung ist, dass durch die Einbindung in das Quartierskonzept die sonst vorhandenen Vorbehalte gegenüber barrierefreien Wohnungen weitgehend abgebaut werden konnten.

Verbesserung der „sozialen Infrastruktur“

Neben der Anwendung der barrierefreien Standards auf das Wohnumfeld und der Verbesserung der Aufenthaltsqualität kommt es auch darauf an, die normale Infrastruktur in Wohnquartieren zu verbessern. Im Beispiel der *Freien Scholle* wurden mit den neu errichteten Nachbarschaftszentrum folgende Dienstleistungen angesiedelt:

- Drei Arztpraxen
- Praxis für Ergotherapie und Krankengymnastik
- Friseurladen
- Bäckerladen
- Wochenmarkt

Solche Maßnahmen dürften in Zukunft noch größere Bedeutung erlangen, um gegenläufige Entwicklungen, die eine Ausdünnung der quartiersnahen Infrastruktur bewirken, zumindest teilweise aufzufangen. Als Beispiel für diesen Trend sei die Schließung vieler Einzelhandelsgeschäfte sowie von Post- und Bankfilialen genannt (siehe auch: *Weeber + Partner, 2002: Das Ende der Nahversorgung? Studie zur wohnungsnahen Versorgung, Stuttgart).*

Bausteine für soziale Hilfeangebote im Wohnquartier

Gerade in Wohnsiedlungen stehen soziale Hilfeangebote im Mittelpunkt, während die häusliche Pflege durch die Träger der Altenhilfe erbracht werden. Die beiden folgenden Angebote erscheinen insofern als „Schlüsselbausteine“, als sie die Basis legen für weitergehende Dienste.

Zugehende Beratung sowie Koordination und Vermittlung von Diensten

Im Beispiel der *Freien Scholle* soll die *Altenberatung- und Betreuung* für die Mitglieder *„wie ein roter Faden wirken, der ihnen in allen Lebenslagen mit Rat und Tat zur Seite steht“ (vgl. Narten, R., 2001: Bericht vom Besuch der Baugenossenschaft Freie Scholle e.G. Bielefeld, im November 2001 [unveröffentlichtes Manuskript]).* Das Arbeitsprinzip ist die zugehende Hilfe, d. h., die Sozialarbeiter suchen die Bewohner in ihrer Wohnung auf und bieten ihre Hilfe zudem in *dezentralen,* auf das

Siedlungsgebiet verteilten Stützpunkten an. Die Beratungs- und Betreuungsaufgaben umfassen:

- Ermittlung des individuellen Hilfebedarfs durch Hausbesuche
- Organisation der häuslichen Pflege und sonstiger hauswirtschaftlicher Hilfen
  - Vermittlung von ambulanten Diensten und Hilfen
  - Koordination von Hilfen, insbesondere von Pflegediensten
  - Beratung und Begleitung pflegender Angehöriger
  - Absprachen mit Hausärzten, Physiotherapeuten etc.
  - Beratung und Hilfe bei der Sicherstellung der Finanzierung der vermittelten Dienste
  - Begleitung bei Besuchen des medizinischen Dienstes
  - Hilfen bei der Organisation von Pflegehilfsmitteln – hier besteht eine wichtige Schnittstelle zur Wohnberatung
- Kooperation mit den vor Ort tätigen Einrichtungen oder Personen im Bereich der
  Altenhilfe (z. B. Pflegedienste, Krankenhäuser, Ärzte etc.)
- Beratung, Hilfen und Begleitung bei Behördenangelegenheiten, wie etwa bei der Beantragung von Wohngeld

Sowohl die auf individuelle Hilfen als auch auf die Förderung nachbarschaftlicher Beziehungen gerichteten Tätigkeiten des Teams schließen inzwischen auch die *jüngeren* Genossenschaftsmitglieder ein. Gerade die zugehende Beratung und die Vermittlung von Diensten setzt sich mehr und mehr als anerkanntes Angebot sozialer Dienste in Wohnsiedlungen durch und spielt z. B. auch in *Eching* eine wichtige Rolle.

Mobiler Sozialer Dienst

Dieses niederschwellige Angebot wurde aus der Notwendigkeit heraus entwickelt, dass zwar vielfach ein großer Bedarf geäußert wurde, entsprechende Angebote zu den üblichen Marktpreisen dann aber nicht angenommen wurden. Dies betrifft Haushaltshilfen und insbesondere auch Begleit- und Besucherdienste. Im Rahmen von Wohnsiedlungen umfassen solche Dienste folgendes Spektrum:

- Haushaltshilfen
- Renovierungshilfen
- Kleinreparaturen
- Gartenpflege
- Grabpflege
- Leistungen der Hausordnung
- Mahlzeitenversorgung
- Einkaufshilfen
- Besuche/Spaziergänge
- Begleitdienste
- Umzugshilfen

Hiervon werden Haushaltshilfen am häufigsten in Anspruch genommen *(Narten, R., 2003: Soziale Dienste für ältere Menschen, in: vdw-magazin 1/2003, Verband der Wohnungswirtschaft Niedersachsen/Bremen).*

Im Beispiel der *Freien Scholle* ist der Verein Nachbarschaftshilfe Träger des mobilen Dienstes und beschäftigt hierfür Zivildienstleistende. Neben der Übernahme von Mieterpflichten wie z. B. Treppe reinigen, Straße fegen etc. oder kleineren Reparaturen in der Wohnung wie z. B. Gardinen aufhängen werden auch Begleitdienste angeboten, z. B. bei Arztbesuchen oder beim Einkaufen.

Das Konzept für diesen Dienst besteht darin, die Hemmschwelle für die Inanspruchnahme möglichst niedrig zu halten und mit der faktischen Dienstleistung Gespräche und andere soziale Hilfen zu verbinden *(Narten, R., 2001: Bericht vom Besuch der Baugenossenschaft Freie Scholle e.G. Bielefeld, im November 2001 [unveröffentlichtes Manuskript]).*

Bausteine für Angebote zur sozialen Integration

Wie bei gemeinschaftlichen Wohnprojekten (vgl. Kapitel 3.2.1) ist auch bei Quartierskonzepten das Angebot von Räumen für Kontakte und Aktivitäten eine entscheidende Voraussetzung für die Förderung sozialer Netze. In den meisten Wohnquartieren ist dies aber keineswegs selbstverständlich. Attraktive Angebote sind meist zu weit weg oder Angebote in der Nähe nicht attraktiv genug.

Bereitstellung von Gemeinschaftsräumen

Bei Quartierskonzepten werden für das Angebot von Gemeinschaftsräumen unterschiedliche Modelle verfolgt, je nachdem ob das Konzept zentral oder dezentral angelegt ist. So wird z. B. in *Eching* ein breites Raumangebot innerhalb des im Ort zentral gelegenen *Alten Service Zentrums* gemacht, wie z. B. Begegnungsstätte, Café und weitere Veranstaltungsräume für Kultur- und Bildungsprogramme. Im Beispiel der *Freien Scholle* wird das dezentral angelegte Quartierskonzept auch bezüglich der Gemeinschaftsräume umgesetzt. Zwar gibt es auch hier Raumangebote für Veranstaltungen, die für alle Siedlungsbewohner gedacht sind. Darüber hinaus wurden aber innerhalb des auf mehrere Siedlungsgebiete verteilten Wohnungsbestandes insgesamt zwölf *Nachbarschaftstreffs* bzw. Nachbarschaftszentren mit eigenen Räumlichkeiten eingerichtet.

Das Raumangebot und die Größe dieser quartiersbezogenen Treffpunkte sind unterschiedlich. Gemeinsam ist ihnen, das sie Räume für spezielle Angebote für ältere Menschen, für jüngere Menschen sowie für generationsübergreifende Begegnungsmöglichkeiten enthalten. Eines der kleineren Nachbarschaftszentren (Einzugsgebiet ca. 700 Wohnungen), hat folgendes Raumangebot:

- Gemeinschaftsraum (30 Personen)
- Küche
- Beratungsbüro
- Gästezimmer

Im Gebäude des Zentrums ist eine betreute Wohngemeinschaft untergebracht.

Gemeinschafts- und Freizeitangebote in Verbindung mit der Förderung der Selbst- und Nachbarschaftshilfe

Die Entwicklung von Selbst- und Nachbarschaftshilfe wird vor allem durch Gemeinschafts- und Freizeitangebote gefördert, die den Eigeninteressen der (alten und jungen) Bewohner dienen. Hierzu gehören insbesondere auch Bildungs- und Freizeitangebote wie z. B. Internetcafes, die über Altennachmittage in herkömmlichen Altentreffs hinausgehen. Gerade in zentralen Begegnungsstätten oder auch Bürgerschaftshäusern wird vielfach ein breites Programm angeboten, das für alle Quartiersbewohner von Interesse ist. So fanden z. B. in *Eching* eine Vielzahl von Fremdveranstaltungen, von Bürgerversammlungen bis hin zur Feng-Shui-Beratung statt. Aus dem *Alten Service Zentrum Eching* wurde berichtet, dass sich die gegenseitige Hilfe viel häufiger zwischen Menschen geleistet wurde, die sich (vor Eintreten des Bedarfs) bei gemeinsamen Aktivitäten im Servicezentrum kennen gelernt haben.

Diese Erfahrung wurde auch bei der *Freien Scholle* gemacht. Hier setzen die ehrenamtlichen Aktivitäten vor allem bei der Organisation der Nachbarschaftszentren an, die zum großen Teil vom *Verein Nachbarschaftshilfe* getragen und betrieben wird. Auch in den dezentralen Nachbarschaftstreffs in der *Freien Scholle* ist das Angebot breit gefächert, wie das folgende Beispiel illustriert.

Regelmäßig, meist alle ein bis zwei Wochen, finden statt:

- Sprechstunde Altenbetreuung
- Sprechstunde Mitgliederbetreuung
- Kindernachmittag
- Mittagstisch
- Kaffeetreff
- Bingo für alle
- Fußpflege
- Beratung Hebammenzentrale

Darüber hinaus wird das Zentrum genutzt für:

- Kurse/Bildungsangebote
- Feiern
- Familienfrühstück
- Gymnastik

(Freie Scholle Nachbarschaftshilfe e.V., 2000: Nachbarschaftlich wohnen in der Freien Scholle, Bielefeld)

4.2.2 Erweiterte Altenhilfeleistungen

Ambulante und teilstationäre Versorgung

Für ein quartiersbezogenes Wohnkonzept ist es wichtig, dass ambulante Dienste, Sozialstationen, aber auch teilstationäre Einrichtungen so organisiert sind, dass sie auf den Bedarf in einem Wohnquartier ausgerichtet sind. Darüber hinaus müssen diese Hilfeleistungen untereinander und mit anderen Angeboten im Wohnquartier vernetzt werden. Um auch häusliche Pflegeleistungen besser auf den individuellen Bedarf im Einzelnen abstimmen zu können, ist eine enge Kooperation mit ambulanten Diensten und auch eine Intensivierung der häuslichen Pflege erforderlich. Im Beispiel *Eching* erfolgt dies durch zusätzlichen Personaleinsatz des eigenen Dienstes, im Beispiel der *Freien Scholle* durch individuelle Abstimmung der Altenberatung mit externen Diensten. Sehr früh wurden hier im Zusammenhang mit Beratungsstützpunkten auch Kurzzeitpflegeangebote eingerichtet. In *Eching* gehören teilstationäre Angebote zum Programm des *Alten Service Zentrums*. Eine Integration solcher erweiterten Altenhilfeangebote in Quartierskonzepte wird im Zusammenhang mit Demenzerkrankungen in Zukunft an Bedeutung gewinnen.

Spezielle Wohnformen

Viele ältere Menschen wollen zwar in ihrer näheren Wohnumgebung bleiben, haben aber dennoch den Wunsch oder sehen die Notwendigkeit, in eine für sie geeignetere Wohnform umzuziehen. Dies bezieht sich neben Wohnformen, die auf den Erhalt der Selbstständigkeit ausgerichtet sind, wie z. B. selbstorganisiertes gemeinschaftliches Wohnen oder Anlagen des Betreuten Wohnens, insbesondere auf Wohnformen mit intensiverer Betreuung. Es ist die Tendenz zu beobachten, dass auch bei Quartierskonzepten, die ursprünglich auf die Erhaltung des selbstständigen Wohnens ausgerichtet waren, die Notwendigkeit erkannt wird, zusätzlich Wohnformen mit intensiver Betreuung anzubieten, um so zu vermeiden, dass hilfebedürftige Bewohner doch ihr Quartier verlassen müssen. Im Beispiel der *Freien Scholle* wurden bereits vor einigen Jahren betreute Wohngemeinschaften eingerichtet. Es scheint kein Zufall zu sein, dass hier wie auch im Beispiel *Eching* zusätzliche betreute Wohngemeinschaften geplant sind, um vor allem ältere Menschen mit Demenz intensiver im Wohnquartier betreuen zu können (vgl. Kapitel 3.3.1).

4.2.3 Schlüsselelemente für Umsetzungsverfahren

Von besonderer Bedeutung für die Umsetzung von Quartierskonzepten erscheinen die folgenden Verfahrenselemente:

- Mitwirkung und Mitbestimmung
  - Formell im Sinne von Mitentscheidungsverfahren
  - Informell im Sinne von Information und Beteiligung
  - Erforderlich ist eine aktive Unterstützung der Mitwirkung von Bewohnern

- Dezentrale und zentrale Organisation
  - Bei Organisation von Diensten und baulichen Maßnahmen
  - Bei Unterstützung der Mitwirkung

- Schrittweises Vorgehen bei konkreten Projekten
  - Bewohnerbeteiligung wird anhand konkreter Projekte erleichtert
  - Schrittweises Vorgehen erleichtert die Entwicklung bedarfsgerechter Angebote sowie die Einbindung der Bewohner

Bei diesen Schlüsselmerkmalen geht es nicht nur um eine Verbesserung der Versorgung, sondern auch darum, wie die Selbsthilfepotenziale in einem Wohnquartier gestärkt werden können.

Formelle und informelle Mitwirkung und Mitbestimmung

Gerade das Ziel von Quartierskonzepten, die Selbst- und Nachbarschaftshilfepotenziale der Bewohner zu stärken, machen es unerlässlich, effektive Formen der Mitwirkung zu praktizieren. Dies wird in unterschiedlichen Ansätzen von Quartierskonzepten bestätigt, und zwar unabhängig davon, ob sie von Wohnungsunternehmen, Kommunen und Bürgerschaftsvereinen ausgehen oder von Wohlfahrtsverbänden initiiert wurden. Bei Initiativen, die durch Bürgerschaftsvereine initiiert oder mitgetragen werden, wird besonders deutlich, dass es nicht nur um eine Mitwirkung geht, sondern auch um eine tatsächliche Mitbestimmung über Ziele und konkrete Maßnahmen. Im Beispiel *Eching* ist dies in Form der Trägerschaft des *Alten Service Zentrums* durch den Verein „Älter werden in Eching e.V." besonders ausgeprägt. Im Beispiel *Freie Scholle* erscheint das Mitwirkungsmodell insofern von besonderem Interesse, als hier ein System *formeller* und *informeller* Mitwirkung der Mitglieder praktiziert wird, das zudem auf die zentralen Entscheidungen für die gesamte Siedlung und auf die dezentralen Belange der Nachbarschaften ausgedehnt wird. Bei dezentral angelegten Quartierskonzepten könnten ähnliche Verfahrenselemente auch in anderen Konstellationen effektiv sein. Bei der *Freien Scholle* gibt es aufgrund der gezielt wiederbelebten genossenschaftlichen Tradition ein entwickeltes System von Selbstverwaltungsgremien, das eine formelle Mitbestimmung der Mitglieder über die Geschäftspolitik sicherstellt:

- Die (zentrale) Vertreterversammlung diskutiert die Geschäftspolitik für die gesamte Siedlung.
- Elf (dezentrale) „Siedlungsräte“ bestimmen über Maßnahmen im jeweiligen Quartier mit.

Eine „informelle“ Mitwirkung wird praktiziert, indem über Planungsvorhaben in Form von Seminaren und über die Mitgliederzeitschrift ausführlich informiert und diskutiert wird.

Professionelle Unterstützung auch der dezentralen Mitwirkung

Auf dieser sehr kleinräumigen Ebene der Wohnquartiere bzw. Nachbarschaften in der *Freien Scholle* können die Mitgliedergremien mit *professionellen Mitarbeitern* zusammenwirken, die ebenfalls quartiersbezogen organisiert sind. Ein Betreuungsteam steht den Mitgliedern in regelmäßigen Sprechstunden vor Ort zur Verfügung. Entscheidend für die Funktionsfähigkeit dieser quartiersbezogenen, kleinräumigen Mitwirkung scheint zu sein, das die Bewohner und ihre Sprecher handlungsfähige und kompetente Ansprechpartner von der Unternehmensseite haben, die für ihr Quartier zuständig sind und dieses gut kennen.

Zur Ausweitung – und Finanzierung – der Altenarbeit wurde in der letzten Zeit in verschiedenen Wohnungssiedlungen ein eigener gemeinnütziger Nachbarschaftsverein gegründet. Dadurch, dass ein solcher Vereine quasi als weiterer Träger von Diensten und als Mitinvestor agieren kann, werden die Mitwirkungs- und Mitbestimmungsmöglichkeiten der Vereinsmitglieder zusätzlich gestärkt.

Schrittweises Vorgehen bei konkreten Projekten

Zur Förderung sozialer Netze können Angebote nicht einfach „implantiert“ werden, sondern müssen sich schrittweise entwickeln. So haben erfolgreiche Quartierskonzepte nicht nur eine längere Vorlaufzeit, in der Konsens über wichtige Ziele erreicht wird, sondern es haben sich im Laufe der Projektentwicklung immer wieder Anpassungen ergeben.

Am Beispiel der *Freien Scholle* wurden sowohl der Aufbau einer siedlungsbezogenen Altenberatung- und Betreuung als auch deren kleinräumige, quartiersbezogene Ausbildung ganz wesentlich von den Bewohnern beeinflusst. Sowohl bei der Umgestaltung des Wohnungsbestandes als auch bei der Einrichtung der dezentralen Nachbarschaftstreffs wurde nach dem Planungsprinzip der ausführlichen Konzeptdiskussion und der Einschaltung einer Testphase verfahren. So entstand z. B. das Konzept der Nachbarschaftstreffs in räumlichem Zusammenhang mit den Büros der Altenarbeit erst auf Wunsch der Bewohner, neben dem eingerichteten Beratungsangebot auch Kontakt- und Freizeitmöglichkeiten in fußläufiger Entfernung wahrnehmen zu können. Auch beim Wohnungsbau konnten die Bewohner durchsetzen, dass größere Wohnungen verwirklicht wurden als ursprünglich geplant war, und anstelle von Laubengängen normale Treppenhäuser mit Aufzug gebaut wurden (vgl. *Narten, R., 2001: Bericht vom Besuch der Baugenossenschaft Freie Scholle e.G. Bielefeld, im November 2001 [unveröffentlichtes Manuskript])*.

Bei der Einrichtung der Nachbarschaftszentren hatte das schrittweise Vorgehen einen doppelten Effekt: Während der Nutzung eines Provisoriums wurde einmal der tatsächliche Raumbedarf ermittelt, bevor mit den aufwendigen Umbauarbeiten begonnen wurde. Zum anderen konnte sich in der Testphase bereits ein erhebliches ehrenamtliches Engagement entwickeln, so dass nach Fertigstellung der Betrieb ganz in die Hände der Bewohner gehen konnte.

4.2.4 Weitere Anforderungen an das Verfahren

Verknüpfung der Altenhilfe mit generationsübergreifenden Angeboten

In einem Quartierskonzept sind mehrere Klientelgruppen angesprochen:

- Hilfebedürftige ältere Menschen
- Aktive ältere Menschen auch ohne Hilfebedarf
- Jüngere Menschen

Ein generationsübergreifender Ansatz ist erforderlich, um soziale Netze, Nachbarschaftshilfe und bürgerschaftliches Engagement zu fördern. Diese Erfahrung wurde auch in Quartiersprojekten gemacht die zunächst ausschließlich auf die Belange älterer Menschen ausgerichtet waren (vgl. 4.2.3).

Abstimmung mit Angeboten für andere Zielgruppen

Der kleinräumige Ansatz erfordert eine Koordination mit Angeboten für andere Zielgruppen, wie z. B. Behinderte. So können einerseits Synergieeffekte erzielt und zum anderen (teure) Parallelstrukturen auf engem Raum vermieden werden. Der über die Altershilfe hinausgehende Ansatz macht auch eine Abstimmung mit anderen Fachplanungen erforderlich, so z. B. mit der Stadtplanung.

Umschichtung bestehender stationärer Altenhilfeangebote

Bei quartiersbezogenen Wohnkonzepten geht es nicht nur um eine „Aufstockung" des Versorgungsangebotes, sondern auch um eine Umschichtung stationärer Angebote im Sinne einer Deinstitutionalisierung der Versorgung hilfebedürftiger Menschen. Dies bezieht sich einmal auf die kleinräumige Verteilung und interne Umstrukturierung stationärer Einrichtungen und zum anderen auf eine Verlagerung stationärer Kapazitäten auf ambulante Versorgungsstrukturen. Bezüglich anderer Bevölkerungsgruppen, wie zum Beispiel in der Psychiatrie, der Jugendhilfe oder bei (jüngeren) behinderten Menschen sind solche Deinstitutionalisierungskonzepte zum Teil weiter entwickelt.

4.3 Koordination und Finanzierung

Die Entwicklung von Quartierskonzepten innerhalb des Wohnungsbestandes von Wohnungsunternehmen wird vor allem auch dadurch erleichtert, dass ein ortsgebundener Träger und Initiator solcher Konzepte vorhanden ist. Dies bezieht sich sowohl auf die koordinierenden Aufgaben als auch auf die Finanzierung von Maßnahmen. So wird im Beispiel der *Freien Scholle* das Gesamtkonzept auch vom wirtschaftlichen Interesse des Unternehmens bestimmt. Ein Teil der Kosten wird direkt vom Unternehmen getragen, andere werden von einem großen Teil der Bewohnerschaft mitfinanziert, was wiederum vom Unternehmen initiiert wurde. Ein derartiger örtlicher Träger und Koordinator fehlt üblicherweise in sonstigen Wohnquartieren. Die Kommune, als natürlicher Ansprechpartner, ist aber meistens überfordert mit der Koordinierung und Finanzierung solcher kleinräumigen Maßnahmen.

Finanzielle Aspekte

Bei Quartierskonzepten entstehen eine Reihe von Kosten, die nur teilweise oder gar nicht durch Leistungsgebühren refinanziert werden können, so z. B.

Personalkosten für
- Aufbau, Koordination und Vernetzung der Angebote im Quartier
- Beratung und Vermittlung von Diensten
- Wohnberatung
- Dienstleistungsangebote für häusliche Hilfen

Investive Kosten, insbesondere für
- Räume für Gemeinschafts- und Freizeitangebote
- Bauliche Maßnahmen zur Verbesserung der Wohnungen, des Wohnumfeldes und der sozialen Infrastruktur

Diese Kosten müssen entweder aus öffentlichen Mitteln oder durch Solidarbeiträge wie etwa Mitgliedsbeiträge von Nachbarschaftshilfevereinen getragen werden. Dass, wie im Beispiel der *Freien Scholle,* das Unternehmen einen größeren Teil der Kosten per Miete auf alle Bewohner umlegt, ist in den übrigen Wohnquartieren kaum möglich.

Bei Dienstleistungsangeboten für häusliche Hilfen wird häufig versucht, die Kosten zu verringern, indem „billige" Arbeitskräfte eingesetzt werden wie z. B. Zivildienstleistende, geringfügig Beschäftigte und Ehrenamtliche. Auf diese Weise können mobile soziale Dienste zu geringen Gebühren angeboten werden, die ältere Menschen noch akzeptieren und die etwa zwischen 3 bis 8 Euro/Stunde liegen *(Narten, R., 2003: Soziale Dienste für ältere Menschen, in vdw-magazin 1/2003, Verband der Wohnungswirtschaft Niedersachsen/Bremen).*

Die Gründung von gemeinnützigen Nachbarschaftshilfevereinen ermöglicht es, neben Einnahmen aus Mitgliedsbeiträgen auch Spenden einzuwerben. Hierbei werden z. B. in der *Freien Scholle* erhebliche Mittel für investive Maßnahmen eingebracht. Der Verein trägt auch einen Teil der Personalkosten.

Ein großer Teil der Kosten kann aber in der Regel nicht durch Erschließung solcher Quellen finanziert werden. So haben z. B. in *Eching* die soziale Beratung, die Leitstelle und das Aktivierungsprogramm einen Zuschussbedarf. Durch die gute Kooperation zwischen Verein und Kommune konnte eine Regelung gefunden werden, dass der Verein solche nicht refinanzierbaren Leistungen im Auftrag der Kommune durchführt und von ihr honoriert bekommt. Auch in großen Kommunen wird es notwendig sein, auf der kleinräumigen Ebene von Quartieren über die Verwendung von Geldmitteln zu entscheiden. Ein Schritt in diese Richtung könnte z. B. die Einrichtung von „Bürgerfonds“ für Wohnquartiere sein.

Fragen der Koordination

Den Vorteilen des integrativen Ansatzes von Quartierskonzepten stehen die Schwierigkeiten eines erheblichen Koordinationsaufwandes gegenüber. Üblicherweise liegt das Angebot von sozialen Diensten und die Gestaltung der räumlichen Umwelt in „normalen“ Wohnquartieren nicht in einer Hand. Zudem ist die Zahl unterschiedlicher Akteure, die bei einem integrierten Betreuungskonzept zu beteiligen sind, wesentlich größer. So werden soziale Dienste häufig von mehreren Altenhilfeorganisationen angeboten, die für unterschiedliche Aufgabenbereiche zuständig sind. Die Aufgabe der räumlichen Gestaltung liegt normalerweise in der Hand einzelner Wohnungseigentümer bzw. unterschiedlicher Wohnungsunternehmen. Die notwenige Verknüpfung kommt bisher neben Kostengründen auch wegen der mangelnden Kooperation und Koordination immer noch selten zustande. In den meisten „normalen“ Wohnquartieren muss eine *kleinräumige Handlungsfähigkeit* erst hergestellt werden.

In *Eching*, wo immerhin die Kommune für das gesamte Gebiet zuständig ist, war z. B. der Versuch gescheitert, das geplante Servicezentrum in die Trägerschaft der ortsansässigen Wohlfahrtsverbände zu übergeben, weil diese sich nicht auf ein gemeinsames Vorgehen verständigen konnten. Erst die Gründung des Bürgerschaftsvereins konnte die Trägerschaft für das Zentrum und die Koordination der unterschiedlichen Interessen sicherstellen. In diesem Fall gelang es sogar, auch die Träger stationärer Einrichtungen in das Quartierskonzept zu integrieren. Die Frage, wie eine solche Koordination auch in Quartieren größerer Kommunen gelingen kann und welche Rolle die *Kommune* – etwa als Mediator – dabei spielen kann, erscheint für die Weiterentwicklung von Quartierskonzepten von entscheidender Bedeutung.

Wenn es in Zukunft darum geht, nicht nur die Altenhilfe umzustrukturieren, sondern auch andere Zielgruppen in Quartierskonzepte einzubeziehen und diese mit anderen Fachplanungen abzustimmen, wird die Kommune eine wichtigere Rolle als bisher übernehmen müssen.

4.4 Ausländische Erfahrungen

Zur Erfassung dieser Beispiele wäre eine spezielle Recherche erforderlich, die neben Erfahrungen in Skandinavien, wo schon seit längerer Zeit eine Umstrukturierung der Altenhilfe zugunsten einer Versorgung zu Hause betrieben wird, insbesondere auch die Erfahrungen in den *Niederlanden* einbeziehen sollte.

Hier gibt es Ansätze, die sich nicht nur auf Siedlungen in der Hand eines Wohnungsunternehmens beziehen, sondern auf alle Stadtviertel einer Kommune. In einem Beispiel *(Breda)* übernimmt die Kommune die Koordination integrierter Dienste, wobei sehr unterschiedliche Organisationen kooperieren, so z. B. Freie Wohlfahrtspflege, Wohnungsunternehmen, Verbraucherverbände, Bewohnerorganisationen und sogar die Polizei – in Fragen der Sicherheit *(Luuring, Chr., Betreutes Wohnquartier Breda Süd-Ost, 2000, in: Kuratorium Deutsche Altershilfe [Hrsg.], 2000: Wohnen in Gemeinschaft – Dokumentation des deutsch-niederländischen Experten-Workshops 20. und 21. Jan. 2000 in Königswinter, Köln).* Ein weiterer niederländischer Ansatz konzentriert diesen integrativen Ansatz auf ausgewählte Stadtviertel, die sich besonders gut für das Wohnen älterer Menschen eignen. In sogenannten „Betreuten Zonen“ werden bauliche Anpassungen und Betreuungsangebote vernetzt.

Dieses Konzept der „Betreuten Wohnzonen“ wurde in den letzten Jahren in den Niederlanden weiterentwickelt. Dabei wurde versucht, das skandinavische Modell auf die anderen Rahmenbedingungen in den Niederlanden zu übertragen. Dieses Konzept und erste Schritte zur Realisierung in einer Stadt mit knapp 100.000 Einwohnern wurden in einer Studie anschaulich vorgestellt, die inzwischen auch ins Deutsche übersetzt wurde *(Kuratorium Deutsche Altershilfe [Hrsg.], 2003, Druck in Vorbereitung: Leeuwarden. Ein ganzheitliches Quartiersmodell für Wohnen, Betreuung & soziale Dienste, Übersetzung von: Brower-de Vries/Harkes/Singelenberg, 2002: Leeuwarden. Een integraal Wijkmodel voor Wonen, Zorg & Welzijn, Leeuwarden).*

Von besonderem Interesse an diesem Modell ist, dass es einen konsequent kleinräumigen Ansatz hat. Das Stadtgebiet wird in gewachsene Wohnquartiere, mit einer Größenordnung von 5.000 bis 10.000 Einwohnern aufgeteilt, für die die wesentlichen Elemente Wohnen, Betreuung und Pflege organisiert werden. Darüber hinaus werden in der unmittelbaren Wohnumgebung drei bis vier Nachbarschaftstreffs pro Wohnquartier mit weiteren Aktivitäts- und Beratungsangeboten eingerichtet.

Dieses Konzept sieht eine sehr weitgehende *Umstrukturierung der Pflege* vor, die in den Niederlanden bisher in noch stärkerem Maße als in Deutschland in stationären Pflegeeinrichtungen erbracht wird. So sollen bestehende Pflegeheime – und auch betreute Wohnanlagen – einen erheblichen Teil ihrer Pflege- und Betreuungskapazität in das Wohnquartier verlagern. Dies geschieht einmal in Form von ambulanter Pflege, die von zentralen und dezentralen Versorgungsstützpunkten im jeweiligen Quartier organisiert wird und, zumindest in der näheren Umgebung, auch 24-Stunden-Pflege erbringen kann. Eine zweite Umstrukturierungsmaßnahme sieht vor, einen Teil der stationären Pflegekapazität in kleine Pflegewohngruppen zu verlagern, die im Wohnquartier – in der Nähe von Stützpunkten – verteilt sind. Das Konzept dieser Wohngruppen ist vergleichbar mit den KDA-Hausgemeinschaften. Da die Umstrukturierung bestehender Pflegeeinrichtungen integraler Bestandteil des Konzeptes ist, sind auch deren Träger ein wichtiger Kooperationspartner bei der Planung und Realisierung einer quartiersbezogenen Versorgung.

Gerade in diesem Punkt geht dieses niederländische Modell weiter als dies von deutschen quartiersbezogenen Wohnkonzepten im Bereich der Altenhilfe bekannt ist, die bisher schwerpunktmäßig darauf setzten, das selbstständige Wohnen zu fördern und Hilfen im Vorfeld schwerer Pflege anzubieten. So entstehen eher Parallelstrukturen zur stationären Pflege, ohne diese zu verändern. Eine bessere Verknüpfung und Anpassung der – häufig konkurrierenden – ambulanten und stationären Versorgungssysteme in kleinräumigen Quartiersangeboten erscheint nicht zuletzt aus Kostengründen auch hierzulande notwendig.

Dieses niederländische Quartiermodell wird von der Idee getragen, weniger auf die Entwicklung einzelner spezieller Wohnformen zu setzen, als auf deren kleinräumige Vernetzung: *„Die Aufmerksamkeit verlagert sich vom Stapeln der Bausteine auf die Organisation des Kooperationsprozesses." (Harkes, D., 2003: Betreute Wohnzonen. Perspektiven eines Modells in den Niederlanden, in: Kuratorium Deutsche Altershilfe [Hrsg.], Druck in Vorbereitung: Anforderungen an die Gestaltung quartiersbezogener Wohnkonzepte, Workshop 18. Juni 2003 in Heidelberg, Köln)*. Dieses Netz geht über die Altenhilfe hinaus und schließt auch andere Gruppen wie z. B. Behinderte mit ein. Zudem sind die sog. „multifunktionalen Zentren" für jedes Quartier so angelegt, dass hier auch Angebote für alle Quartiersbewohner im Sinne eines Nachbarschaftshauses und auch eines Einkaufszentrums gemacht werden. Die Kooperationspartner bei der Umsetzung sind neben der Kommune, der Altenhilfeorganisationen (stationär und ambulant, einschließlich der Kassen) und der Behindertenverbände insbesondere auch die Wohnungsunternehmen sowie der Einzelhandel.

Der hohe Koordinationsaufwand in Verbindung mit der Notwendigkeit, weitreichende Entscheidungen für ein kleinräumiges Gebiet zu treffen und umzusetzen, ist allerdings auch in den Niederlanden nicht problemlos. Auch hier ist häufig unklar, wer die Initiative und die Regie übernimmt und wer die Kosten trägt. Immerhin gibt es in den Niederlanden inzwischen 40 solcher Quartiersprojekte, von denen sich zehn bereits in der Realisierung befinden.

Literatur

Aktion DAS SICHERE HAUS (Hrsg.), o. J.: Sicher leben im Alter. Sturzunfälle sind vermeidbar, Hamburg

Altenheim 9/2002: Moderates Wachstum für Residenzen

Arbeitsgruppe für Sozialplanung und Altersforschung (AfA), 2003: Betreutes Wohnen zu Hause – Angebot und Umsetzung, in: Bertelsmann Stiftung/Kuratorium Deutsche Altershilfe (Hrsg.): Anforderungen an die Gestaltung quartiersbezogener Wohnkonzepte, 18. Juni 2003 in Heidelberg, Köln (Druck in Vorbereitung)

Arbeitsgruppe für Sozialplanung und Altersforschung (AfA), März 2003: Rothenfußer Wohngemeinschaft, Wohngemeinschaft für verwirrte ältere seelisch behinderte Menschen in München. Abschlussbericht

BAG Wohnungsanpassung e.V. (Hrsg.), 2003: Dokumentation der Tagung „Wohnberatung und Wohnungswirtschaft", 17. bis 19. Juni in Berlin, Bielefeld (Druck in Vorbereitung)

BAG Wohnungsanpassung e.V. (Hrsg.), 2003: Adressenlisten der Wohnberatungsstellen, Bielefeld

BAG Wohnungsanpassung e.V. (Hrsg.), 2002: Finanzierung von Wohnberatungsstellen, St. Wendel

BAG Wohnungsanpassung e.V. (Hrsg.), 1997: Qualitätsanforderungen für Wohnberatungsstellen, St. Wendel

Böhler, A., 2002: Das Wohngruppenkonzept in der Praxis – Ergebnisse einer qualitativen Befragung von Angehörigen und Mitarbeitern bereits bestehender Wohngemeinschaften für Demente, in: Klie, Th. (Hrsg.), Wohngruppen für Menschen mit Demenz, Hannover, S. 304 ff.

Brändle-Ströh, A., 2003: Ein Blick zurück, in: Stiftung Alterswohnen in Albisrieden (Hrsg.), So lange als möglich zuhause – und dann? Dokumentation der Jubiläumstagung 10 Jahre Alterswohnen in Albisrieden vom 15. Nov. 2002 in Zürich, Zürich

Brändle-Ströh, A., 1998: Pflegewohnung – ein Modell gemeinschaftlichen Wohnens aus der Schweiz – Konzept und Erfahrungen, Zürich

Brech, J. et al., 1994: Integriertes Wohnen. Ein Modell für sozialen Wohnungsbau, Darmstadt

Bundesinteressenvertretung der Altenheimbewohner e.V. (BIVA), 1999: Heim oder nicht Heim? ... das ist hier die Frage – Diskussionspapier der BIVA zu Rechtsfragen beim Betreuten Wohnen für Senioren, o. O.

Bundesministerium für Arbeit und Sozialordnung/Bundesministerium für Gesundheit/Kuratorium Deutsche Altershilfe (Hrsg.), 2003: KDA-Hausgemeinschaften – eine Dokumentation von 34 Projekten, Bd. 9, Köln

Bundesministerium für Arbeit und Sozialordnung/Bundesministerium für Gesundheit/Kuratorium Deutsche Altershilfe (Hrsg.), 2001: Hausgemeinschaften – Die vierte Generation des Altenpflegeheimbaus, Bd. 8, BMA/BMG-Modellprojekte zur Verbesserung der Situation Pflegebedürftiger, Köln

Bundesministerium für Familie, Senioren, Frauen und Jugend (Hrsg.), 2003: Forum Altenhilfe. Ehrenamtlichkeit und Professionalität bei der Betreuung Demenzkranker. Ergebnisse einer Arbeitstagung am 11. und 12. Juli 2002 in Bonn, Lage

Bundesministerium für Familie, Senioren, Frauen und Jugend (Hrsg.), 2002: Wohnen im Alter. Vierter Bericht zur Lage der älteren Generation in Deutschland, Berlin

Bundesministerium für Familie, Senioren, Frauen und Jugend (Hrsg.), 2001: Altenhilfestrukturen der Zukunft. Das Modellprogramm „Altenhilfestrukturen der Zukunft im Überblick“, Berlin

Bundesministerium für Familie, Senioren, Frauen und Jugend (Hrsg.), 2001: Kommunale Wohnpolitik für ältere Menschen. Abschlussworkshop in Heidelberg am 12. und 13. September 2001, Berlin

Bundesministerium für Familie, Senioren, Frauen und Jugend (Hrsg.), 2001: Seniorengerechtes Wohnumfeld. Dokumentation eines Workshops im Rahmen des Bundesmodellprogramms „Selbstbestimmt Wohnen im Alter" am 21. und 22. November 2000 in Lahnstein, Berlin

Bundesministerium für Familie, Senioren, Frauen und Jugend (Hrsg.), 2000: Wohnungsanpassung und Wohnberatung, Workshop in Kassel am 23./ 24.2.1999, Berlin

Bundesministerium für Familie, Senioren, Frauen und Jugend, Heimstatistik, in: GeroStat 1999 bis 2001, DZA, Berlin

Bundesministerium für Familie, Senioren, Frauen und Jugend (Hrsg.), 1998: Wohnen im Alter. Zweiter Bericht zur Lage der älteren Generation in Deutschland, Bonn

Bundesministerium für Familie, Senioren, Frauen und Jugend (Hrsg.), 1995: Seniorenfreundliche Gemeinde. Bundeswettbewerb 1993, Bonn

Bundesministerium für Raumordnung, Bauwesen und Städteordnung, 1995: Wohnen im Alter – zuhause im Wohnquartier, Bonn

Bura, J./Kayer, B., 1992: Miteinander wohnen – Wohnprojekte für jung und alt, Darmstadt

Care Konkret, 24.1.2003: Neue Senioren-WG passt in kein Förderprogramm, Vincentz Verlag (Hrsg.)

Care Konkret, 22.3.2002: Service-Wohnen: Die richtigen Strategien im Wachstumsmarkt, Vincentz Verlag (Hrsg.)

Cox S., 2001: Housing & Support for People with Dementia. London UK

Decker, K./Guerra, V., 2002: Das Anton-Pieck-Hofje in Haarlem, Niederlande, in: Klie, Th. (Hrsg.): Netzwerk Wohngruppen für Menschen mit Demenz, Hannover, S. 151 ff.

Deutscher Bundestag, 2002: Enquête-Kommission Demographischer Wandel. Herausforderungen unserer älter werdenden Gesellschaft an den Einzelnen und die Politik, Berlin

Deutscher Verein für öffentliche und private Fürsorge, 1992: Nomenklatur der Altenhilfe, Frankfurt/Main

Deutscher Mieterbund/Kuratorium Deutsche Altershilfe (Hrsg.), 2000: Ratgeber Betreutes Wohnen – Service, Preise, Verträge – Worauf müssen Sie achten?, Köln

Engel, H./ Engels, D., 2000: Entwicklung des Service-Wohnens in Halle-Trotha. Ergebnisse der Leistungsdokumentation und der Bewohnerbefragung, Köln

Edinger, S./Lerch, H., 2002: Barrierearme Wohnkonzepte für Geschosswohnbauten der 50er Jahre, Leinfelden-Echterdingen

Fischer, R., 2000: Qualitätsanforderungen für Wohnberatungsstellen in Baden-Württemberg, in: Bundesministerium für Familie, Senioren, Frauen und Jugend (Hrsg.): Wohnungsanpassung und Wohnberatung, Workshop in Kassel am 23./24.2.1999, Berlin

Forum aktuell, Nr. 14/15, März 2002, Forum für gemeinschaftliches Wohnen im Alter e.V. (Hrsg.)

Forum Sozialstation – Forum aktuell vom 25.9.2002

Forum für gemeinschaftliches Wohnen im Alter e.V. (Hrsg.), 2000: Ausstellungskatalog, Hannover

Forum für gemeinschaftliches Wohnen im Alter, Bundesvereinigung e.V. (Hrsg.), 1998: Zusammen wohnen – zusammen leben. Gemeinschaftliche Wohnprojekte von Alt und Jung. Wanderausstellung (Prototyp), Hannover

Forum für gemeinschaftliches Wohnen im Alter e.V. (Hrsg.), 1996: Zusammen wohnen – zusammen leben. Gemeinschaftliche Wohnprojekte von Alt und Jung. Ergebnisse einer Befragung, Berlin

Freie Scholle Nachbarschaftshilfe e.V., 2000: Nachbarschaftlich wohnen in der Freien Scholle, Bielefeld

Gebert, B./Weizenhöfer, G., 2002: Finanzierung von Wohnberatungsstellen in NRW. Eine Auswertung nach einem Jahr Fallpauschalensystem, in: ProAlter 2/2003

Großhans, H., 2001: Wohnumfeld und Quartiersgestaltung für das Wohnen im Alter im Generationenverbund, Stuttgart

Großhans, H., 1996: Integriertes Wohnen im Alter. Herausforderung an Kommunen und Wohnungswirtschaft, in: Bundesbaublatt 8/1996, S. 622 ff.

Hagemann, C., 2003: Köster-Karte auf Partnersuche, in: Köster-Zeitung: Gemeinsam leben, 2/2003

Handlauf. Fachblatt für Wohnungsanpassung und Wohnberatung, BAG Wohnungsanpassung e.V. (Hrsg.), Bielefeld

Harkes, D., 2003: Betreute Wohnzonen. Perspektiven eines Modells in den Niederlanden, in: Bertelsmann Stiftung/Kuratorium Deutsche Altershilfe (Hrsg.): Anforderungen an die Gestaltung quartiersbezogener Wohnkonzepte, Workshop 18. Juni 2003 in Heidelberg, Köln (Druck in Vorbereitung)

Heeg, S./Seiler, M. et al., 2001: Evaluationsstudie Betreutes Wohnen. Evaluationsuntersuchung zu ausgewählten Häusern des Betreuten Wohnens, Wüstenrot Stiftung (Hrsg.), Ludwigsburg

Heinze, R., G. et al., 1998: Neue Wohnung auch im Alter. Schader-Stiftung (Hrsg.), Darmstadt

Infratest – Sinus & Becker, H., 1991: Die Älteren – zur Lebenssituation der 55- bis 70jährigen, Bonn

Institut für angewandte Verbraucherforschung (IFAV), 2001: Wunsch und Wirklichkeit beim Betreuten Wohnen, Köln

Institut für Sozialforschung und Gesellschaftspolitik (ISG), 2001: Wunsch und Wirklichkeit des betreuten Wohnens. Die Ergebnisse einer Bewohnerbefragung im Licht der sozial-gerontologischen Fachdiskussion, Köln

Institut für Wohnungswesen, Immobilienwirtschaft, Stadt- und Regionalentwicklung (InWis), 1998: Der Markt für Seniorenimmobilien, Westfälische Hypothekenbank (Hrsg.), Dortmund

Janis-Le Bris, H. (o. J.): Das französische Cantou Modell. Stationäre Mitbetreuung durch Angehörige (unveröffentlichtes Manuskript)

Kleiber, A., 2000: Zwangsräumung einer „Alzheimer-Wohngemeinschaft“, in: ProAlter 2/2000

Klie, Th., 2003: Das Urteil – VG Sigmaringen: Betreutes Wohnen fällt nicht unter das Heimgesetz, wenn die Betreuungsleistungen der Miete deutlich untergeordnet sind, in: Altenheim 3/2003, S. 16

Klie, Th. et al., 2002: Handbuch kommunale Altenplanung, Frankfurt a. M.

Klie, Th., 2002: Netzwerk Wohngruppen für Menschen mit Demenz – Das Freiburger Modell, in: Klie, Th. (Hrsg.): Wohngruppen für Menschen mit Demenz, Hannover

Klie, Th., 2001: Rechtliche Anforderungen an das Betreute Wohnen, in: Betreutes Wohnen, Tagungsdokumentation der Fachtagung am 7. Nov. 2000, Düsseldorf

Klie, Th./Spiegelberg R. (Hrsg.), 1998: Für(s) Alte(r) sorgen. Grundlagen, Methoden und Standards kommunaler Altenplanung, Freiburg

Köster, G., 1999: Betreutes Wohnen, aber wie? Ergebnisse einer Befragung alter Menschen, in: Forum Sozialstation 2/1999, S. 60 ff.

Konferenz der für Städtebau, Bau- und Wohnungswesen zuständigen Minister und Senatoren der Länder, 2000: Barrierefreies Bauen nach den Bauordnungen der Länder, Bericht September 2000

Kremer-Preiß, U., 2001: Betreutes Seniorenwohnen, Arbeitshilfe für Beraterinnen und Berater, Bundesministerium für Familie, Senioren, Frauen und Jugend (Hrsg.), Köln

Kremer-Preiß, U., 1998: Betreutes Wohnen in Altenwohnheimen und Altenwohnanlagen – Analyse der Betreuungsverträge, in: Betreutes Wohnen und Wohnen im Heim – Rechtliche Aspekte, Expertisenband 5 zum Zweiten Altenbericht der Bundesregierung, Deutsches Zentrum für Altersfragen (Hrsg.), Frankfurt/M.

Kremer-Preiß, U., 1998: Betreutes Wohnen für Senioren. Zur praktischen Umsetzung konzeptioneller Ziele in Baden-Württemberg, Sozialministerium Baden-Württemberg (Hrsg.), Stuttgart

Kremer-Preiß, U./Stolarz, H., 2003: Wohngemeinschaften mit Betreuung – Eine Ergänzung zum KDA-Hausgemeinschaftskonzept?, in: ProAlter 2/2003, S. 6 ff.

Kremer-Preiß, U./Stolarz, H., 2002: Rechtliche Rahmenbedingungen und Förderbestimmungen zum altengerechten Bauen und Wohnen, Köln

Kremer-Preiß, U./Stolarz, H., 2000: Wohnen in Gemeinschaft – Datenlage und Entwicklungsstand – Sonderanalyse aus der KDA-Daten- und Informationsbank „Wohnen im Alter“, Köln

Kremer-Preiß, U./Stolarz, H., 1999: Barrierefreies Bauen in Deutschland. Vergleichende Darstellung der rechtlichen Rahmenbedingungen und Förderbestimmungen des altersgerechten Wohnens in den Bundesländern, Köln

Kreuz, D./Wenng, S., 1999: Integriertes Alten Service Zentrum Eching. Zusammenfassung der Begleitforschung von 1990 bis 1997, Kuratorium Deutsche Altershilfe (Hrsg.), Köln

Krings-Heckemaier, 1997: Service-Wohnen. Antwort auf die demografische Herausforderung. Untersuchungen zur Akzeptanz, in: Akademie der Diözese Rottenburg-Stuttgart (Hrsg.): Betreutes Wohnen im Alter: Konzeptionen auf dem Prüfstand, Materialien 1, S. 71 ff., Stuttgart

Kruse, A., 2001: Lebensstile und Umwelt älterer Menschen, in: Bundesministerium für Familie, Senioren, Frauen und Jugend (Hrsg.): Lebensstile – Wohnbedürfnisse – Wohnformen, Workshop in Hamburg am 20./21.4.1999, Berlin

Kuratorium Deutsche Altershilfe/Bertelsmann Stiftung (Hrsg.), 2003: Leeuwarden. Ein ganzheitliches Quartiersmodell für Wohnen, Betreuung & soziale Dienste (Druck in Vorbereitung). Übersetzung von: Brower-de Vries/Harkes/Singelenberg, 2002: Leeuwarden. Een integraal Wijkmodel voor Wonen, Zorg & Welzijn, Leeuwarden

Kuratorium Deutsche Altershilfe (Hrsg.), 2002: Demenzbewältigung in den eigenen vier Wänden. Experten-Workshop am 26. und 27. November in Königswinter, Köln

Kuratorium Deutsche Altershilfe (Hrsg.), 2000: Wohnen in Gemeinschaft – Dokumentation des deutsch-niederländischen Experten-Workshops 20. und 21. Januar 2000 in Königswinter, Köln

Kuratorium Deutsche Altershilfe (Hrsg.) 2000: Die niederländische Studie „Vom Idealismus zum Realismus – Über 15 Jahre gemeinschaftliches Wohnen älterer Menschen", Übersetzung der Studie des Verwey-Jonker-Instituts von 1998, Köln

Kuratorium Qualitätssiegel Betreutes Wohnen für Senioren Baden-Württemberg und Sozialministerium Baden-Württemberg (Hrsg.), 1998: Betreutes Wohnen für Senioren – Informationen zu einer neuen Wohnform mit Fragebogen zum Prüfen und Vergleichen von Angeboten, Stuttgart

Lämmler, L. (o. J.): Leben in der Pflegewohnung Zürich-Albisrieden, Zürich

Landeswohlfahrtsverband Baden (Hrsg.), 1994: Leitfaden „Betreutes Wohnen im Alter", Karlsruhe

Landkreis Aichach-Friedberg/Landkreis Augsburg/Bayerisches Sozialministerium, 1999: 10 Jahre Betreutes Wohnen in der Region Augsburg – eine kritische Bilanz, Dokumentation der Fachtagung, Aichach/Augsburg

LBS, 1999: Wohnen mit Service: Altersgerechte Wohnangebote, nützliche Adressen, praktische Hinweise. Bundesgeschäftsstelle Landesbausparkassen im Deutschen Sparkassen- und Giroverband e.V. (Hrsg.), Bonn

Lebich, S., 2003: Bürgerschaftsverein und Kommune als treibende Kraft, in: Bertelsmann Stiftung/Kuratorium Deutsche Altershilfe (Hrsg.): Anforderungen an die Gestaltung quartiersbezogener Wohnkonzepte, Workshop 18. Juni 2003 in Heidelberg, Köln (Druck in Vorbereitung)

Luuring, Chr., 2000: Betreutes Wohnquartier Breda Süd-Ost, in: Kuratorium Deutsche Altershilfe (Hrsg.): Wohnen in Gemeinschaft – Dokumentation des deutsch-niederländischen Experten-Workshops 20. und 21. Januar 2000 in Königswinter, Köln

Maier, W., 2002: Möglichkeiten und Grenzen der barrierefreien Umgestaltung von Wohnsiedlungen in Köln, in: BAG Wohnungsanpassung (Hrsg.), 2003: Dokumentation der Tagung „Wohnberatung und Wohnungswirtschaft“, 17. bis 19. Juni in Berlin, Bielefeld (Druck in Vorbereitung)

Malmberg, B./Slundström, G./Zarit, S. H., 1998: Housing the Demented Elderly in Sweden, Institute of Gerontology, Jonköping/Sweden: Reprint series No. 61. Reprinted from „Research and Practice in Alzheimer Disease“, Serdi Publisher, Springer Publishing Company, p. 193 ff.

Malmberg, B., 1997: Group Homes: An Alternative for Older People with Dementia. Institute of Gerontology, Jonköping/Sweden: Reprint series No. 55. Reprinted from „State of the art in dementia care“, edited by Mary Marshal, Centre for Policy on Ageing, p. 78 ff.

Ministerium für Arbeit, Soziales und Stadtentwicklung, Kultur und Sport des Landes NRW (Hrsg.), 2000: Sicher und bequem zu Hause wohnen. Wohnberatung für ältere und behinderte Menschen, Düsseldorf

Ministerium für Bauen und Wohnen NRW, 1995: Neue Wohnformen für ältere Menschen, Voraussetzungen zum selbstständigen Wohnen, Bericht Nr. 3, Düsseldorf

Ministerium für Frauen, Jugend, Familie und Gesundheit des Landes NRW (Hrsg.), 1999: Neue Wohnprojekte für ältere Menschen – Gemeinschaftliches Wohnen in Nordrhein-Westfalen, Düsseldorf

Möller, Th., 2003: Das Quartierskonzept „Lebensgerechtes Wohnen“ der Baugenossenschaft Freie Scholle e.G., Bielefeld, in: Bertelsmann Stiftung/Kuratorium Deutsche Altershilfe (Hrsg.): Anforderungen an die Gestaltung quartiersbezogener Wohnkonzepte, Workshop 18. Juni 2003 in Heidelberg, Köln (Druck in Vorbereitung)

Narten, R., 2003: Soziale Dienste für ältere Menschen, in: vdw-magazin 1/2003, Verband der Wohnungswirtschaft Niedersachsen/Bremen (Hrsg.)

Narten, R., 2001: Bericht vom Besuch der Baugenossenschaft Freie Scholle e.G. Bielefeld, im November 2001 (unveröffentlichtes Manuskript)

Narten, R./Tischer, S., 2001: Räume für gemeinschaftliche Wohnprojekte älterer Menschen – Erfahrungen aus den Niederlanden –, Kuratorium Deutsche Altershilfe (Hrsg.), Köln

Narten, R./Fuhrig, A., 2000: Wohnungen für betreute Wohngruppen alter Menschen, Bundesministerium für Familie, Senioren, Frauen und Jugend (Hrsg.), Bonn

Narten, R./Stolarz, H., 2000: Neue Wohnmodelle für das Alter – Dokumentation des Expertenworkshops am 11./12. Juni 1997 in Bonn-Oberkassel, Bundesministerium für Familie, Senioren, Frauen und Jugend (Hrsg.), Bonn

Niepel, Th., 1999: Wohnberatung – Erfolg, Wirkungsvoraussetzungen und Qualitätssicherung, Universität Bielefeld

Niepel, Th., 1998: Wohnberatung: wirksam und wirtschaftlich, Universität Bielefeld

Niepel, Th., 1995: Effektivität und Effizienz von Beratung zur Wohnungsanpassung, Universität Bielefeld

Palsing, S. et al., 2000: Aeldre i bofaellesskab. Older people in co-housing, Kopenhagen

Pawletko, K.-W., 2002: Ambulant betreute Wohngemeinschaften für demenziell erkrankte Menschen, Bundesministerium für Familie, Senioren, Frauen und Jugend (Hrsg.), Berlin

Pawletko, K.-W., 2002: Die ambulant betreute Wohngemeinschaft mit Angehörigenbeteilung, in: Projektantrag im Rahmen des Modellprogramms des Pflegeleistungsergänzungsgesetzes zur Verbesserung der Situation Demenzkranker und ihrer Angehörigen, Berlin

Pawletko, K.-W, 2002: Betreute Wohngemeinschaften – Entwicklungen und Perspektiven für pflegebedürftige und/oder demenzkranke alte Menschen, Berlin

ProAlter 1/2001: Betreutes Seniorenwohnen, Kuratorium Deutsche Altershilfe (Hrsg.)

ProAlter 1/2001: Neue KDA-Modellrechnung zur Pflege-Entwicklung, Kuratorium Deutsche Altershilfe (Hrsg.)

ProAlter 3/2001: Finanzierung der Wohnberatung muss bundesweit gesichert werden, Kuratorium Deutsche Altershilfe (Hrsg.)

ProAlter 3/2002: Finanzierung von Wohnberatungsstellen in Nordrhein-Westfalen, Kuratorium Deutsche Altershilfe (Hrsg.)

ProAlter 2/2003: Neues Programm zur Förderung Betreuter Wohngruppen in NRW, Kuratorium Deutsche Altershilfe (Hrsg.)

ProAlter 3/2003: Überregionaler Erfahrungsaustausch: „Anforderungen an die Gestaltung quartiersbezogener Wohnkonzepte“, Kuratorium Deutsche Altershilfe (Hrsg.)

ProAlter 3/2003: Jahrestagung der BAG Wohnungsanpassung: Bürgerschaftliches Engagement in Rahmen von Wohnungsanpassung und Wohnberatung, Kuratorium Deutsche Altershilfe (Hrsg.)

Reiter, A., 2002: Generation 50 Plus – Lifestyle & Neues Wohnen, in: „Alter hat Zukunft – gerne älter werden in Tirol, Wie wohnen, wenn wir älter werden?, Tagungsdokumentation vom 15. Nov. 2002, Innsbruck

Saup, W., 2003: Betreutes Seniorenwohnen im Urteil der Bewohner, Ergebnisse der Augsburger Längsschnittstudie – Bd. 2, Augsburg

Saup, W., 2002,: Dementielle Erkrankungen – Möglichkeiten und Grenzen des Betreuten Wohnens für Senioren (unveröffentlichtes Manuskript)

Saup, W., 2001: Ältere Menschen im Betreuten Wohnen, Ergebnisse der Augsburger Längsschnittstudie – Bd. 1, Institut für angewandte Verbraucherforschung, Augsburg

Saup, W. (o. J.): Demenzbewältigung im betreuten Seniorenwohnen, Augsburg (Druck in Vorbereitung)

Schott, J./Zill, G., 1995: Funktion und Formen von Bewohnerbeteiligung im Betreuten Wohnen, Wüstenrot Stiftung (Hrsg.), Stuttgart

Sozialausschuss der Stadt Bonn, 2003: Konzeption zur Einrichtung von Stützpunkten in Einrichtungen der Altenhilfe, Bonn (unveröffentlicht)

Sozialministerium Baden-Württemberg, 1997: Entwicklungsstand Betreutes Wohnen, Stuttgart

Sozialhilferichtlinien Baden-Württemberg 50, 2002: Mehrbedarf bei betreutem Seniorenwohnen, BSHG § 23, Nr. 23.04

Stadt Köln, Stadtarbeitsgemeinschaft Altenpolitik, 2002: Weiterentwicklung der Seniorenarbeit in Stadtteilen mit besonderem Unterstützungsbedarf (Seniorennetzwerke), Köln

Statistisches Bundesamt (Hrsg.), 2000: Bevölkerungsentwicklung Deutschlands bis zum Jahr 2050. Ergebnisse der 9. koordinierten Bevölkerungsvorausschätzung, Wiesbaden

Statistisches Bundesamt, 2002: A1 Bevölkerung am 31.12.2000 nach Alters- und Geburtsjahren (Datei)

Stolarz, H., 2002: Meilensteine in der Entwicklung der Wohnberatung, in: ProAlter 2/2002

Stolarz, H., 1998: Wohnungsanpassung. Kleine Maßnahmen mit großer Wirkung, Köln

Stolarz, H., 1997: 10 Jahre Wohnungsanpassung in Deutschland, Köln

Stolarz, H., 1986: Wohnungsanpassung. Maßnahmen zur Erhaltung der Selbständigkeit älterer Menschen, Köln

Stuurgroep Experimenten Volkshuisvesting/Kuratorium Deutsche Altershilfe (Hrsg.), 1997: Wohnen ohne Barrieren: Hintergrundinformationen und Fakten, Köln/Rotterdam

Tews/Bühler/Weiß, 2001: Betreutes Wohnen im Bestand – „Betreutes Wohnen zu Hause", Ergebnisse einer Untersuchung, Heidelberg

Trilling, A., 2001: Altenarbeit und Altenpolitik in Kassel, in: Stadt Köln (Hrsg.), Plan für ein seniorenfreundliches Köln, 2001/2002, Bd. I, Köln

University of the West of England (Hrsg.), 2001: Housing Adaptions and Improvements for the people with Dementia, Bristol UK

Verbraucherzentrale NRW, 2001: Betreutes Wohnen. Was Sie über Leistungen, Kosten und Verträge wissen sollten, Düsseldorf

Verbraucherzentrale NRW, 1998: (Neue) Wohnformen für Senioren – Eine Vertragsanalyse, Düsseldorf

Verein für Selbstbestimmtes Wohnen im Alter e.V. (Hrsg.), 2002: Qualitätskriterien für ambulant betreute Wohngemeinschaften mit demenziell erkrankten Menschen – eine Orientierungs- und Entscheidungshilfe, Berlin

VdW Rheinland Westfalen (Hrsg.) (o. J.): Soziale Arbeit in Wohnungsunternehmen, Düsseldorf

Volkssolidarität Bundesverband e.V., 2002: Richtlinien und Leitbild – Bau und Betreibung von Wohnanlagen für das „Wohnen in Geborgenheit", Berlin

Weeber + Partner, 2001: Das Ende der Nahversorgung? Studie zur wohnungsnahen Versorgung, Stuttgart

Wüstenrot Stiftung (Hrsg.), 1997: Chancen und Risiken des Betreuten Wohnens. Eine Betrachtung der volkswirtschaftlichen Gesamtkosten unterschiedlicher Wohnformen, Stuttgart

Wüstenrot Stiftung (Hrsg.), 1997: Wohnquartiernahe Alltagshilfen, Stuttgart

Zentrale Beratungsstelle für Wohnanpassung Baden-Württemberg (Hrsg.), 1996: Handbuch für Wohnberatungsstellen, Stuttgart

Anhang

Demographische Entwicklung und Wohnbedarf

Direkter Vergleich 2000 bis 2050

Die vorausgesagte Entwicklung besagt zunächst, dass in Zukunft ein viel größerer Teil der Bevölkerung 65 Jahre und älter sein wird (etwa 20 Mio. bzw. 28,7 %) und dass es ziemlich normal sein wird, alt zu sein *(9. Koord. Bevölkerungs-Vorausberechnung, Variante 2, StBA. Für 2000 wurden die aktuellen Zahlen verwendet, StBA; alle Zahlen beziehen sich auf den 31.12. des entsprechenden Jahres).*

Grafik 1: Veränderung des zukünftigen Bevölkerungsaufbaus

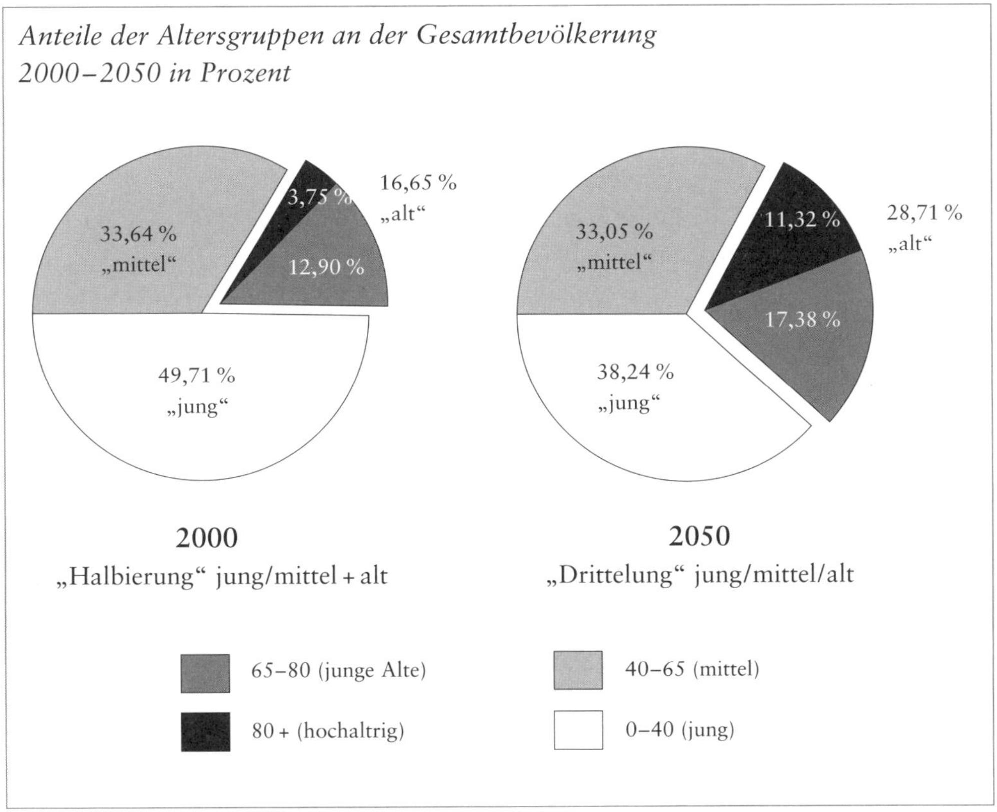

Die Umwelt und die Wohnangebote – in der Masse normale Wohnungen – müssen dafür geeignet sein. Zwar wächst im besonderen Maße gerade die Zahl der Hochaltrigen, aber in absoluten Zahlen werden es auch 2050 die jüngeren Alten sein, die überwiegen (etwa 60 %). Da die Altersprobleme – wie Gebrechlichkeit, Hilfebedürftigkeit, Vereinsamung etc. vor allem auf die Gruppe der Hochaltrigen zutreffen, könnte man auch davon sprechen, dass es nicht einfach viel mehr alte Menschen geben wird, sondern dass sich die Lebensphase des Alters in ein höheres, kalendarisches Alter verschiebt. Für eine steigende Zahl alter Menschen ist eine Lebensphase zwischen Berufsleben und dem „eigentlichen" Altsein hinzugekommen. Bezüglich des Wohnens und der Entwicklung angemessener Wohnformen bzw. Lebensformen stellt sich auch im Hinblick auf die große Zahl der jüngeren Alten die Frage: Was machen die Menschen in dieser Phase zwischen Berufsleben und Altsein. Hier sind neue Antworten notwendig, die eher in den normalen Wohn- und Lebenswelten zu suchen sind als in Sonderwohnformen der Altenhilfe. Aber auch die wachsende Zahl Hochaltriger wirft die Frage nach Alternativen zu den heute üblichen stationären Wohnformen auf *(Bundesministerium für Familie, Senioren, Frauen und Jugend, [Hrsg.], 1998: Wohnen im Alter. Zweiter Bericht zur Lage der älteren Generation in Deutschland, Bonn).*

Um einen Eindruck von zukünftigen Bedarfsentwicklungen zu bekommen, erscheint es besonders aufschlussreich, die 80-Jährigen und älteren – und zwar in ihrer absoluten Zahl – gesondert von den jüngeren Alten (65- bis 80-Jährige) zu betrachten. Für das Jahr 2050 wird ein Anwachsen der Zahl Hochaltriger (80 +) von heute etwa 3 Mio. (2000) auf fast 8 Mio. (2050) geschätzt. Bei den jüngeren Alten wächst nach dieser Schätzung die Zahl von 10,6 Mio. (2000) auf etwas über 12 Mio. (2050).

Aus der vergleichenden Betrachtung der beiden Altersstrukturen 2000 und 2050 (vgl. Tabelle 1) ergeben sich folgende Merkmale, die für das Wohnen von besonderem Interesse sind.

Tabelle 1: Prognose Bevölkerungsstruktur 2000–2050

2000 = aktuelle Zahlen, StBA
9. Koord. Bevölkerungs-Vorausberechnung, Variante 2, jeweils am 31.12., StBA

	2000		2050		*Anteils-differenz* *
Altersgruppen	*Absolut in 1.000*	*Anteil an Ges.-Bev.*	*Absolut in 1.000*	*Anteil an Ges.-Bev.*	± %
80 +	3.086,7	3,75 %	7.919,8	11,32 %	+ 7,57 %
65–80	10.607,4	12,90 %	12.157,9	17,38 %	+ 4,49 %
55–65	10.594,0	12,88 %	9.795,1	14,01 %	+ 1,13 %
40–55	17.081,7	20,77 %	13.319,4	19,04 %	– 1,72 %
20–40	23.500,2	28,57 %	15.350,9	21,95 %	– 6,62 %
0–20	17.389,6	21,14 %	11.397,0	16,30 %	– 4,85 %
Bev. insgesamt	**82.259,5**	**100 %**	**69.940,0**	**100 %**	(0 %)
Altersbevölkerung (65 +)	13.694,0	16,65 %	20.077,7	28,71 %	+ 12,06 %
Ältere Berufsfähige (40–65)	27.675,7	33,64 %	23.114,5	33,05 %	– 0,60 %
Junge (0–40)	40.889,8	49,71 %	26.747,9	38,24 %	– 11,46 %
„nicht Alte" insg. (0–65)	68.565,5	83,35 %	49.862,4	71,29 %	– 12,06 %

* der jeweiligen Altersgruppe an der Gesamtbevölkerung

1. Die erhebliche Alterung der Gesellschaft betrifft vor allem die *Hochaltrigen.*

- Die Hochaltrigen (80 +) haben eine hohe zahlenmäßige Wachstumsrate. Auch in absoluten Zahlen handelt es sich um einen erheblichen Zuwachs von ca. 4,8 Mio. Menschen (von ca. 3 Mio. auf fast 8 Mio.). Der Anteil an der Gesamtbevölkerung nimmt ebenfalls von 3,75 % auf 11,32 % wesentlich zu.

- Wesentlich geringer ist das Anwachsen der Zahl der jüngeren Alten (65- bis 80-Jährige) um etwa 1,6 Mio. Menschen. In absoluten Zahlen bilden die jüngeren Alten aber auch 2050 die Mehrheit der älteren Menschen. Auch der Anteil der jüngeren Alten an der Gesamtbevölkerung wird mit etwa 17,38 % erheblich zunehmen (2000: 12,9 %).

- Parallel zum absoluten Wachstum der Zahl Hochaltriger verändert sich auch das Verhältnis zwischen Hochaltrigen und jüngeren Alten. Waren im Jahr 2000 nur etwa 22,5 % der insgesamt älteren Menschen (65 +) hochaltrig, so sind es 2050 fast 40 %.

- Innerhalb dieser Altersgruppe der Hochaltrigen wächst auch die Zahl der über 90-Jährigen von etwa 0,5 Mio. (2000) auf etwas über 1,5 Mio. (2050). Dieser Zuwachs auf das Dreifache ist noch gravierender als bei den Hochaltrigen insgesamt (80 +), deren Zahl auf das 2,5fache ansteigt.

2. Der Anteil älterer *Männer* wird zunehmen.

- Die häufig genannte „Feminisierung" des Alters und damit z. T. auch die Singularisierung (von alten Frauen) wird sich in Zukunft bei den älteren Menschen abmildern. Bei der Gruppe der jüngeren Alten wird es im Jahr 2050 mit 45,6 % fast so viele Männer wie Frauen geben (2000: 42,1 %).

- Bei den Hochaltrigen wird der Männeranteil – auf niedrigerem Niveau – sogar noch stärker zunehmen: von 26,5 % im Jahr 2000 auf ca. 36 % im Jahr 2050 (bei der Gruppe der 80- bis 90-Jährigen wächst der Männeranteil von heute 27,4 % auf ca. 38,1 %).

3. Bezüglich der alternden Gesellschaft ist die zahlenmäßige Abnahme *jüngerer Bevölkerungsgruppen* viel gravierender als die Zunahme älterer.

- Während die Zahl der Altenbevölkerung (65+) bis 2050 um etwa 6,4 Mio. zunehmen wird, ist bei den Jüngeren (bis 65 Jahre) ein Rückgang um etwa 18,7 Mio. zu erwarten. Die stark wachsenden Anteile der Älteren an der Gesamtbevölkerung beruhen also zum größeren Teil auf dem zahlenmäßigen Rückgang der jüngeren Bevölkerungsgruppen.

- Die größte Veränderung in absoluten Zahlen findet bei der Gruppe der 20- bis 40-Jährigen statt. Der Rückgang wird allein hier etwa 8,1 Mio. Menschen betragen (jüngere „Berufsfähige"). Bei den Kindern und Jugendlichen (0 bis 20 Jahre) ist zwar die Rate der Abnahme gleich hoch, aber die absolute Zahl ist mit ca. 6 Mio. geringer.

4. Die *„mittlere Generation"* gewinnt trotz zahlenmäßiger Abnahme an Bedeutung.

- Interessanterweise wird sich die Altersgruppe der 40- bis 65-Jährigen zwar auch zahlenmäßig verändern und um etwa 4,6 Mio. abnehmen (ältere „Berufsfähige"). Im Gegensatz zu den unter 40-Jährigen wird aber der Anteil an der Gesamtbevölkerung *fast* konstant bleiben (ca. 33 %). Im Vergleich zur „jüngeren" bzw. „nicht alten" Bevölkerung insgesamt (unter 65 Jahre) bekommt diese Altersgruppe dagegen ein zahlenmäßig *größeres* Gewicht: Dieser Anteil wächst von etwa 40 % auf 46 %.

- Bei dieser Altersgruppe der 40- bis 65-Jährigen (ältere „Berufsfähige") wird bezüglich der Berufstätigkeit die Karriere erreicht und bezüglich der Familie geht die Erziehungsphase zu Ende. Für die Wohnbedürfnisse ist Letzteres von Bedeutung, als sich hier bereits „Nicht-Familien-Wohnformen" entwickeln, wie das bei der folgenden Generation (bei den 65- bis 80-Jährigen) in verstärktem Maße der Fall ist. Diese beiden Generationen werden zusammen immerhin etwas über 50 % der zukünftigen Gesellschaft ausmachen (2000: 46,5 %).

- Innerhalb der „mittleren" Altersgruppe (40 bis 65) betrifft der zahlenmäßige Rückgang überwiegend die (jüngeren) 40- bis 55-Jährigen, während sich bei den 55- bis 65-Jährigen trotz geringem Zahlenverlust ihr Anteil an der Gesamtbevölkerung sogar geringfügig *erhöht.* Gerade bei dieser letzteren Altersgruppe spielt die Suche nach neuen „Nicht-Familien-Wohnformen" eine verstärkte Rolle.

Die Entwicklung 2000 bis 2050 in Etappen

Ein Vergleich mit den Ergebnissen der 8. Koordinierten Bevölkerungsvorausberechnung ergab gravierende Unterschiede, insbesondere was das zahlenmäßige Verhältnis zwischen den jüngeren Alten und den Hochaltrigen anbelangt. Eine Schlussfolgerung war damals, dass die Weiterentwicklung von Wohnformen gerade für die jüngeren Alten von besonderer Wichtigkeit ist (vgl. *Bundesministerium für Familie, Senioren, Frauen und Jugend, [Hrsg.], 1998: Wohnen im Alter. Zweiter Bericht zur Lage der älteren Generation in Deutschland, Bonn)*. Eine Erklärung für diese teilweise abweichende Einschätzung der zukünftigen Entwicklung liegt im kürzeren Prognosezeitraum der 8. Vorausschätzung (1995 bis 2040) und in der Tatsache, dass die geschätzte Bevölkerungsentwicklung nicht linear verläuft.

In der folgenden Tabelle sind deshalb die Zahlen der 9. Vorausberechnung in Zehn-Jahres-Intervallen dargestellt (vgl. Tabelle 2).

Tatsächlich gibt es einen gravierenden Unterschied zwischen 2040 (stärker noch 2030) und 2050: Die Zahl der Hochaltrigen nimmt drastisch zu, während die Zahl der jüngeren Alten stark abnimmt (vgl. Grafik 2).

Bis 2030 nehmen dagegen sowohl die Zahlen der Hochaltrigen als auch die der jüngeren Alten zu, mit einem drastischen Anstieg bei den jüngeren Alten zwischen 2020 und 2030. Hier wirken sich geburtenstarke und geburtenschwache Jahrgänge in den Zahlen der Altersbevölkerung aus.

Für die Einschätzung des zukünftigen Wohnbedarfs lässt sich die demographische Entwicklung in eine kurzfristige und eine langfristige Perspektive unterscheiden.

*Tabelle 2: **Bevölkerungsentwicklung 2000–2050 in absoluten Zahlen (in 1000) – 10-Jahresintervalle –***

2000 = aktuelle Zahlen, StBA
9. Koord. Bevölkerungs-Vorausberechnung, Variante 2, jeweils am 31.12., StBA

Altersgruppen	*2000*	*2010*	*2020*	*2030*	*2040*	*2050*
80 +	3.086,7	4.025,7	5.266,5	5.312,6	6.436,3	**7.919,8**
65–80	10.607,4	12.215,9	12.120,9	**15.061,1**	14.872,1	12.157,9
55–65	10.594,0	10.082,3	**12.725,8**	11.210,8	9.506,8	9.795,1
40–55	17.081,7	**20.232,1**	16.741,1	15.422,6	15.014,9	13.319,4
20–40	**23.500,2**	19.651,1	19.282,4	17.315,2	16.052,2	15.350,9
0–20	**17.389,6**	15.214,6	14.015,1	13.350,1	12.272,8	11.397,0
Bev. insgesamt	82.259,5	81.421,9	80.151,7	77.672,4	74.155,2	69.940,0
Altersbevölkerung (65 +)	13.694,0	16.241,6	17.387,4	20.373,7	**21.308,4**	20.077,7
Ältere Berufsfähige (40–65)	27.675,7	**30.314,4**	29.466,9	26.633,4	24.521,7	23.114,5
Junge (0–40)	**40.889,8**	34.865,7	33.297,5	30.665,3	28.325,0	26.747,9
„nicht Alte“ insg. (0–65)	68.565,5	65.180,1	62.764,4	57.298,7	52.846,7	49.862,4

Die kurzfristige Perspektive – etwa bis 2030

Der Schwerpunkt des zusätzlichen Wohnbedarfs liegt bei den *jüngeren Alten.* Gleichzeitig steigt der Wohnbedarf auch bei den Hochaltrigen. Das Verhältnis zwischen Hochaltrigen und jüngeren Alten verschiebt sich relativ langsam (Ausnahme 2020) zugunsten der Hochaltrigen. Die Anteile der Hochaltrigen (80 +) an der Altersbevölkerung (65 +) betragen 2000: 22,5 %; 2010: 24,8 %; 2020: 30,3 %; 2030: 26,1 %.

In dieser Zeitspanne bleibt auch die Zahl der Zwischengeneration (40- bis 65-Jährige) etwa auf dem Niveau von 2000 (bei zwischenzeitlicher Zunahme), wobei die Zahl der 55- bis 65-Jährigen 2030 noch etwas höher ist als 2000 (vgl. Grafik 3).

Grafik 2: Zahlenmäßige Veränderung der Altersbevölkerung ab 2000 (= 0) bis 2050

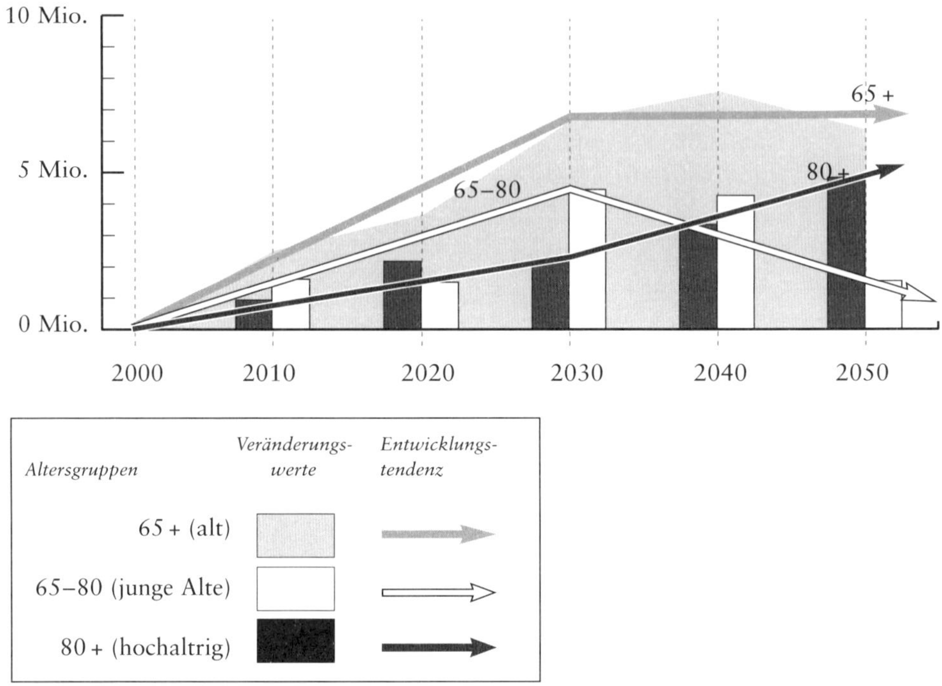

Ab 2030 sinkt die Zahl der „jungen Alten“ und die Zahl der Hochältrigen wächst noch stärker an (Schere).

Grafik 3: Zahlenmäßige Veränderung der „nicht-alten" Bevölkerung ab 2000 (= 0) bis 2050

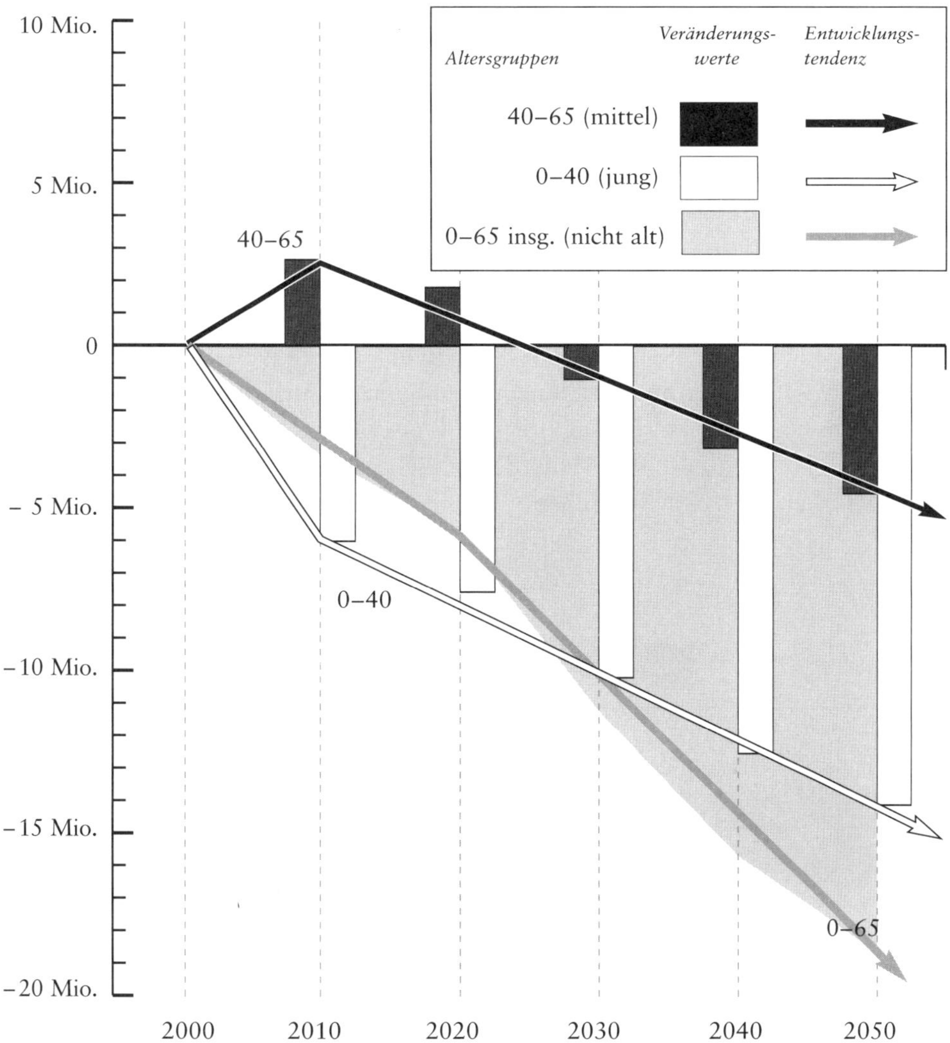

Zwischen 2020 und 2030 sinkt auch die Zahl der „mittleren" Altersgruppe unter den Stand von 2000. Die Zahl der „nicht Alten" insgesamt nimmt noch stärker ab als die der „Jungen".

Die langfristige Perspektive – etwa 2030 bis 2050

Bei Betrachtung der Zehn-Jahres-Intervalle erscheint der langfristige Wohnbedarf für die *Hochaltrigen* noch schwerwiegender als im direkten Vergleich 2000 bis 2050.

Der Anstieg der Zahl Hochaltriger ist in dieser zweiten Phase erheblich steiler: Der Zuwachs beträgt in den ersten 30 Jahren etwa 2,2 Mio. und in den 20 Jahren der zweiten Phase etwa 2,6 Mio. Menschen, d. h. im Schnitt während der ersten Phase etwa 74.200 Menschen und während der zweiten Phase dagegen etwa 130.000 Menschen pro Jahr.

Die für den Pflegebedarf besonders relevante Altersgruppe der über 90-Jährigen (90 +) wächst ebenfalls in der zweiten Phase zahlenmäßig wesentlich stärker an als in der ersten. Besonders auffällig ist ein sprunghafter Anstieg zwischen 2020 und 2030 – gewissermaßen am Ende der ersten Phase. Der Zuwachs beträgt zwischen 2000 und 2020 etwa 260.400 Menschen, durchschnittlich 13.000 Menschen pro Jahr, gegenüber 754.700 Menschen zwischen 2020 und 2050, durchschnittlich 25.000 Menschen pro Jahr (vgl. Tabelle 3).

Tabelle 3: Hochaltrige (80 +) 2000–2050 (10-Jahres-Intervalle)

2000 = aktuelle Zahlen, StBA
9. Koord. Bevölkerungs-Vorausberechnung, Variante 2, jeweils am 31.12., StBA
(Absolute Zahlen in 1.000)

Altersgruppen	*2000*	*2010*	*2020*	*2030*	*2040*	*2050*
90 +	525,7	529,2	786,1	1.140,9	1.104,9	1.540,8
80–90	2.561,0	3.496,5	4.480,4	4.171,7	5.331,4	6.379,0
80 +	3.086,7	4.025,7	5.266,5	5.312,6	6.436,3	7.919,8
Anteil 90 + an 80 +	17,03%	13,15%	14,93%	21,48%	17,17%	19,46%

Durch die gleichzeitige *Abnahme der Zahl der jüngeren Alten* (Schere) verschiebt sich zusätzlich das Zahlenverhältnis drastisch zugunsten der Hochaltrigen. Die Anteile der Hochaltrigen (80 +) an der Altersbevölkerung insgesamt (65 +) betragen 2030: 26,1 %; 2040: 30,2 % und 2050: 39,5 %. Besonders augenfällig ist diese Zunahme zwischen 2040 und 2050.

Da diese Entwicklung mitbeinhaltet, dass während dieser zweiten Phase besonders viele jüngere Alte in die Gruppe der Hochaltrigen „wechseln", stellt sich in noch stärkerem Maße als sonst die Frage, inwiefern jüngere Alte dann Wohnformen gewählt haben, die einerseits eine Prävention von Pflege begünstigen und andererseits Pflege ermöglichen, ohne dass ein Wechsel in eine stationäre Versorgung notwendig wird (vgl. Grafik 2).

Bemerkenswert für diese zweite Periode erscheint zudem die *Stagnation des zahlenmäßigen Wachstums der Altersbevölkerung* (65 +) ab 2030. Nach einem relativ geringen Anstieg 2040 sinkt die Zahl 2050 sogar unter den Stand von 2030 (etwa 20 Mio.). In dieser zweiten Periode nimmt die Gesamtbevölkerung allerdings zahlenmäßig noch stärker ab (um etwa 7,7 Mio.) als schon in der ersten Periode (um etwa 4,6 Mio.). In dieser zweiten Phase entsteht zwischen 2030 und 2050 das bisher ungewohnte Bild, dass bei Betrachtung der drei Hauptaltersgruppen (alt, mittel, jung) die alternde Gesellschaft *nur durch zahlenmäßige Abnahme der mittleren und jungen Altersgruppen* gekennzeichnet ist. Tatsächlich besagt die Prognose, dass auch der Anteil der Altersbevölkerung (65 +) an der Gesamtbevölkerung zwischen 2040 und 2050 nicht mehr steigt (ca. 28,7 %). Die einzige zahlenmäßig *stetig wachsende* Altersgruppe bilden – bis 2050 – die *Hochaltrigen* (vgl. Grafik 4).

Grafik 4: Übersicht: Zahlenmäßige Veränderung der „alten“ und „nicht alten“ Bevölkerung gegenüber 2000 (= 0) bis 2050

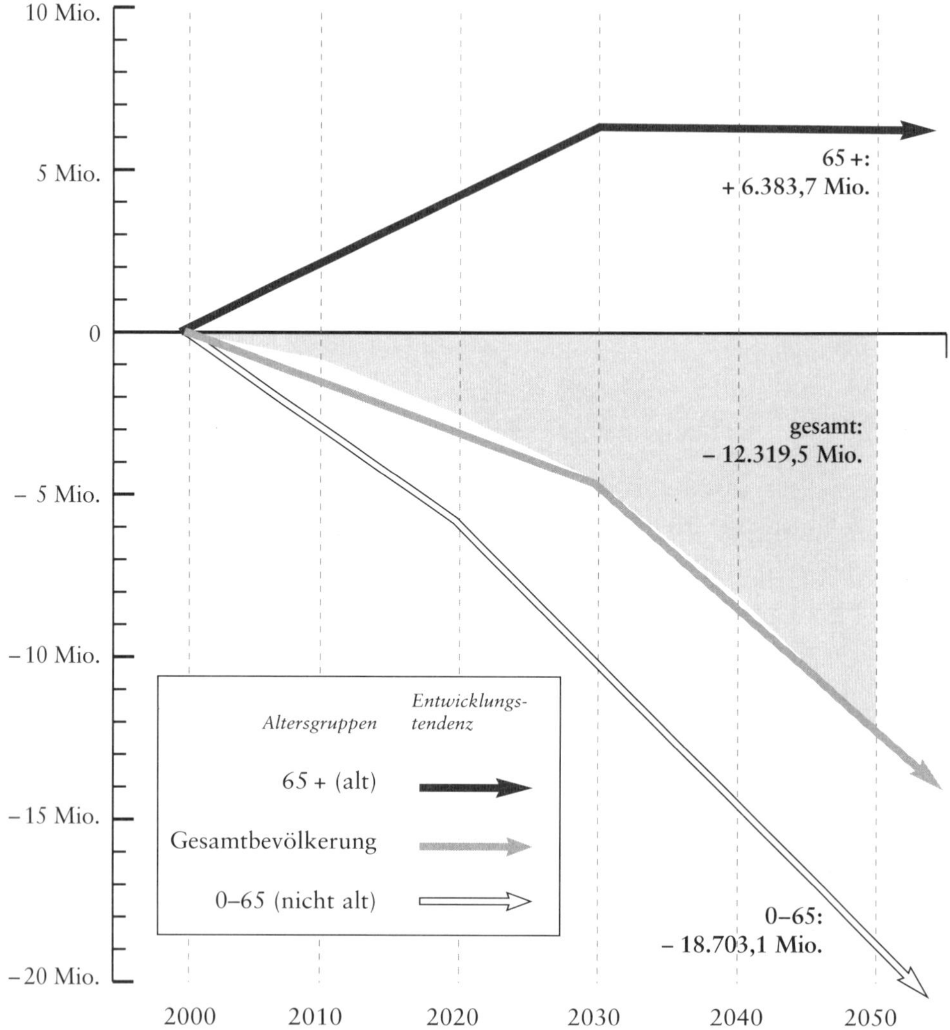

Ab 2030 stagniert die Zahl der Altersbevölkerung und die Zahl der Gesamtbevölkerung nimmt noch stärker ab als bisher. Nur die Zahl Hochaltriger wächst.

Schlussfolgerungen

Aus der zu erwartenden Entwicklung sind zwei unterschiedliche Bedarfslagen für Wohnformen von Bedeutung:

- Wohnformen, die *umfassende Hilfe* gewährleisten, der Vereinsamung entgegenwirken und weniger auf Selbstständigkeit als auf Selbstbestimmung trotz schwerwiegender körperlicher und auch psychischer/geistiger Einbußen setzen (Hochaltrige). Dieser Bedarf nimmt in den nächsten 50 Jahren kontinuierlich zu und wird vor allem *langfristig* besonders hoch sein.

- Wohnformen, die weniger umfassende Hilfe anbieten, als vielmehr dem Bedarf nach *Selbstständigkeit* und der freien Wahl von Gemeinschaft und einer Lebensform für eine Lebensphase zwischen Familie und Beruf und dem eigentlichen Altsein nachkommen. Dieser Bedarf ist vor allem *kurzfristig* besonders hoch.

Beide Bedarfslagen erscheinen zahlenmäßig so groß, dass ihnen nicht allein durch zusätzliche Angebote in den bisher gebräuchlichen speziellen Wohnformen – insbesondere das Betreute Wohnen und das Pflegeheim – entsprochen werden kann.

Die besondere Herausforderung besteht langfristig in der Entwicklung angemessener Wohnformen für umfassende Hilfe. Dies ist umso notwendiger, als mit dem dramatischen Rückgang der Zahl Jüngerer auch die Zahl potenzieller Helfer abnimmt. Die Beobachtung, dass der Hilfebedarf vor allem in der Periode nach 2030 stark zunimmt eröffnet Chancen, *Wohnformen herauszubilden,* die dieser Entwicklung gerecht werden:

- Da kurzfristig insbesondere die Zahl der jüngeren Alten die Nachfrage nach Wohnformen bestimmt, ist es möglich – und notwendig – selbstständige Wohnformen im speziellen und „normalen“ Wohnungsbau zu entwickeln, die in größerem Umfang als bisher auch für erhöhten *entstehenden Betreuungsbedarf* geeignet sind.

- Die erste Periode (bis 2030) mit geringerem Wachstum der Zahl Hochaltriger kann dafür genutzt werden, Wohnformen und alternative Betreuungsangebote zu entwickeln und zu erproben, die dann in der zweiten Phase des intensiveren Wachsens der Zahl Hochaltriger als *Alternative bzw. Ergänzung* traditioneller Pflegeheime zur Verfügung stehen.

- Da die mit der Hochaltrigkeit einhergehende höhere Prävalenz von *Pflegebedürftigkeit* in ihrer zahlenmäßigen Größenordnung noch wesentlich ungenauer vorausgesagt werden kann als die Bevölkerungsentwicklung (vgl. Szenarien im Bericht *Deutscher Bundestag, 2002: Enquête-Kommission Demographischer Wandel. Herausforderungen unserer älter werdenden Gesellschaft an den Einzelnen und die Politik, Berlin),* bestehen durch die langfristige Perspektive eine Reihe von Möglichkeiten, diese Prävalenz *positiv* zu beeinflussen, nicht zuletzt durch geeignete Wohnformen. Es bestehen zudem durchaus berechtigte Hoffnungen, dass sich in Zukunft – wie bisher – die Phase des Alters mit hohem Pflegebedürftigkeitsbedarf weiterhin nach oben, also in noch ältere Altersgruppen verschieben könnte.

- Noch weniger sicher voraussagbar sind die Bedarfszahlen für *professionelle* und *informelle* Pflege sowie für den Bedarf an *stationärer* oder *ambulanter* Betreuung. Dies bedeutet aber gleichzeitig, dass hier durch entsprechende Maßnahmen, etwa der Unterstützung informeller Betreuungsnetze – die Entwicklung durchaus beeinflussbar ist, um so zu vermeiden, dass auf dem Status quo beruhende Vorausschätzungen von Bedarfszahlen im berechneten Umfang auch tatsächlich eintreten müssen (vgl. Tabelle 4). Auch hier bietet gerade die längerfristige Perspektive Handlungsspielräume, die ebenfalls die Entwicklung geeigneter *Wohn- und Betreuungsformen* einschließen.

Mit der Unterscheidung in eine langfristige und eine kurzfristige Perspektive soll nicht der Eindruck erweckt werden, als ob nicht auch kurzfristig ein erheblicher Handlungsbedarf für die Entwicklung von Wohnformen mit umfassendem Hilfeangebot bestünde. Im Gegenteil wird deren Bereitstellung und Weiterentwicklung durch den beobachteten langfristig erhöhten Bedarfsschub nur umso dringender.

Eine weitere Schlussfolgerung aus dieser Beobachtung ist, dass dem *Übergang der beiden Bedarfslagen* „Selbstständiges Wohnen" und „Wohnen mit umfassender Hilfe" größeres Augenmerk gewidmet werden sollte als bisher, zumal sich diese beiden Bedarfslagen nicht einfach den beiden zahlenmäßig betrachteten Altersgruppen „jüngere Alte" und „Hochaltrige" zuweisen lassen. Vielmehr werden auf die *Hochaltrigen* in Zukunft, mehr noch als heute schon, beide Bedarfslagen zutreffen.

Diese Tendenz deutet sich z. B. bei den für selbstständiges Wohnen konzipierten betreuten Wohnanlagen an, wo das durchschnittliche Einzugsalter heute schon fast 80 Jahre beträgt und zudem die Erwartung an umfassende Hilfe erheblich ist. Aber auch beim selbstständigen „normalen" Wohnen werden z. B. Hilfen zur altersgerechten Wohnungsanpassung in zunehmendem Maße auch von Hochaltrigen in Anspruch genommen. Es wird also nicht nur das „Altsein" immer normaler werden, sondern auch das „Hochaltrigsein" und damit auch das Leben mit erhöhtem Hilfebedarf.

Tabelle 4: KDA-Modellrechnung für die Altersgruppe 65 Jahre und älter

zur Entwicklung der Leistungsempfänger der sozialen und privaten Pflegeversicherung in Tausend von Ende 2000 bis 2050 in zwei Varianten mit altersgruppenspezifischen Pflegehäufigkeiten von 1998

Der „von"-Wert basiert auf Variante 2, der „bis"-Wert auf Variante 2 a der 9. Koordinierten Bevölkerungs-Vorausberechnung. (Die zugrunde liegenden Bevölkerungsdaten von 2000 sind ebenfalls Prognosewerte.)

Alle absoluten	2000		2010		2020		2030		2040		2050	
Angaben in 1.000	*von*	*bis*	*von*	*bis*	*von*	*bis*	*von*	*bis*	*von*	*bis*	*von*	*bis*
Zunahme 65 + im Jahr 2000 = 100%	100 %	100 %	119 %	120 %	127 %	130 %	149 %	154 %	156 %	163 %	147 %	158 %
(Zunahme 80 + nur Variante 2)	(100 %)		(131 %)		(171 %)		(173 %)		(209 %)		(258 %)	
Leistungsempfänger insgesamt												
65 und mehr	1.463	1.464	1.763	1.787	2.117	2.193	2.407	2.560	2.740	2.986	3.109	3.545
Jahr 2000 = 100 %	100 %	100 %	121 %	122 %	145 %	150 %	165 %	175 %	187 %	204 %	213 %	242 %
davon ambulant												
65 und mehr	990	990	1.197	1.212	1.418	1.465	1.603	1.697	1.828	1.981	2.028	2.297
Jahr 2000 = 100 %	100 %	100 %	121 %	122 %	143 %	148 %	162 %	171 %	185 %	200 %	205 %	232 %
davon stationär												
65 und mehr	473	474	566	575	699	727	804	862	912	1.005	1.081	1.249
Zuwachs gegenüber 2000:	Basiswert		93	101	226	253	331	388	489	531	608	775
Jahr 2000 = 100%	100 %	100 %	120 %	121 %	148 %	153 %	170 %	182 %	193 %	212 %	229 %	264 %

KDA-Modellrechnung in: ProAlter 1/2001 und eigene Berechnung